塔湖·書
TOWER LAKE BOOK

主　编　潞　潞　朱晋平

编　著　潞　潞　仝十一妹

编　委　潞　潞　孙俊峰　朱晋平　刘新华　孙铭浛　赵　锋　仝十一妹　骆冰兰　韩沛奇
苏　婧　何　欢　杜　萌　张　霞　张　璇　张芳莲　张建军　张　月　董　娟
董　霞　董树萍　董润泽　陈继东　范永慧　刘　昕　刘一豪　刘　颖　刘明星
刘　芳　钱　芳　韩　炜　王　沅　王娜娜　王永清　王玉萍　高　燕　翟惟一
赵春梅　杨霞芬　杨秀萍　李彦琪　李春花　李文荣　许艳秋　黄瑞霞　贾杨玉
李媛媛　宋献惠　王少霞　王桂平　裴志彬　焦天兰　孙素斌　冯素红　李　静

11

Reading plan

一生读书计划

西学书架

主　编－潞　潞　朱晋平
编　著－潞　潞　仝十一妹

山西出版传媒集团　山西教育出版社

目　录

文学篇

_古代时期，厚重的积淀与勃发

002　《伊利亚特》……〔古希腊〕荷马
007　《奥德赛》……〔古希腊〕荷马
012　《奥狄浦斯王》……〔古希腊〕索福克勒斯
018　《神曲》……〔意〕但丁
023　《巨人传》……〔法〕拉伯雷
028　《堂吉诃德》……〔西〕塞万提斯
033　《哈姆莱特》……〔英〕莎士比亚
037　《李尔王》……〔英〕莎士比亚
041　《罗密欧与朱丽叶》……〔英〕莎士比亚
044　《威尼斯商人》……〔英〕莎士比亚
048　《失乐园》……〔英〕弥尔顿
054　《唐璜》……〔英〕拜伦
060　《浮士德》……〔德〕歌德

_近代时期，西方黄金时代的缩影与记录

066　《巴黎圣母院》……〔法〕维克多·雨果
072　《悲惨世界》……〔法〕维克多·雨果
077　《九三年》……〔法〕维克多·雨果
082　《基督山伯爵》……〔法〕大仲马

087 《红与黑》……………………………………〔法〕司汤达
093 《高老头》…………………………………〔法〕巴尔扎克
099 《瓦尔登湖》……………………………………〔法〕梭罗
104 《恶之花》…………………………………〔法〕波德莱尔
111 《双城记》……………………………………〔英〕狄更斯
117 《傲慢与偏见》…………………………〔英〕简·奥斯汀
122 《简·爱》……………………………〔英〕夏洛蒂·勃朗特
128 《名利场》……………………………………〔英〕萨克雷
133 《还乡》………………………………〔英〕托马斯·哈代
139 《白痴》……………………………〔俄〕陀思妥耶夫斯基
145 《前夜》……………………………………〔俄〕屠格涅夫
150 《战争与和平》……………………〔俄〕列夫·托尔斯泰
155 《安娜·卡列尼娜》………………〔俄〕列夫·托尔斯泰
159 《复活》……………………………〔俄〕列夫·托尔斯泰

_现代当代时期，多元世界的矛盾与追寻

163 《追忆似水年华》………………〔法〕马塞尔·普鲁斯特
169 《约翰·克利斯朵夫》…………………〔法〕罗曼·罗兰
174 《魔山》………………………………〔德〕托马斯·曼
179 《铁皮鼓》…………………………〔德〕君特·格拉斯
185 《动物农场》………………………〔英〕乔治·奥威尔
191 《查特莱夫人的情人》…………………〔英〕劳伦斯

197 《刀锋》……………………………………………〔英〕毛姆
202 《静静的顿河》………………………………〔苏联〕肖洛霍夫
207 《变形记》…………………………………………〔奥〕卡夫卡
212 《尤利西斯》…………………………〔爱尔兰〕詹姆斯·乔伊斯
217 《老人与海》………………………………………〔美〕海明威

哲学篇

_源远流长的理性与思辨

226 《理想国》………………………………………〔古希腊〕柏拉图
233 《形而上学》……………………………………〔古希腊〕亚里士多德
238 《沉思录》………………………………〔古罗马〕马可·奥勒留
243 《新工具》…………………………………………〔英〕培根
248 《第一哲学沉思集》………………………………〔法〕笛卡尔
253 《人性论》…………………………………〔英〕大卫·休谟
258 《纯粹理性批判》…………………………………〔德〕康德
263 《实践理性批判》…………………………………〔德〕康德
267 《判断力批判》……………………………………〔德〕康德
271 《作为意志和表象的世界》…………………〔德〕阿图尔·叔本华
277 《存在与时间》……………………………〔德〕马丁·海德格尔
282 《西方哲学史》……………………………………〔英〕罗素
286 《幸福之路》………………………………………〔英〕罗素

_多面探求的心灵与精神

290 《美学》……………………………………………〔德〕黑格尔
295 《艺术哲学》…………………………………………〔法〕丹纳
300 《悲剧的诞生》………………………………………〔德〕尼采
304 《查拉图斯特拉如是说》……………………………〔德〕尼采
308 《梦的解析》………………………………………〔奥〕弗洛伊德
313 《精神分析引论》…………………………………〔奥〕弗洛伊德
317 《哲学研究》………………………………………〔奥〕维特根斯坦

_人文视野下的国家与社会

323 《乌托邦》…………………………………………〔英〕托马斯·莫尔
329 《君主论》……………………………………〔意〕尼科洛·马基雅维里
335 《利维坦》……………………………………………〔英〕霍布斯
340 《政府论》……………………………………………〔英〕洛克
345 《国富论》…………………………………………〔英〕亚当·斯密
350 《道德情操论》……………………………………〔英〕亚当·斯密
354 《论法的精神》……………………………………〔法〕孟德斯鸠
359 《漫步遐想录》………………………………………〔法〕卢梭
363 《社会契约论》………………………………………〔法〕卢梭
367 《忏悔录》……………………………………………〔法〕卢梭
371 《资本论》……………………………………………〔德〕马克思

376 《新教伦理与资本主义精神》……………………〔德〕马克斯·韦伯
381 《正义论》…………………………………………〔美〕约翰·罗尔斯

_历史规律的总结与展望

387 《历史》……………………………………………〔古希腊〕希罗多德
393 《宽容》………………………………………………………〔美〕房龙
398 《人类的故事》………………………………………………〔美〕房龙
402 《历史研究》………………………………………………〔英〕汤因比
407 《知识考古学》………………………………………〔法〕米歇尔·福柯
412 《全球通史》…………………………………………〔美〕斯塔夫里阿诺斯

再序

阅读，感受喜悦

▒潞潞

听编辑说这套丛书即将再版，这真是一个好消息，甚至多少让我有些意外。四年前，《一生读书计划》问世之际，正是电子书及各种线上阅读对传统纸媒大举倾覆之时，形势不可谓不严峻。作为主编，我知道这套丛书的编撰和运行已然跨过四个寒暑，团队集中了各个学科的优秀学者和编辑，他们日复一日为这套丛书贡献着思想和体力。我担心这么好的一个选题能否实现，更隐隐担忧它问世以后的命运。幸运的是出版者毅然决然坚守初衷，这套丛书如期和读者们见了面。

编辑当初，我们即预想到这套书不会“大红大紫”，因为这不是为市场流行制作的，并不企图为此赚个“盆满钵满”，这应该是为读书人和爱书人准备的一份礼品，符合他们的心意就好，是他们心头一条长久流淌的清澈的溪水。让人欣慰的是，尽管互联网时代大潮凶猛，阅读平台和阅读方式呈现种种演变，但万变不离其宗，纸媒阅读说到底还是阅读的“根儿”，不可能被不断翻新的花样所取代。《一生读书计划》能够再版，表明了读者的认可，表明了这套丛书的生命力。读者的不离不弃，是对我们最大的厚爱和奖赏。

《一生读书计划》到读者手里已经四年了，其间不断有一些反馈，比如，一些重要的作家或作品漏选了，一些新的更有时代感的作品需要补充，一些观点不够严谨需要商榷，等等。为此，再版时梳理了这些反馈，并做了补充和修订，以便尽可能使其完美，尽可能让读者满意。

既是作者又是读者的最著名爱书人博尔赫斯说：“身为读者的喜悦是超乎作者之上的，因为读者不需要体验种种烦恼焦虑：读者只要感受喜悦就好了。”作为编者，此时，我们的喜悦也是不言而喻。

2016 年 5 月

总　序

阅读，一种可能的生活?

潞潞

四年前，这套书的策划者孙轶女士跟我探讨是否有这种可能，像搞一个图书超市或图书馆那样，里面分门别类摆放着若干书架，读者可以根据自己的需求想看什么看什么，广告语似乎可以是：只要抽出你想看的，其余由我们来做。当然这是戏说，后来的广告语那要精彩得多。

开始，我觉得这个想法有点像读书指南，好像别人有搞过的。但是孙女士坚持她的想法，且让我听来和以往那些读书指南很是不同，尤其她把这套丛书命名为“一生读书计划”，不仅仅是读书，还涉及人生、涉及人的一生该如何度过。这可不是一个读书范畴的问题了。

想想，人生和读书还真是一个越来越掰不开的事儿。现代人如果从七岁读书算起，这是晚的，许多孩子两三岁读书都不稀奇。幼儿园、小学、中学、大学、硕士、博士、博士后，成人教育，个人爱好，一直到七老八十老眼昏花，皓首穷经、手不释卷，人之一生何其短暂，而读书生涯又何其漫长。说一生读书，一点都不夸张，孙女士要把一生读书做个规划，不是件容易的事。

转眼间，这套丛书已然堂皇矗之，付梓而出。对此让人不禁肃然起敬。当初孙女士热情邀请我做主编，我很是惶然，因为我只是个褊狭的读者，最多能在有限范围内说点话。好在有诸位学者和专家的参与，他们以专业眼光和判断力遴选出各类佳作，毫不吝惜贡献出自己的学识和睿见。

这是一个庞大的工程，大致分为两大系列，纵向看有“小学生书架”“中学生书架”“大学生书架”“女性书架”等，横向看有“经济书架”“国学书架”“法律书架”“文学书架”等，且可以一直繁衍下去。其纵横交错，编织细密，既像一张大网，把茫茫书海里有价值的真金白银捞取上来，又像一张巨细无遗的地图，古今中外、东西南北无不覆盖，给读书人以路标和方向，亦使胃口不同的读者拥有了可选择的佳肴。

中国古代有成语曰：“汗牛充栋”“学富五车”，以谓书之多，其实就是一堆刻了字的竹片儿，放到现在，大概连一个小芯片也存不满。多即是少，少即是多，少有少的难处，多有多的麻烦。“文化大革命”期间书遭劫难，我曾连夜手抄一本借来的诗集，不知东方之既白。现在多少人却在书市中四顾茫然，面对滚滚书海不知所措。套用莎士比亚的话，选择，还是选择，是个问题。

我是一个褊狭的读者，谁都可能是褊狭的读者，这是人的个性使然。书也有书的个性。把这么多的个性统一起来，然后各取所需其乐融融，难于蜀道之难。比如有人喜欢“经典”、有人为了“实用”、有人贪图“好看”，怎样在三者上找到平衡点，始终让编者们颇费踟蹰。有本书给了编者很好的启示，这本书叫《苏菲的世界》，你可以说它是小说，也可以说是哲学。人们想象中，哲学该是多么枯燥乏味，许多读者为此却步。但这本书里，从古希腊哲学到西方的中世纪、文艺复兴、浪漫主义、弗洛伊德等等，都通过一个小女孩爱丽丝漫游仙境般的故事娓娓道来。作者乔斯坦·贾德是挪威一个高中哲学教师，大概他对中学生讲授哲学之难有深切体会，所以写出这样一部融艺术与哲学、通俗与深奥为一体的书来，他也因此成为一位知名作家。此书自 1986 年出版以来，销量达几百万册，成为全世界的畅销书。

比如，在“文学书架”里，人们耳熟能详的《红楼梦》等未选入，而入选了一些不那么艰深、名气也不够大的书，它们可能是一般读者更感兴趣的。按照法国符号学家罗兰·巴特的观点，供市场消费的通俗小说应该排除文学之列，我个人同意罗兰·巴特的说法，但在编这本书的过程中，我还是赞同那种更宽泛的做法，即将很多通俗小说之类也摆进了文学书架。我们最终还是要相信读者，经典不会因为通俗而消失，阳春白雪和市场并非不能共存。

我的一位朋友曾在文章里问：阅读是一种生活吗？他说不知道。其实很多人愿意在书斋里度过一生，只是没有这种幸运而已。阿根廷作家博尔赫斯八岁时写出第一篇神话故事，此后一生都在读书和写书中度过，当他成为国家图书馆馆长时已经双目失明，这是他的宿命。尽管如此，他仍然继续买书，充实他的私人书架。他甚至断言：世界就是一本书。

我个人觉得，阅读起码是一种生活方式。人生虽然短暂，但消磨起来，也有许多空虚，读书不失为一种好的选择。再者，中国人一向注重传统，书本中尽是前人的经验和智慧；中国人注重人际关系，读书恰恰可以调整和疏离过于亲密和庸俗的人际来往；中国人向往城市化和现代化，岂不知在行囊里夹带一本书正是一个现代人和都市人所必备的。读书往小里说是一种个人生活方式，但连锁起来就可能成为一个民族的生活方式，而且可能内化为民族性格和精神。

阅读为什么不能成为一种生活呢？虽然它可能是奢侈的。

2011 年 8 月

前　言

在我们居住的亚洲西面，隔着蜿蜒绵亘的乌拉尔山、高加索山和平静辽阔的地中海，是一片被蔚蓝的海洋包围的土地。这里大多被青翠草原、莽莽森林覆盖，土地肥沃，气候温和，常年海风轻拂，真是一座天然的文明摇篮。这就是地理上的“西方”——欧洲大陆。这里孕育了神话与历史交错的克里特与迈锡尼文明；光荣的古希腊和伟大的古罗马先后在西方历史的天空熠熠闪耀，成为西方文明的母体。在经历了千年之久的中世纪后，黑暗的历史被文艺复兴之火点亮，古老的文明与时代的新声结合，焕发出新的生机和活力；继之而来的新大陆的发现、工业革命、启蒙运动、资产阶级革命，使西方成为无可争议的世界中心，在短短几百年中创造了无与伦比的文化。

如果说亚洲文明是黄色的大陆文明，那么欧洲文明就是蓝色的海洋文明，富有开拓进取的精神，善于博采众长，充满生机活力。在漫长的历史时期里，东西方只有少量物质和生产技术交流，直到明末清初，才出现了“西学东渐”的趋势。在清朝中后期直至民国时期，由于西方殖民者入侵，客观上促进了东西方交流，以及中国人主动睁眼看世界、向西方寻求强国富民之路，大批西方典籍被译介，西学才大规模席卷中国。

“西学”这个概念与“国学”相对，是在东西方文化发生较多碰撞、人们较深地认识到两种文化体系的不同以后才产生的。在这里，我们更愿意把“西学”作为一个历史的概念。虽然哲学、艺术、学术、政治等都已经全球化，但是我们应该追溯那些决定了今天的西方乃至世界文化面貌的西方伟大人物和经典典籍。这些典籍是西方历史和文化的根基，也是最能在这个全球化时代让人认识到东西方文化不同特质的载体。这是我们编写这本书的初衷。

本书分为上下两篇。上篇主要介绍文学典籍，但是我们并不希望读者仅从文学的角度来欣赏，而是希望读者通过直观、浅近的方式对西方历史和文化有一个笼统的认识。通过阅读这一部分，读者可以清晰地体会到从古希腊到文艺复兴时期那种多面貌的激情与活力，可以从近代的现实主义小说中生动细致地了解当时的生活，可以从现当代时期的作品里感受到时代变革中的多元情绪。在通过阅读文学作品走完西方历史后，进入下篇较专业的哲学篇的阅读。我们把这些典籍按照各自偏重的领域分为四章，但读者大可不必计较章节的划分，因为这里选取的都是最能代表西方精神的经典，这些经典著作的作者大多是涉及多个领域的，今天的哲学、艺术、心理学、政治、经济、法律、社会、历史等各学科都建立在这些基本理论之上，可以说，不读这些，就不能真正进入西方学科体系。

希望读者通过阅读这些作品，徜徉于“西方”这片神奇的大陆，在厚重的经典典籍中感受海洋文明孕育的西方精神。

文学篇

《伊利亚特》

〔古希腊〕荷马　著

关于作者

荷马（约公元前9世纪—前8世纪），古希腊一位双目失明的流浪诗人，他留给后世可供考证的生平事迹少得可怜，但他的名字却是任何一个对西方文化稍有了解的人都熟悉的。如果用一个词来形容他的地位，那么最合适的就是“开端”二字：他是西方文明母体古希腊文学有文字记载时代的开端，是古希腊历史和神话完整规范地进入史诗的开端，也是任何一部西方文学史著作的开端。

公元前12世纪到公元前8世纪，正是古希腊从氏族公社制向奴隶制社会过渡的时期，这是古希腊的英雄时代，而这个时代还有一个名称，就是荷马时代。据历史学家希罗多德的考证，荷马约生活在公元前9世纪到公元前8世纪，他把发生在公元前12世纪前后的特洛伊（又译特洛亚）战争的种种传说编定成了著名的《伊利亚特》和《奥德赛》，文学史上将这两部史诗合称为“荷马史诗”。这两部史诗决定了荷马成为希腊人永远的骄傲，以至于有七个城市自认为是荷马的故乡，并不断以各种神话传说证明其理由的充分性。

其实，荷马史诗的基本内容最早是民间口头文学创作的成果，它由诸多短小诗歌汇集而成；或者是在众多民间故事中，以一篇故事为核心，在长期流传中不断穿插和补充了其他传说故事，最后融为一体。在数百年的流传过程中，无数民间歌手、乐师对其进行艺术加工，使之逐渐完善，而荷马则是史诗最终或最出色的编定者。史诗中不断重复出现的短语、诗句和程式化套语，鲜明通俗，固定易记，形成了史诗既博大精深又不脱程式规范的民间特色。更重要的是，荷马以其非凡的文学天才驾驭宏伟的结构，将民间流传的有关特洛伊战争的传说、歌谣、史诗片段融汇成两部格调严肃、脉络井然、气势磅礴的优秀文学作品，使之成为西方文学史上不朽的瑰丽篇章。

荐读理由

《伊利亚特》是荷马史诗的第一部分，记述了著名的特洛伊战争，这是一部英雄与战争的史诗。英雄观念是古希腊精神文化的重要内容，且蕴藏于绝大多数的文学艺术中。然而最早集中鲜明地体现英雄观念的还是荷马史诗。

特洛伊战争是一次重大的历史事件，同时又被长于想象的希腊人赋予了众多的神话传说。据说，当初天后赫拉、智慧女神雅典娜、爱神阿芙洛狄忒为争夺写有“给最美的女神”字样的金苹果，互不相让，找到了特洛伊王子帕里斯做裁判。爱神阿芙洛狄忒以保证帕里斯得到凡间最美女性的爱为条件，使帕里斯将金苹果判给了她。后来她果然使帕里斯得到了倾国倾城的斯巴达王后海伦的芳心并将其拐走。斯巴达人组织了强大的希腊联军，浩浩荡荡开赴特洛伊，以雪民族之耻。特洛伊战争就此拉开序幕并持续了十年，最后希腊联军巧施“木马计”，特洛伊陷落。

《伊利亚特》没有平铺直叙地述说这旷日持久的十年，而是选取了战争结束前最有代表性的几天集中描写，以“阿基琉斯的愤怒”开篇——希腊主帅阿伽门农夺取了主将阿基琉斯的一个美丽女奴，后者怒而退出战场，致使联军接连失利。阿伽门农赔礼谢罪却遭拒绝。阿基琉斯的好友帕特罗克洛斯以大局为重，冒充阿基琉斯出战，被特洛伊王子赫克托尔所杀。阿基琉斯悲痛至极，深悔自己的执拗，与主帅和解，重新出击，一举击溃特洛伊人，杀死赫克托尔并侮辱其尸体。特洛伊老国王亲赴阿基琉斯营帐跪求儿子尸体，阿基琉斯深为感动，并归还了尸体。史诗以赫克托尔隆重的葬礼告终。

史诗全篇共15963行，以阿基琉斯的两次愤怒将整篇史诗串联起来，用震撼人心的力度、如诗如画的优美语言和充满原始激情的话语将读者引进了古希腊那个英雄辈出的年代。史诗最突出的就是对阿基琉斯、赫克托尔等众多英雄形象的描写，表现了古希腊个体本位的文化价值观念。古希腊英雄们视个人荣誉为第一生命，在他们看来，宁愿在光荣的冒险中获得巨大而短暂的欢乐，也不愿在温柔富贵乡里获得长寿。这种热爱生活和追求人的现实价值的积极乐观的人本思想，显示了希腊文化乃至整个西方古典文化的重要特征。

另外，史诗将战争与众神的行为结合起来，表现了古希腊人古朴的哲学观和人文意识，他们用充满诗意的想象解释自然界的突变现象，解释人们复杂的心理活动，初步完成了古代人文意识中的诗与哲学的结合。

《伊利亚特》是一部英雄史诗，充满英雄主义气息。但是，史诗中的英雄主要是为了掠夺和加强个人的权势而战斗的。史诗的英雄观念是和氏族中的等级观念一致的。

先睹为快

特洛亚人像一群惊鹿逃进城里，
他们抹去汗污，饮水解除了燥渴，

依靠着坚固的雉堞喘息。
阿开奥斯人继续向城墙冲来，
把盾牌靠在肩头。
恶毒的命运却把赫克托尔束缚在原地，
把他阻留在伊利昂城外斯开埃门前。
……
他们一面痛哭，一面对儿子这样说，
苦苦哀求，但没能打动赫克托尔的心灵，
他仍站在原地，等待强大的阿基琉斯。
有如一条长蛇在洞穴等待路人，
那蛇吞吃了毒草，心中郁积疯狂，
蜷曲着盘踞洞口，眼睛射出凶光；
赫克托尔也这样心情激越不愿退缩，
把那面闪亮的盾牌依着突出的城墙，
但他也不无忧虑地对自己的傲心这样说：
“天哪，如果我退进城里躲进城墙，
波吕达马斯会首先前来把我责备，
在神样的阿基琉斯复出的这个恶夜，
他曾经建议让特洛亚人退进城里，
我却没有采纳，那样本会更合适。
现在我因自己顽拗损折了军队，
愧对特洛亚男子和曳长裙的特洛亚妇女，
也许某个贫贱于我的人会这样说：
‘只因赫克托尔过于自信，损折了军队。’
人们定会这样指责我，
我还远不如出战阿基琉斯，
或者我杀死他胜利回城，

或者他把我打倒，我光荣战死城下。
当然我也可以放下这突肚盾牌，
取下沉重的头盔，把长枪依靠城墙，
自作主张与高贵的阿基琉斯讲和，
答应把海伦和他的全部财产交还阿特柔斯之子，
阿勒珊德罗斯当初用空心船把他们运来特洛亚，
成为争执的根源。
我还可以向阿开奥斯人提议，
让他们和我们均分城里贮藏的所有财富，
我可以召集全体特洛亚人起誓，
什么都不隐藏，把我们可爱的城市
拥有的一切全都交出来均分两半。
可我这颗心为什么考虑这些事情？
我绝不能走近他，他丝毫不会可怜我，
不会尊重我，他会视我如同弱女子，
赤裸裸地杀死，当我卸下这身铠甲时。
现在我和他不可能像一对青年男女
幽会时那样从橡树和石头絮絮谈起，
青年男女才那样不断喁喁情语。
还是让我和他尽快地全力拼杀吧，
好知道奥林波斯神究竟给谁胜利。”

《奥德赛》

〔古希腊〕荷马　著

关于作者

见《伊利亚特》之“关于作者”。

荐读理由

《奥德赛》是荷马史诗的第二部分，写了希腊联军将领奥德修斯在联军用“木马计”攻陷了特洛伊城之后率同伴乘船返回故乡的故事。如果说《伊利亚特》以豪迈、强烈和悲壮的英雄之战取胜，那么《奥德赛》就是凭着优美、曲折和委婉的智慧冒险取胜。全篇 24 卷 12000 行，讲述了希腊联军将领由于受到海神波塞冬的阻挠，不得不在海上漂泊，历经十年，最后胜利回家与妻子大团圆的坎坷历程。

《奥德赛》是一部描写航海生活和家庭生活的史诗，它所着意表现的是对顽强的意志和丰富的智慧的礼赞。在海上漂流期间，奥德修斯一方面要率领手下船员战胜巨人、仙女、风神、海怪、水妖等妖魔鬼怪，另一方面又要设法让船员们不因贪图一时舒适而忘记回归家园这件大事。当他回到故乡时，许多青年贵族正在觊觎他的财产，住在他家中向他妻子求婚，尽情挥霍他的家产。他假扮成乞丐回到家里，试探了妻子的忠贞，最后设计杀死了求婚人和不忠的奴隶，重新做回了一家之主。

从结构上讲，《奥德赛》的故事叙述与《伊利亚特》相类似，采用的是中途倒叙的方法。作者这样处理显然是经过慎重考虑的，因为奥德修斯的海上冒险故事是由许多个传说汇合而成的，如果从头到尾一一道来，史诗势必就要显得冗长单调了。在这一点上，可以说《奥德赛》史诗是一位很讲究故事结构布局的诗人的精心之作。

从内容上讲，《奥德赛》在表述奥德修斯的冒险和家庭生活的同时，对当时荷马时代的社会现实也有相当突出的表现，它反映的社会历史时期比《伊利亚特》晚，其中描写集体生活的场面已较少，对奴隶主家庭生活的描写倒是占了相当大的比重。史诗在描写奥德修斯与求婚者的斗争时一再提到，最令人痛恨的事是那些求婚者企图霸占奥德修斯的财产。他们不仅希望霸占他的妻子，更希望得到他丰厚的财富。史诗在此表现出了维护奴隶主私有财产和私有制的进步色彩。

从写作技巧上看，《奥德赛》将人与自然、人与人之间的斗争放在广阔的社会背景下，用荒诞不经的事物和故事情节、壮观瑰丽的自然景色为其人物的塑造烘云托月，表现出平缓宁静、诗意悠长的抒情格调。通观全诗，富于浪漫情调的幻想、奇谲瑰丽的色彩、丰富深厚的情感流动与生动逼真的细节描述浑然一体，形成了其气势雄厚、超拔天地的艺术魅力。

在后世西方文学中，奥德修斯的冒险、流浪和回归家园为许多诗人和小说家提供了创作灵感，例如20世纪爱尔兰作家乔伊斯创作的长篇意识流小说《尤利西斯》便是借助了《奥德赛》的题材和框架。

先睹为快

请为我叙说，缪斯啊，那位机敏的英雄，
在摧毁特洛亚的神圣城堡后又到处飘泊，
见识过不少种族的城邦和他们的思想；
他在广阔的大海上身受无数的苦难，
为保全自己的性命，使同伴们返家园。
但他费尽了辛劳，终未能救得同伴，
只因为他们亵渎神明，为自己招灾祸：
一群愚蠢人，拿高照的赫利奥斯的牛群
饱餐，神明剥夺了他们归返的时光。
女神，宙斯的女儿，请随意为我们述说。

这时其他躲过凶险的死亡的人们
都已离开战争和大海，返抵家乡，
唯有他一人深深怀念着归程和妻子，
被高贵的神女卡吕普索，神女中的女神，
阻留在深邃的洞穴，一心要他做丈夫。
但岁月不断流逝，时限已经来临，
神明们终于决定让他返回家乡，
回到伊塔卡，只是他仍然难逃争斗，
当他回到亲人们中间，神明们怜悯他，
唯独波塞冬除外，仍然心怀怨怒，
对神样的奥德修斯，直到他返抵家园。

这神明此时在遥远的埃塞俄比亚人那里，
埃塞俄比亚人被分成两部分，最边远的人类，

一部分居于日落处，一部分居于日出地，
大神在那里接受丰盛的牛羊百牲祭。
他正欢乐地享受盛宴，
其他众神明却聚在奥林波斯的宙斯的巨大宫殿。
凡人和神明之父开始对他们说话，
因为心中想起高贵的埃吉斯托斯，
被阿伽门农之子、著名的奥瑞斯特斯杀死；
他心中牵挂，对不死的神明们这样说：
“可悲啊，凡人总是归咎于我们天神，
说什么灾祸由我们遣送，
其实是他们因自己丧失理智，
超越命限遭不幸，
如现今埃吉斯托斯超越命限，
奸娶阿特柔斯之子的发妻，
杀其本人于归国时，
虽然他自己也知道会暴卒，我们曾警告他，
派遣目光犀利的弑阿尔戈斯神赫尔墨斯，
要他勿杀阿伽门农本人，勿娶他妻子：
奥瑞斯特斯将会为阿特柔斯之子报仇，
当他长大成人，怀念固有的乡土时。
赫尔墨斯这样善意规劝，
却未能打动埃吉斯托斯的心灵，
欠债已一次清算。”

目光炯炯的女神雅典娜这时回答说：
“我们的父亲，克罗诺斯之子，至尊之王，
埃吉斯托斯遭凶死完全是咎由自取，

其他人若作出类似事情，也理应如此。
但我的心却为机智的奥德修斯忧伤，
一个苦命人，久久远离亲人遭不幸，
身陷四面环水的小岛，大海的中央。
那海岛林木茂密，居住着一位女神，
诡诈的阿特拉斯的女儿，
就是那位知道整个大海的深渊、
亲自支撑着分开大地和苍穹的巨柱的阿特拉斯。
正是他的女儿阻留着可怜的忧伤人，
一直用不尽的甜言蜜语把他媚惑，
要他忘记伊塔卡，但是那位奥德修斯，
一心渴望哪怕能遥见从故乡升起的飘渺炊烟，
只求一死。然而你啊，
奥林波斯主神，对他不动心，
难道奥德修斯没有在阿尔戈斯船边，
在特洛亚旷野，给你献祭？
宙斯啊，你为何如此憎恶他？”

《奥狄浦斯王》

〔古希腊〕索福克勒斯　著

关于作者

索福克勒斯（公元前496—前406）是古希腊三大悲剧家之一。在全部希腊文学中，起源于酒神祭祀仪式的悲剧以其高度的思想性和艺术性令人惊叹。公元前5世纪是希腊悲剧的繁荣时期，各城邦都修建了可容纳万人以上的公共露天剧场，发放观剧津贴，举办盛大的戏剧比赛，索福克勒斯正是生活在这个雅典奴隶制民主国家的全盛时期。索福克勒斯出身富裕之家，受过良好教育，平生积极参与城邦政治活动，与当时雅典最高领导者伯里克利过从甚密，曾被选为雅典十将军之一。他多才多艺，容貌俊美，事业一帆风顺，并且活到了90岁高龄。可以说，索福克勒斯在希腊的完美时代度过了他自己完美的一生。

索福克勒斯是一位伟大的戏剧天才。他28岁时就在戏剧比赛中赢了比他大30岁、被后世称为“悲剧之父”的埃斯库罗斯。从那时起，他就在雅典的戏剧大赛中不断地赢得桂冠。他总共为戏剧节写过123部剧作，得到大约24顶桂冠。他之前的埃斯库罗斯生前得了13次奖，他之后的欧里庇得斯则一共只得了5次奖。

索福克勒斯对戏剧艺术作出了众多创造性的贡献。例如，他舍弃“三联剧”的形式，而代之以三部独立的戏剧。每出戏均有一个高度集中的矛盾冲突，结构复杂严密，均展现一个扣人心弦、完整的戏剧故事。他把主要演员由两个增加到三个，削弱歌队的作用，使戏剧对话占据了主要地位，戏剧的动作性相应增强，重视并扩大了戏剧舞台。他发明了转台，以便更换地点。他改进了戏剧中的音乐，介绍了一些小亚细亚曲调。由于他对古希腊悲剧发展的卓越贡献，因而享有“戏剧界的荷马”之称。

索福克勒斯生平最后一次有记载的活动是在公元前406年参加欧里庇得斯的葬礼。在葬礼上，这位90岁高龄的老人像他16岁时一样，重率唱诗班。不过16岁时的他以及雅典都风华正茂，他唱的是赞歌，而此时，他和雅典都不比从前了，他唱的是挽歌。这也是索福克勒斯自己的挽歌，此后不久他便闭目而逝了。而当时，雅典与斯巴达之间正进行着如火如荼的大战，据说由于他太有名了，斯巴达的将军特意下令停止对雅典人的袭击，好让这位剧作家的遗体回到故乡。

荐读理由

《奥狄浦斯王》又译为《俄狄浦斯王》，通过奥狄浦斯王命中注定会弑父娶母的故事情节，向人们展示了一出不可抗拒的命运悲剧——人的意志和命运的冲突，这是本剧最主要的冲突。

奥狄浦斯是一个善良高贵、仁政爱民、挽救人民于水火之中的英雄，然而命运却一次次将他捉弄。在奥狄浦斯小时候，他的生身父母忒拜城国王夫妇得到神谕说这孩子长大后会弑父娶母，于是将他抛弃。他被科林索斯国王收养，成为该国太子。他长大后得知神谕，为了不让神谕应验，他抛弃太子的荣华富贵，出外流浪，恰恰在流浪途中失手杀死了一位老人，而他并不知道这就是他的生身父亲。他来到忒拜城，猜破了斯芬克斯之谜，解救了人民，被人民拥戴为王，并娶了老国王的遗孀。为了平息忒拜国内流行的瘟疫，按照神谕，奥狄浦斯千方百计寻找杀害老国王的凶手，结果发现他要找的凶手就是他自己！真相大白后，王后羞愧难当，自缢身亡。奥狄浦斯刺瞎自己的双眼，带着他与母亲生下的两个儿女隐居森林。

《奥狄浦斯王》是索福克勒斯的悲剧艺术的典型代表，标志着整个希腊悲剧艺术的成熟。特别是在情节的整合、结构的严密、布局的巧妙等方面，堪称希腊悲剧的典范。作者擅长于结构布局，针线缜密而不露斧凿之痕。《奥狄浦斯王》情节复杂，人物众多，时间前后跨越几十年。作者用插叙的手法从奥狄浦斯王追查凶手写起，围绕着“谁是凶手”这个巨大的悬念，让读者跟着剧中的人物一起去“破案”，去经历感情上的跌宕起伏，一步步把戏剧冲突推向惊心动魄的结局，直到最后，戏剧才揭开秘密，同时达到悲剧的高潮。戏剧紧凑生动，悬念迭起，扣人心弦，巧妙的结构紧紧抓住了读者，让阅读充满了张力与快感。

然而，最震撼人心的，是索福克勒斯在该剧中体现的人类难逃命运之神控制的悲剧意识。索福克勒斯认为，命运的性质是邪恶的、不可顺从的；命运的力量是巨大的、不可抗拒的；命运的根源是神秘的、不可解释的。奥狄浦斯是一个被命运捉弄的悲剧英雄，他怀着良好的动机做每一件事情，结果却屡次事与愿违、适得其反。他对国、对家、对父母、对儿女怀着强烈的责任感和深沉的爱，宁愿牺牲自己的生命也不愿意伤害他们。然而命运偏偏让他杀死自己的亲生父亲，娶了自己的亲生母亲并与她生儿育女，并因此给城邦带来瘟疫与灾难。为了保国，他不得不弃家，抛下儿女们，蒙受耻辱，独自流浪。在剧中，命运变成了一种不可知的神秘力量，它黑白颠倒、阴差阳错，导致了无辜的奥狄浦斯的毁灭。虽然最终奥狄浦斯摆脱不了命运的摆布，但这悲惨的结局恰恰反衬了他敢于抗争的意志和决心。他那坚决的、不屈不挠的反抗，他对命运悲愤的诅咒和绝望的怀疑将永远震撼着读者的心灵。

先睹为快

奥狄浦斯　长老们，如果让我猜想，我以为我看见的是我们一直在寻找的牧人，虽然我没有见过他。他的年纪和这客人一般大；我并且认识那些带路的是自己的仆人。（向歌队长）也许你比我认识得清楚，如果你见过这牧人。

歌 队 长　告诉你吧，我认识他；他是拉伊俄斯家里的人，作为一个牧人，他和其他的人一样可靠。

（众仆人带领牧人自观众左方上）

奥狄浦斯　啊，科任托斯客人，我先问你，你指的是不是他？

报 信 人　我指的正是你看见的人。

奥狄浦斯　喂，老头儿，朝这边看，回答我问你的话。你是拉伊俄斯家里的人吗？

牧　　人　我是他家养大的奴隶，不是买来的。

奥狄浦斯　你干的什么工作，过的什么生活？

牧　　人　大半辈子放羊。

奥狄浦斯　你通常在什么地方住羊棚？

牧　　人　有时候在喀泰戎山上，有时候在那附近。

奥狄浦斯　还记得你在那地方见过这人吗？

牧　　人　见过什么？你指的是哪个？

奥狄浦斯　我指的是眼前的人；你碰见过他没有？

牧　　人　我一下子想不起来，不敢说碰见过。

报 信 人　主上啊，一点也不奇怪。我能使他清清楚楚回想起那些已经忘记了的事。我相信他记得他带着两群羊，我带着一群羊，我们在喀泰戎山上从春天到阿耳克图洛斯初升的时候做过三个半年朋友。到了冬天，我赶着羊回我的羊圈，他赶着羊回拉伊俄斯的羊圈。（向牧人）我说的是不是真事？

牧　　人　你说的是真事，虽是老早的事了。

报 信 人　喂，告诉我，还记得那时候你给了我一个婴儿，叫我当自己的儿子养着吗？

牧　　人　你是什么意思？干吗问这句话？

报 信 人　好朋友，这就是他，那时候是个婴儿。

牧　　人　该死的家伙！还不快住嘴！

奥狄浦斯　啊，老头儿，不要骂他，你说这话倒是更该挨骂！

牧　　人　好主上啊，我有什么错呢？

奥狄浦斯　因为你不回答他问你的关于那孩子的事。

牧　　人　他什么都不晓得，却要多嘴，简直是白搭。

奥狄浦斯　你不痛痛快快回答，要挨了打哭着回答！

牧　　人　看在天神面上，不要拷打一个老头子。

奥狄浦斯　（向侍从）还不快把他的手反绑起来？

延展阅读

《俄瑞斯忒斯》

作者为古希腊三大悲剧家之一的埃斯库罗斯。国王阿伽门农远征时为祈求船队顺风开航，竟将自己的女儿杀死送上神的祭坛。十年后阿伽门农得胜回家，王后为给女儿报仇而将其杀死。之后，阿伽门农的儿子奉太阳神阿波罗之命杀死母亲为父报仇，又因犯下弑母罪而被复仇女神追杀。该剧同样通过家族内部一连串的冤冤相报的仇杀事件体现了命运的神秘力量。

《美狄亚》

作者为古希腊三大悲剧家之一的欧里庇得斯。《美狄亚》是欧里庇得斯的代表作，讲述的是一位聪明、多情，又带有强悍个性的女子美狄亚的悲剧。美狄亚爱上希腊人伊阿宋，不惜背叛亲人，帮助他取得金羊毛，然后与他结了婚。后来丈夫另有新欢，美狄亚被嫉妒和仇恨折磨，失去爱情这一生命中唯一慰藉的她杀死了丈夫的新娘，又杀死了自己和丈夫生的两个孩子。该剧中美狄亚的敢爱敢恨、如野火般的个性给读者留下了深刻印象。

《神曲》

〔意〕但丁 著

关于作者

但丁（1265—1321），文艺复兴的先驱，中世纪意大利文学的杰出代表和欧洲最伟大的诗人之一。恩格斯评价说："封建的中世纪的终结和现代资本主义纪元的开端，是以一位大人物为标志的，这位人物就是意大利人但丁。他是中世纪的最后一位诗人，同时又是新时代的最初一位诗人。"

公元1265年，但丁出生在意大利佛罗伦萨一个没落的贵族家庭。但丁有潜在的艺术才能，博学多才，对文学、音乐、绘画、神学、天文学和哲学都有研究，同时还是一位政治家。但丁从小好学深思，曾拜著名学者拉丁尼为师，学习拉丁文、诗学、修辞学和古代文学，掌握了中世纪文化领域中广博的知识。他特别崇敬古罗马诗人维吉尔，把他看成知识的海洋和理想的象征，还模仿这位著名的诗人，用当地方言写诗。因此，他在青年时代就已经很有名望。后来他参加新兴市民阶级反对封建贵族的斗争，曾当选为佛罗伦萨共和国六大行政官之一。后因代表罗马教廷的反对势力抬头，1302年起被终身流放，用他自己的话说，他几乎是乞讨着走遍了所有说意大利语的地方。

20 年的流放使但丁对意大利的社会现实有了更深切的了解，丰富了人生体验，开阔了视野，逐渐将自己的命运融合到对民族前途的深沉思考之中。晚年，但丁定居拉维纳。1321 年 9 月 14 日，他怀着深深的遗憾与世长辞。

荐读理由

但丁的代表长诗《神曲》广泛反映了中世纪后期意大利的社会生活，大胆谴责贵族和社会统治的罪恶。但丁既有诗人的柔肠与激情，也有学者的锐利与智慧，他是当时最杰出的语言学家之一，又是在时代激流中冲浪的政治家，这是博大精深的《神曲》问世的基础。

《神曲》分为《地狱》《炼狱》和《天堂》三部，每部 33 篇，加上《序曲》，共 100 篇 14233 行。诗人采用梦幻文学的形式，讲述了他在睡梦中神游了三个境界的故事。诗人误入一座黑暗的森林（象征罪恶），在一座小山脚下，有三只猛兽拦住去路，一只母狼、一只狮子、一只豹，它们分别象征贪欲、野心、逸乐（还有一种说法认为是分别象征教皇、法国国王和佛罗伦萨人）。诗人在呼救时出现了古罗马诗人维吉尔的灵魂，维吉尔对他说："你不能战胜这三只野兽，我指示你另一条路径。"于是带领他穿过地狱、炼狱，然后把他交给当年但丁暗恋的情人贝雅特丽齐的灵魂，带他游历天堂，最后见到上帝。

地狱状如漏斗，分成九层，按生前所犯的罪孽大小，被安排在不同的圈层中接受磨难。这里有贪官污吏、伪君子、邪恶的教皇、买卖圣职者、盗贼、淫媒、诬告犯、高利贷者，也有贪色、贪吃、易怒的邪教徒。诗人最痛恨卖国贼和背主之人，把他们放在第九层，冻在冰湖里，受酷刑折磨。炼狱是净罪、赎罪的地方。这是一座浮在海上的山，山内的炼狱分为七层，加上山脚和山顶上的乐园共九层，分别住着以骄、妒、怒、惰、贪、食、色等基督教“七罪”中罪过较轻者的灵魂。维吉尔引导但丁游完地狱、炼狱之后来到山顶乐园，突然隐去，贝雅特丽齐出现，她带领但丁进入天堂。天堂也分九重，分别是：月球天、水星天、金星天、太阳天、火星天、木星天、土星天、恒星天和水晶天，这里住的是殉道者、苦行者、神学者的灵魂。最后，但丁在一片光辉中见到了上帝。

《神曲》是一部充满隐喻性、象征性，同时又洋溢着鲜明的现实性、倾向性的作品。它的伟大历史价值在于，以极其广阔的画面，通过对诗人幻游过程中遇到的上百个各种类型的人物的描写，反映出意大利从中世纪向近代过渡的转折时期的现实生活和各个领域发生的社会、政治变革，透露了新时代的新思想——人文主义的曙光。

《神曲》继承了先知文学和启示文学的传统，将澎湃的激情与匪夷所思的幻想相结合，将对现实的评判与对“天国”诚挚的信仰相结合，展示出诗人惊人的想象力，把以梦幻、寓意、象征为特点的中世纪文学艺术推向了高峰。书中引用《圣经》和希腊、罗马时代的古典作品以及托马斯·阿奎那的神学，既有表面的情节层次，也有寓言、神话、象征层次；既讲人类的罪恶，也讲人类的救赎；既微观，也宏观。不仅论述诸神、诸天以及宇宙的各种力量，而且全面描绘西方文明，对后世的文学影响极大。

先睹为快

唉，奴隶般的意大利，你哀痛之逆旅，
你这暴风雨中没有舵手的孤舟，
你不再是各省的主妇，而是妓院！
那高贵的灵魂，
只是听到人家提起他故乡的可爱名字，

就急于在那里向他的同乡人备致问候；
而你的活着的人民住在你里面，
没有一天不发生战争，
为一座城墙和一条城壕围住的人却自相残杀。
你这可怜虫啊！
你向四下里看看你国土的海岸，
然后再望你的腹地，
有没有一块安享和平幸福的土地。

（摘自《炼狱》）

延展阅读

作者还有下列精品：

《新生》

这是除了《神曲》之外但丁最重要的文学作品，是但丁写给少年时代的梦中情人贝雅特丽齐的诗集。当他们相遇时，贝雅特丽齐只有 8 岁，但她端庄、贤淑与优雅的气质使但丁对她一见钟情，再不能忘。遗憾的是贝雅特丽齐后来遵从父命嫁给他人，婚后数年因病夭亡。哀伤不已的但丁将自己几年来陆续写给贝雅特丽齐的 31 首抒情诗以散文相连缀，取名《新生》结集出版。诗中抒发了诗人对情人深挚的感情、纯真的爱恋和绵绵无尽的思念，风格清新自然，细腻委婉。

《论俗语》

这是一部但丁在流放期间写成的理论著作。书中论述了俗语的优越性和建立统一的意大利民族语言的必要性，批驳了只重视拉丁语、轻视意大利语的倾向，显示出他对民族语言文化的重视，这对意大利文学的发展意义深远。

《飨宴》

这是意大利第一部用俗语写成的学术论著，打破了中世纪学术著作必须使用拉丁文的清规戒律。《飨宴》提出一个人的高贵不在他的出身、财富和头衔，而在于个人的品质的人文主义观点。

《帝制论》

这是用拉丁文写成的政论性著作，以经院哲学的推理方式表达了但丁的政治观点，论证人类社会的目的在于使人类能够充分发挥潜在的才能，而这一目的只有在皇帝统治下的和平自由环境中才能实现。但丁第一次从理论上阐述了政治和宗教平等、政教分离、反对教会干涉政治的观点。

《巨人传》

〔法〕拉伯雷 著

关于作者

拉伯雷（约1494—1553），法国文艺复兴运动的著名代表人物之一，人文主义文学平民倾向的杰出代表。

拉伯雷生于法国西北部的希农，是一位发迹的法律公证人的儿子，家庭生活小康。他曾受过修道院教育，但是修道院的灰色高墙阻隔了外面世界的精彩，墙内无聊的诵经祈祷让他深感压抑，因此他利用修道院丰富的藏书，学习希腊文、拉丁文，研究哲学，这使他被封建教会视为异端，几次被迫转院。后来，他干脆离开修道院，以神甫的身份四处游历。他曾在蒙彼利埃大学学医，获得硕士与博士学位。他36岁时才开始从事文学创作，并且多是利用业余时间写作。拉伯雷一生只写过一部长篇小说《巨人传》，但就是这一部作品使他后半生狼狈地在东奔西走、与教会迫害的周旋斗争中度过，也是这部作品使他成为16世纪法国最重要的作家。1553年4月9日，60岁的拉伯雷病逝于巴黎，据说他临死时哈哈大笑："拉幕吧，戏演完了。"这个在文学中以嬉笑为个性的小说家也以嬉笑作为人生最后的台词。

拉伯雷是一个非常典型的具有文艺复兴时期那种追求自由、我行我素个性的作家。他在《巨人传》中提出的“做你愿做之事”等信条，反映了文艺复兴时期资产阶级个性解放的要求。他不仅在文学上大有建树，而且兼通哲学、神学、医学、法律、数学、几何、天文、地理、植物、考古、音乐、绘画、民歌等，他提出了大脑、神经、肌肉之间的联系，他还是植物雌雄性别的第一个发现者。恩格斯在论及欧洲文艺复兴时说过一段被广为引用的话：“这是一次人类从来没有经历过的最伟大的、进步的变革，是一个需要巨人而且产生了巨人——在思维能力、热情和性格方面，在多才多艺和学识渊博方面的巨人——的时代。”拉伯雷体现出的素质正与这段话相印证，他是当之无愧的文艺复兴时代的巨人。

1953年，世界和平理事会在芬兰首都赫尔辛基召开，号召全世界的人们纪念世界四大文化名人，拉伯雷即为其中之一。

荐读理由

翻开《巨人传》，读者很快就会感觉到这部书的奇特。它长达五部、洋洋50万言，似乎处处是油腔滑调、插科打诨，情节是那么荒诞不经，语言时涉猥亵。他在开卷之初就向读者宣告：“不错，除了笑料，这里没有什么完善美好。……与其写哭，还是写笑的好，因为只有人类才会笑。”的确，即使读者是矜持的大家闺秀、严肃的行政长官、严守戒律的僧侣，也会为书中的故事捧腹顿足，进入放浪形骸的境界。

《巨人传》取材于中世纪民间故事，讲述了两代巨人的故事。第一代巨人卡冈都亚一生下来就开口喊“喝呀！喝呀！”他刚出生时每天要喝17913头母牛的奶，他的衣服要用几万尺布，他胖得有18层下巴，他把巴黎圣母院的大钟摘下来当马铃铛，他的一泡尿淹死了20万大军。卡冈都亚之子庞大固埃打一个哈欠，就有成群的鸽子飞进嘴里；他在巴黎当学生的时候，写了9764篇论文……作者正是在这看似荒诞的叙述中表达了他对人文主义理想形象的憧憬。作品中的巨人游历冒险，体现了文艺复兴时期人们特有的好奇心理与冒险精神。他们纵情享乐，食量、酒量惊人，有享乐的人生观。同时他们还有爱国、勇敢等优秀品质。庞大固埃少年时代的求学与青年时代的四方漫游，即是渴饮知识、追求真理、为国造福、为民谋利。他既像父亲一样保家卫国、勇退敌兵，还历经曲折，最终找到装满知识的神瓶，为社会与人类的进步找到了智慧的答案。当他打开神瓶时，只听空中传来一个声音："喝吧！"

这部长篇巨著，以神话般的人物形象、天方夜谭般的故事情节、妙趣横生有时不免流于油滑粗俗的独特风格，表现了反封建、反教会的严肃主题，歌颂了新兴资产阶级"巨人"般的力量，描绘了人文主义的乌托邦理想，具有鲜明的时代特点和丰富的思想内容。正如作家所言，这部作品表面看来"无非是笑谈，游戏文学，胡说八道"，但它在有关"宗教""政治形势和经济生活"方面，却"显示出极其高深的哲理和惊人的奥妙"。因此，这不仅仅是一部令人发噱的滑稽小说，而且是一部内容广泛、立意深远的政治小说。

同时，这还是一部百科全书式的作品。与中世纪敌视科学、摧残学术的愚民政策和宗教偏见相对立，拉伯雷在小说中融入了天文、地理、气象、航海、生物、人体生理、医药、法律、哲学、语言等大量自然科学和社会科学方面的知识，使用了15种语言，显示了作家学识的渊博，更体现了作品贯串的思想——"使人的灵魂充满真理、知识和学问"。从开卷卡冈都亚降生时的喊声"喝呀"，到篇末神瓶发出的"喝吧"的谕示，首尾呼应，强烈地表达了新兴资产阶级冲破精神奴役，追求新思想、新知识的热切愿望。

这部代表着时代精神的作品，一出世就被抢购一空，仅前两部两个月的发行量就超过了《圣经》九年的销售量。但这样的书必然招致教会的妒恨与仇视，因此拉伯雷不得不用各种方法躲避迫害。这部伟大的作品给他带来了坎坷的晚景，更给他带来了后世崇高的声誉。

先睹为快

第五天，当我们开始离开赤道线对着北极转身的时候，忽然发现有一条商船从左面迎着我们开来。这一喜非同小可，不拘是我们，还有那条船上的商人；我们喜的是可以听到海上的消息，他们喜的是能够听到大陆的新闻。

我们驶近那条船，得知他们是法国圣东日的人。双方谈话之后，庞大固埃知道他们原来是从灯笼国回来的。这更增加了我们全体的喜悦，我们向他们打听灯笼国的情况和那里人民的风俗习惯。据说七月底灯笼国即将召开全体大会，假如我们如期赶到（看样子不难办到），就可以看到许多华丽、尊贵和愉快的灯笼国人，听说他们已在隆重准备，因为他们要好好地表现一下灯笼国的风俗。我们还听说，此去必须经过盖巴林国，那里的国王奥哈贝一定会热情地接待我们。国王和他的全体臣民全会说都林省的法国话。

我们正在听取这些消息，巴奴日却和一个塔伊堡的名叫丹德诺的生意人争吵起来。争吵的原因是这样的。

丹德诺看见巴奴日未穿裤子，眼镜又拴在帽子上，便指着他对自己的伙伴说道：

“看那边，好一副乌龟的相貌。”

巴奴日因为耳朵上挂有眼镜，反而比平常听得更清楚。他听见这个人说的话，便问他道：

“见鬼，我怎么会是乌龟呢？我还没有结婚，又不像你那个倒霉相，一看就知道有老婆。”

那个生意人答道：“不错，我的确有，你就是把欧洲所有的眼镜、再加上非洲的放大镜都给我，我也不肯打光棍。因为我老婆是全圣东日最标致、最温柔、最忠实、最贞洁的女人，这可和别人没关系。我这次出门就给她带来一支十一寸长非常美丽的红珊瑚。不过，这不干你的事，你胡搞什么？你是个什么东西？从哪里钻出来的？贩卖眼镜的异教徒，你还是回答一下你信不信天主好！”

巴奴日说道：“我是想问你如果一切元素都顺利、都帮忙，我搞上了你那个又标致、又温柔、又忠实、又贞洁的老婆，让在这里无事可干的普里亚普斯——花园里硬邦邦的神灵，又没有裤子来约束它——进到她的身体里边，而又糟糕的是无法再出来，怕要永远待在里边，除非你去用牙齿咬住往外拉，那你怎么办？你让它老待在里面呢，还是真的用牙齿去咬？请你回答我，你这个穆罕默德的羊贩子，魔鬼的儿子。”

延展阅读

《格列佛游记》

作者江奈生·斯威夫特是18世纪英国杰出的讽刺作家。这部作品假托主人公格列佛医生自述他数次航海遇险，漂流到小人国、大人国、飞岛国、智马国等国家的遭遇和见闻，讽刺、揶揄了英国的社会现实。作品中使用了夸张变形的荒诞笔法，想象奇特，从中可以看出拉伯雷《巨人传》对其他作家的影响。

《堂吉诃德》

〔西〕塞万提斯　著

关于作者

16 世纪的西班牙是当时的欧洲霸主，国家的强盛和繁荣为文学的发展提供了便利的条件，这一时期被称为西班牙的黄金时期。而塞万提斯（1547—1616）正是这一时期最伟大的代表作家，被誉为“现代小说之父”。

塞万提斯因塑造了堂吉诃德这位疾恶如仇、锄强扶弱、勇猛莽撞、富于牺牲精神的游侠骑士而声名卓著。他本人颠沛流离、介于流浪汉和游侠骑士之间的一生也似乎与他自己塑造的主人公有着某种联系。横扫骑士文学的塞万提斯一生充满了冒险和苦难，他曾说：“用笑脸来迎接悲惨的厄运，伟大的心胸应该表现出这样的气概——用百倍的勇气来对付一切的不幸。”他出生于一个贫困之家，跟着做江湖郎中的父亲东奔西跑，直到 1566 年才定居马德里。他 18 岁开始独立谋生，后来漂流到意大利后参军。他参加了著名的勒班多大海战，左臂葬送在反对土耳其人入侵的战场上；在归国途中，被土耳其海盗俘获，他先后五次组织受难同胞逃跑，被发觉后挺身而出承担一切责任；当他终于被亲友赎出回国时，朝廷已经忘记了他在战争中的英雄行为。一贫如洗的他后半生在为生计辗转奔走中度过，因债务、政治等关系几度入狱，就连他那不朽的《堂吉诃德》也有一部分是在监狱里构思和写作的。

1605 年，《堂吉诃德》第一卷出版，获得空前成功，一年之内再版七次。这时，塞万提斯出了大名，却没有赚到大钱，因为他将版权卖给了出版商。

1614 年，当《堂吉诃德》下卷才写到第 59 章时，出现了一部伪造的《堂吉诃德》续集。这部狗尾续貂之作让他痛心不已，他以卓越的才华和顽强的毅力完成了无论在艺术上还是思想上都更成熟的下卷，于 1615 年出版。1616 年 4 月 22 日，经历了无数沧桑的塞万提斯在马德里逝世，他去世时几乎不名一文，家人只好把他草草下葬，连墓碑也没有立，以致塞万提斯的葬地至今仍是一个谜。

塞万提斯曾迫于生计，以卖文为生，却也因此创作了丰富的文学作品。除《堂吉诃德》外，他留下的作品还有剧本《努曼西亚》、长篇小说《伽拉苔亚》《贝雪莱斯和西吉斯蒙达历险记》和短篇小说集《训诫小说集》等。

荐读理由

长篇小说《堂吉诃德》是塞万提斯的代表作。在书中，一个没落贵族堂吉诃德因迷恋古代骑士小说，竟幻想自己是中世纪的骑士，他穿上破旧的铠甲、骑上羸弱的战马开始骑士之旅。他以丑陋的牧猪女作美赛天仙的贵妇情人，再以矮胖的农民桑丘・潘沙作侍从，三次出发周游全国，去创建锄强扶弱的骑士业绩。在这过程中，发生了一串串荒唐可笑的事情，到处碰壁受辱，或被打成重伤或被当做疯子遣送回家。最后，他终于明白过来，承认自己不是什么游侠骑士，并表示对骑士小说深恶痛绝，他立下遗嘱，不许他的侄女嫁给骑士，否则她就得不到遗产。

小说塑造了可笑、可敬、可悲的堂吉诃德和既求实胆小又聪明公正的农民桑丘这两个典型人物，将现实主义和浪漫主义有机地结合起来，既有朴实无华的生活真实，也有滑稽夸张的虚构情节，在反映现实的深度、广度上，在塑造人物的典型性上，都达到了新的高度。小说出版后，掀起了阅读热潮，上至国王，下至平民百姓，无不争相阅读，一睹为快。据说西班牙国王在王宫的窗前看到外面大街上有个小伙子边看书边笑得前仰后合，就断言说，如果他不是疯癫，那么他一定是在读《堂吉诃德》，一个大臣派仆人出去一问，果然不错。

但是，这部小说绝不仅仅是逗乐的消遣，而是蕴藏着丰富的内涵。堂吉诃德的可笑，不仅在于他的外表和行为，更在于他的思想。他脱离了当时资本主义经济形态已经出现的现实，而把恢复随着封建社会的解体已经衰亡的骑士制度作为自己的理想，企图以单枪匹马、行侠仗义来主持正义、改造社会。由于理想和现实的脱节，他注定要闹笑话，要失败。但是他又和以往骑士小说中的人物不同，塞万提斯在他身上注入了人文主义的思想。他的骑士理想是“救苦、扶危、济困”“锄强扶弱”，这远远超出了骑士要为封建制度效忠的范围。在他荒唐可笑的行为背后，有着严肃高尚的精神、善良的动机。在思想和谈吐上，他很富有理智，有关自由、平等、美德、智慧、人的本性的谈话，完全是人文主义的腔调；对政治、法律、贵贱、等级、宗教、道德乃至文学艺术的许多议论，不仅批判了现实社会，而且传播了新思想。

小说中出现了近 700 个人物，描绘的场景从宫廷到荒野，遍布全国。随着堂吉诃德流浪的脚步，小说揭露了 16 世纪末到 17 世纪初正在走向衰落的西班牙王国的各种矛盾，谴责了贵族阶级的荒淫腐朽，展现了人民的痛苦和斗争，触及政治、经济、道德、文化和风俗等诸方面的问题。

先睹为快

这时候，他们远远望见郊野里有三四十架风车。堂吉诃德一见就对他的侍从说：

“运道的安排，比咱们要求的还好。你瞧，桑丘·潘沙朋友，那边出现了三十多个大得出奇的巨人。我打算去跟他们交手，把他们一个个杀死，咱们得了胜利品，可以发财。这是正义的战争，消灭地球上这种坏东西是为上帝立大功。”

桑丘·潘沙道：“什么巨人呀？”

他主人说：“那些长胳膊的，你没看见吗？有些巨人的胳膊差不多二哩瓦长呢。”

桑丘说：“您仔细瞧瞧，那不是巨人，是风车；上面胳膊似的东西是风车的翅膀，给风吹动了就能推转石磨。”

堂吉诃德道：“你真是外行，不懂冒险。他们确是货真价实的巨人。你要是害怕，就走开些，做你的祷告去，等我一人来和他们大伙儿拼命。”

他一面说，一面骑着坐骑冲出去。他的侍从桑丘大喊说，他前去冲杀的明明是风车，不是巨人；他满不理会，横着念头那是巨人，既没听见桑丘叫喊，跑近了也没看清是什么东西，只顾往前冲，嘴里嚷道：

“你们这伙没胆量的下流东西！不要跑！前来跟你们厮杀的只是个单枪匹马的骑士！”

这时微微刮起一阵风，转动了那些庞大的翅翼。堂吉诃德见了说：

“即使你们挥舞的胳膊比巨人布利亚瑞欧的还多，我也要和你们见个高下！”

他说罢一片虔诚地向他那位杜尔西内娅小姐祷告一番，求她在这个紧要关头保佑自己，然后把盾牌遮稳身体，托定长枪飞马向第一架风车冲杀上去。他一枪刺中了风车的翅膀；翅膀在风里转得正猛，把长枪迸作几段，一股劲把堂吉诃德连人带马直扫出去；堂吉诃德滚翻在地，狼狈不堪。桑丘·潘沙趱驴来救，跑近一看，他已经不能动弹，驽骍难得把他摔得太厉害了。

桑丘说："天啊！我不是跟您说了吗，仔细着点儿，那不过是风车。除非自己的脑袋里有风车打转儿，谁还不知道这是风车呢？"

堂吉诃德答道："甭说了，桑丘朋友，打仗的胜败最拿不稳。看来把我的书连带书房一起抢走的弗瑞斯冬法师对我冤仇很深，一定是他把巨人变成风车，来剥夺我胜利的光荣。可是到头来，他的邪法毕竟敌不过我这把剑的锋芒。"

桑丘说："这就要瞧老天爷怎么安排了。"

桑丘扶起堂吉诃德；他重又骑上几乎跌歪了肩膀的驽骍难得。他们谈论着方才的险遇，顺着往拉比塞峡口的大道前去，因为据堂吉诃德说，那地方来往人多，必定会碰到许多形形色色的奇事。

延展阅读

《训诫小说集》

这是作者的另一部精品。

本书包括《吉卜赛姑娘》《骗婚记》等12部短篇小说，作品反映了西班牙文艺复兴时期的社会生活，描绘了意大利、英格兰的生活情景。这是塞万提斯仅次于《堂吉诃德》的作品，是其丰富想象力和创造力的延伸，具有鲜明的塞万提斯风格。如果说《堂吉诃德》开创了欧洲现代长篇小说的先河，那么该书则是继薄伽丘《十日谈》之后对西方文坛影响最深的短篇小说集。

《哈姆莱特》

〔英〕莎士比亚　著

关于作者

欧洲文艺复兴是一个产生巨人的时代，莎士比亚（1564—1616）便是这时期应运而生的巨人。西方历史上曾经诞生过无数文学家，倘若一定要提出谁是最伟大者，可能得到的唯一答案就是莎士比亚。关于莎士比亚的伟大，不需要用太多语言，至少有两点是可以肯定的：他是西方古往今来作品上演最多的剧作家，也是作品被改编成电影最多的作家；同时莎士比亚也是所有作家中作品被引用最多的作家，因为人们的确能从莎士比亚那里找到所需要的最恰当的字句。他的剧坛敌手本·琼生曾心悦诚服地说：“他不属于一个时代，而属于所有的世纪。”

1564 年 4 月 23 日，莎士比亚诞生在英国斯特拉福镇一个富裕市民家庭。在镇上常有伦敦剧团来演出，这激发了他对戏剧艺术的浓烈兴趣。于是他带着对戏剧的梦想来到伦敦。在那里，他当过戏院马厩里的看马人、剧场里的清洁夫、舞台后的提词人、舞台上的临时演员等。这些经历开阔了他的眼界，加深了他对社会的认识。他从 1590 年开始投入戏剧创作，很快展露出了非凡才华。随着演出和创作的成功，莎士比亚收入大增，在故乡购置产业，并成为剧院股东。到1612年，他在二十余年时间里完成了37个剧本、2首叙事长诗和154首十四行诗，这样高产的作家实在是罕见的。更难得的是，他的作品多且精，难怪马克思称他为“人类最伟大的戏剧天才”。

他的戏剧多取材于历史记载、小说、民间传说和老戏等已有的材料，反映了封建社会向资本主义社会过渡的历史现实，宣扬了新兴资产阶级的人道主义思想和人性论观点。由于一方面广泛借鉴古代戏剧、英国中世纪戏剧以及欧洲新兴的文化艺术，另一方面深刻观察人生，了解社会，掌握时代的脉搏，故而莎士比亚得以塑造出众多栩栩如生的人物形象，描绘广阔的社会生活图景，并使之以悲喜交融、富于诗意和想象、寓统一于矛盾变化之中以及富有人生哲理和批判精神等特点著称。

莎士比亚以他的创作，在戏剧领域里树立了一座值得人们永远敬仰的辉煌的纪念碑，文学史上可能有人不承认某一作家的贡献和成就，但对莎士比亚的地位和贡献，所有的人都心悦诚服。

荐读理由

悲剧《哈姆莱特》是莎士比亚戏剧创作的最高成就，写的是丹麦王子哈姆莱特为父报仇的故事。这段情节取材于18世纪的一部丹麦史。1576年一位法国作家把它改写为故事，16世纪80年代中期，伦敦舞台上曾多次上演过与莎士比亚同时代的剧作家据此改编的戏。1601年，莎士比亚又把它重新改编，把一段中世纪的封建复仇故事，改写成一部深刻反映时代面貌、具有强烈反封建意识的悲剧，哈姆莱特这一人物形象也成为世界文化中著名的艺术典型之一。

丹麦国王死后，其弟克劳狄斯登上王位并娶了嫂子。王子哈姆莱特回国奔丧，听说城堡露台上连续几天出现鬼魂，受好奇心驱使他登上露台，发现竟是老国王的鬼魂。老国王诉说自己被害的经过，原来，他在午睡时，被自己的弟弟用毒药灌进耳朵而死。哈姆莱特决心为父报仇，他佯装发疯以迷惑仇敌，伺机行动。克劳狄斯觉察到了危险，决定除掉他，而哈姆莱特为进一步证实真相，授意一个戏班把鬼魂的话演出来，克劳狄斯果然大惊失色。哈姆莱特的母亲企图劝说他忍让，却受到他的指责，在激愤中哈姆莱特误杀了情人奥菲利亚的父亲。克劳狄斯以此为借口，将哈姆莱特送往英国，秘密地嘱咐英国国王将他处决。哈姆莱特在途中偷拆了信件，知道了其中的秘密，偷偷潜回国内。哈姆莱特的出走与父亲的死使善良的奥菲利亚精神失常，最终落水身亡。她的哥哥雷欧提斯要为父亲和妹妹报仇，提出与哈姆莱特决斗。最终，哈姆莱特在决斗中刺死了叔父克劳狄斯，而自己也和母亲一起中毒身亡。

《哈姆莱特》成为莎翁四大悲剧之首，并吸引历代观众的关键在于主角性格的塑造，可以说哈姆莱特是莎士比亚“性格悲剧”的典型。在西方世界，哈姆莱特几乎成为“忧郁”和“犹豫不决”的代名词。“一千个读者就有一千个哈姆莱特”这句谚语也说明了该剧层次的多样、矛盾的复杂、剧情的巧妙。

莎士比亚在语言的运用上也有独到之处。他的语言丰富且富于形象性，他按照人物的身份与处境的不同而使用不同的语言，或文雅或粗俗，或哲理或抒情。同是一个哈姆莱特，装疯时的语言和平时的语言也各不相同。另外，莎士比亚还善于运用比喻、隐喻等形象化的语言，其卓越的语言技巧在大段的人物独白中体现得淋漓尽致。

先睹为快

哈姆莱特：生存还是毁灭，这是一个值得考虑的问题；默然忍受命运的暴虐的毒箭，或是挺身反抗人世的无涯的苦难，通过斗争把它们扫清，这两种行为，哪一种更高贵？死了；睡着了；什么都完了；要是在这一种睡眠之中，我们心头的创痛，以及其他无数血肉之躯所不能避免的打击，都可以从此消失，那正是我们求之不得的结局。死了；睡着了；睡着了也许还会做梦；嗯，阻碍就在这儿：因为当我们摆脱了这一具朽腐的皮囊以后，在那死的睡眠里，究竟将要做些什么梦，那不能不使我们踌躇顾虑。人们甘心久困于患难之中，也就是为了这个缘故；谁愿意忍受人世的鞭挞和讥嘲、压迫者的凌辱、傲慢者的冷眼、被轻蔑的爱情的惨痛、法律的迁延、官吏的横暴和费尽辛勤所换来的小人的鄙视，要是他只要用一柄小小的刀子，就可以清算他自己的一生？谁愿意负着这样的重担，在烦劳的生命的压迫下呻吟流汗，倘不是因为惧怕不可知的死后，惧怕那从来不曾有一个旅人回来过的神秘之国，是它迷惑了我们的意志，使我们宁愿忍受目前的折磨，不敢向我们所不知道的痛苦飞去？这样，重重的顾虑使我们全变成了懦夫，决心的赤热的光彩，被审慎的思维盖上了一层灰色，伟大的事业在这一种考虑之下，也会逆流而退，失去了行动的意义。

《李尔王》

〔英〕莎士比亚　著

关于作者

见《哈姆莱特》之“关于作者”。

荐读理由

《李尔王》取材于古代不列颠历史，通过国王李尔退位后被两个女儿抛弃的悲剧，揭示了传统道德观念和伦理关系的崩溃。李尔从一个刚愎自用的国王转变成一个流浪者的经历，既真实地反映了资本原始积累时期大量失地农民流入城市的现实，又寄托了作者对理想君主的渴望。作者没有采用故事原型中大团圆结局的形式，而是将作品改写成了一出规模宏大、气氛压抑、人物性格复杂的悲剧。

年老的李尔希望把国土分给他的三个女儿。在分封的时候，他让每个女儿都说说对他的爱戴，借此安慰自己的心。口蜜腹剑的大女儿和二女儿竭尽全力赞美国王，只有三女儿考狄利娅因表达了自己的真挚感情而被李尔驱逐，后来成为法国的王后。在把国土分给两个女儿之后，她们立刻变脸虐待他，李尔认清女儿的真面目后悲怆不已，在暴风雨中精神癫狂。考狄利娅在法国得知父亲的处境，兴兵讨伐忤逆的两个姐姐，不幸兵败被俘，被缢死于父亲面前，李尔守着心爱的小女儿的尸体，伤心欲绝而亡。

这部悲剧深刻地写出了现实的残酷性，形形色色的冒险家、利己主义者组成一股强大的邪恶势力，造成道德沦丧、灾祸不绝的可怕时代。但是作者通过对李尔王“人性”复归的艰难过程的描述，通过对考狄利娅这一美好形象的塑造以及邪恶力量最终受到惩罚的情节处理，仍表达了对未来社会乐观的信念。

先睹为快

李　　尔　现在我要向你们说明我的心事。把那地图给我。告诉你们吧，我已经把我的国土划成三部；我因为自己年纪老了，决心摆脱一切世务的牵萦，把责任交卸给年轻力壮之人，让自己松一松肩，好安安心心地等死。康华尔贤婿，还有同样是我心爱的奥本尼贤婿，为了预防他日的争执，我想还是趁现在把我的几个女儿的嫁奁当众分配清楚。法兰西和勃艮第两位君主正在竞争我的小女儿的爱情，他们为了求婚而住在我们宫廷里，也已经有好多时候了，现在他们就可以得到答复。孩子们，在我还没有把我的政权、领土和国事的重任全部放弃以前，告诉我，你们中间哪一个人最爱我？我要看看谁最有孝心，最有贤德，我就给她最大的恩惠。高纳里尔，我的大女儿，你先说。

高纳里尔　父亲，我对您的爱，不是言语所能表达的；我爱您胜过自己的眼睛、整个的空间和广大的自由；超越一切可以估价的贵重稀有的事物；不亚于赋有淑德、健康、美貌和荣誉的生命；不曾有一个儿女这样爱过他的父亲，也不曾有一个父亲这样被他的儿女所爱；这一种爱可以使唇舌无能为力，辩才失去效用；我爱您是不可以数量计算的。

考狄利娅 （旁白）考狄利娅应该怎么好呢？默默地爱着吧。

李　　尔 在这些疆界以内，从这一条界线起，直到这一条界线为止，所有一切浓密的森林、膏腴的平原、富庶的河流、广大的牧场，都要奉你为它们的女主人；这一块土地永远为你和奥本尼的子孙所保有。我的二女儿，最亲爱的里根，康华尔的夫人，你怎么说？

里　　根 我跟姊姊具有同样的品质，您凭着她就可以判断我。在我的真心之中，我觉得她刚才所说的话，正是我爱您的实际的情形，可是她还不能充分说明我的心理：我厌弃一切凡是敏锐的知觉所能感受到的快乐，只有爱您才是我的无上的幸福。

考狄利娅 （旁白）那么，考狄利娅，你只好自安于贫穷了！可是我并不贫穷，因为我深信我的爱心比我的口才更富有。

李　　尔 这一块从我们这美好的王国中划分出来的三分之一的沃壤，是你和你的子孙永远世袭的产业，和高纳里尔所得到的一份同样广大、同样富庶，也同样佳美。现在，我的宝贝，虽然是最后的一个，却并非最不在我的心头；法兰西的葡萄和勃艮第的乳酪都在竞争你的青春之爱；你有些什么话，可以换到一份比你的两个姊姊更富庶的土地？说吧。

考狄利娅　父亲，我没有话说。

李　　尔　没有？

考狄利娅　没有。

李　　尔　没有只能换到没有；重新说过。

考狄利娅　我是个笨拙的人，不会把我的心涌上我的嘴里；我爱您只是按照我的名分，一分不多，一分不少。

李　　尔　怎么，考狄利娅！把你的话修正修正，否则你要毁坏你自己的命运了。

考狄利娅　父亲，您生下我来，把我教养成人，爱惜我、厚待我；我受到您这样的恩德，只有恪尽我的责任，服从您、爱您、敬重您。我的姊姊们要是用她们整个的心来爱您，那么她们为什么要嫁人呢？要是我有一天出嫁了，那接受我的忠诚的誓约的丈夫，将要得到我的一半的爱、我的一半的关心和责任；假如我只爱我的父亲，我一定不会像我的两个姊姊一样再去嫁人的。

李　　尔　你这些话果然是从心里说出来的吗？

考狄利娅　是的，父亲。

李　　尔　年纪这样小，却这样没有良心吗？

考狄利娅　父亲，我年纪虽小，我的心却是忠实的。

李　　尔　好，那么让你的忠实做你的嫁奁吧。凭着太阳神圣的光辉，凭着黑夜的神秘，凭着主宰人类生死的星球的运行，我发誓从现在起，永远和你断绝一切父女之情和血缘亲属的关系，把你当做一个路人看待。啖食自己儿女的生番，比起你，我的旧日的女儿来，也不会更令我憎恨。

《罗密欧与朱丽叶》

〔英〕莎士比亚　著

关于作者

见《哈姆莱特》之“关于作者”。

荐读理由

《罗密欧与朱丽叶》是莎士比亚早期的重要作品之一，剧本描写了一对互相爱慕的青年男女因受家族世仇的影响，不能终成眷属而双双殉情的故事。

罗密欧与朱丽叶在一次宴会上一见钟情，却得知两个家族是世仇，二者结合的愿望落空。在神父的帮助下，朱丽叶服下一种假死药。神父准备通知罗密欧在葬礼后挖开坟墓两人远走高飞，但罗密欧在接到神父通知前已得知朱丽叶死讯，误以为真，在墓穴旁饮毒殉情。醒来后的朱丽叶看到罗密欧的尸体，悲痛欲绝，不愿独活，亦拔剑自刎。两家父母失去儿女后才清醒过来，从此消除积怨，将二人合葬。

这个故事发生在中世纪的意大利。此时的意大利虽然是文艺复兴运动的发源地，但资本主义还处于萌芽阶段，应该说是处于黎明前的黑暗时期。在这个时代，爱情犹如伊甸园里的禁果，是不允许青年人采撷的。罗密欧和朱丽叶作为人文主义者、觉醒青年的代表，为争取自由、爱情和做人的基本权利，豁出性命也要把这禁果摘到手。虽然结局以男女主人公的毁灭告终，但两个家族因此事而幡然醒悟，握手言好，表明了人文主义价值观最终战胜了中世纪的封建道德。

剧中语言华美，充满春天般的生机和夏天般的热情，特别是男女主角毫无顾忌地赞美对方，表达发自内心如火山爆发般不可阻挡的爱意，用词极尽变化之能事。花前月下的畅抒胸怀、闺中女郎的幽思离怨、痛失爱侣的绝望控诉，均气势澎湃，体现了作者非凡的艺术才能。《罗密欧与朱丽叶》自问世以来，一直在世界各国舞台上盛演不衰，罗密欧与朱丽叶的名字已经成了忠贞爱情的象征。

先睹为快

罗密欧：没有受过伤的才会讥笑别人身上的创痕。（朱丽叶自上方出现。她立在窗前）轻声！那边窗子里亮起来的是什么光？那就是东方，朱丽叶就是太阳！起来吧，美丽的太阳！赶走那妒忌的月亮，她因为她的女弟子比她美得多，已经气得面色发白了。既然她这样妒忌着你，你不要皈依她吧；脱下她给你的这一身惨绿色的贞女的道服，它是只配给愚人穿着的。那是我的意中人。啊！那是我的爱。唉，但愿她知道我在爱着她！她欲言又止，可是她的眼睛已经道出了她的心事。待我去回答她吧；不，我不要太鲁莽，她不是对我说话。天上两颗最灿烂的星，因为有事离去，请求她的眼睛替代它们在空中闪耀。要是她的眼睛变成了天上的星，天上的星变成了她的眼睛，那便怎样呢？她脸上的光辉会掩盖了星星的明亮，正像灯光在朝阳下黯然失色一样；在天上的她的眼睛，会在太空中大放光明，使鸟儿们误认为黑夜已经过去而唱出它们的歌声。瞧！她用纤手托住了脸庞，那姿态是多么美妙！啊，但愿我是那一只手上的手套，好让我亲一亲她脸上的香泽！

罗密欧：……啊，我的爱人！我的妻子！死虽然已经吸去了你呼吸中的芳蜜，却还没有力量摧残你的美貌；你还没有被它征服，你的嘴唇上、脸庞上，依然呈现着红润的美艳，不曾让灰白的死亡进占。提伯尔特，你也裹着你的血淋淋的殓衾躺在那儿吗？啊！你的青春葬送在你仇人的手里，现在我来替你报仇了，我要亲手杀死那杀害你的人。原谅我吧，兄弟！啊！亲爱的朱丽叶，你为什么仍然是这样美丽？难道那虚无的死亡，那枯瘦可憎的妖魔，也是个多情种子，所以把你藏匿在这幽暗的洞府里做他的情妇吗？为了防止这样的事情，我要永远陪伴着你，再不离开这漫漫长夜的幽宫；我要留在这儿，跟你的侍婢，那些蛆虫们在一起。啊！我要在这儿永久安息下来，从我这厌倦人世的凡躯上挣脱厄运的束缚。眼睛，瞧你的最后一眼吧！手臂，作你最后一次的拥抱吧！嘴唇，啊！你呼吸的门户，用一个合法的吻，跟网罗一切的死亡订立一个永久的契约吧！来，苦味的向导，你绝望的领港人，现在赶快把你的厌倦于风涛的船舶向那巉岩上冲撞过去吧！为了我的爱人，我干了这一杯！（饮药）啊！卖药的人果然没有骗我，药性很快地发作了。在这一吻中我死去。（死）

《威尼斯商人》

〔英〕莎士比亚 著

关于作者

见《哈姆莱特》之“关于作者”。

荐读理由

《威尼斯商人》是一部明净欢快的喜剧，具有莎士比亚早期戏剧的典型特点：基调乐观开朗，语言形象生动，富于感情色彩，充满奇思妙想和机智风趣，是诗意和机敏相结合的产物，戏剧主题以肯定、歌颂为主，表达对仁爱、友谊、爱情、智慧的赞美。

威尼斯商人安东尼奥为了成全好友巴萨尼奥的婚事，向放高利贷的犹太人夏洛克借债。在这以前，安东尼奥曾不止一次谴责夏洛克利用放高利贷敲诈勒索，还帮助夏洛克的女儿与恋人私奔，这使夏洛克怀恨在心，于是乘机报复，提出若逾期不能还钱便要从安东尼奥身上割下一磅肉。不巧安东尼奥的商船失事，资金周转不灵，无力偿还贷款。夏洛克去法庭控告，要求安东尼奥履行诺言。巴萨尼奥的未婚妻鲍西娅是一位机智聪明、有胆有识的女子，她假扮法官出庭，表面答允夏洛克的要求，但要求所割的一磅肉必须正好是一磅，不能多也不能少，更不准流血。夏洛克因无法执行而败诉，害人不成反而失去了财产。

这部戏剧最夺观众眼球的就是夏洛克和鲍西娅这两个经典人物形象。一个是由于贪婪本性和种族歧视的外部环境而养成冷酷无情、唯利是图个性的放高利贷者，一个是美丽高雅、智慧胆识不让须眉的具有人文主义精神的新女性。该剧构思精巧，情节安排扣人心弦，独具匠心，特别是夏洛克与鲍西亚在法庭交锋的一场戏，作者充分突显欲擒故纵的情节效果，运用层层铺垫的手法，推波助澜，先将矛盾推向白热化，无可转寰，然后异峰突起，使剧情急转直下。这种大开大合、曲折有致的情节安排，显示了莎士比亚杰出的戏剧才能。

另外，这部巨作生动地再现了当时的社会图景，反映了资本主义早期商业资产阶级与放高利贷者之间的矛盾，以及作者对金钱、法律和宗教等问题的思考。

先睹为快

鲍　西　娅　那商人身上的一磅肉是你的；法庭判给你，法律许可你。

夏　洛　克　公平正直的法官！

鲍　西　娅　你必须从他的胸前割下这磅肉来；法律许可你，法庭判给你。

夏　洛　克　博学多才的法官！判得好！来，预备！

鲍　西　娅　且慢，还有别的话哩。这约上并没有允许你取他的一滴血，只是写明着“一磅肉”；所以你可以照约拿一磅肉去，可是在割肉的时候，要是流下一滴基督徒的血，你的土地财产，按照威尼斯的法律，就要全部充公。

葛莱西安诺　啊，公平正直的法官！听着，犹太人；啊，博学多才的法官！

夏　洛　克　法律上是这样说吗？

鲍　西　娅　你自己可以去查查明白。既然你要求公道，我就给你公道，而且比你所要求的更公道。

葛莱西安诺　啊，博学多才的法官！听着，犹太人；好一个博学多才的法官！

夏　洛　克　那么我愿意接受还款；照约上的数目三倍还我，放了那基督徒。

巴萨尼奥　钱在这儿。

鲍　西　娅　别忙！这犹太人必须得到绝对的公道。别忙！他除了照约处罚以外，不能接受其他的赔偿。

葛莱西安诺　啊，犹太人！一个公平正直的法官，一个博学多才的法官！

鲍　西　娅　所以你准备着动手割肉吧。不准流一滴血，也不准割得超过或是不足一磅的重量；要是你割下来的肉，比一磅略微轻一点或是重一点，即使相差只有一丝一毫，或者仅仅一根汗毛之微，就要把你抵命，你的财产全部充公。

葛莱西安诺　一个再世的但尼尔，一个但尼尔，犹太人！现在你可掉在我的手里了，你这异教徒！

鲍　西　娅　那犹太人为什么还不动手？

夏　洛　克　把我的本钱还我，放我去吧。

巴萨尼奥　钱我已经预备好在这儿，你拿去吧。

鲍　西　娅　他已经当庭拒绝过了；我们现在只能给他公道，

让他履行原约。

葛莱西安诺　好一个但尼尔，一个再世的但尼尔！谢谢你，犹太人，你教会我说这句话。

夏　洛　克　难道我单单拿回我的本钱都不成吗？

鲍　西　娅　犹太人，除了冒着你自己生命的危险割下那一磅肉以外，你不能拿一个钱。

夏　洛　克　好，那么魔鬼保佑他去享用吧！我不打这场官司了。

鲍　西　娅　等一等，犹太人，法律上还有一点牵涉你。威尼斯的法律规定：凡是一个异邦人企图用直接或间接手段，谋害任何公民，查明确有实据者，他的财产的半数应当归受害的一方所有，其余的半数没入公库，犯罪者的生命悉听公爵处置，他人不得过问。你现在刚巧陷入这个法网，因为根据事实的发展，已经足以证明你确有运用直接或间接手段，危害被告人生命的企图，所以你已经遭逢着我刚才所说起的那种危险了。快快跪下来，请公爵开恩吧。

《失乐园》

〔英〕弥尔顿　著

关于作者

弥尔顿（1608—1674），英国清教徒革命时代最伟大的诗人。他出生于伦敦一个富裕的清教徒家庭。父亲爱好文学，受其影响，弥尔顿从小喜爱读书，尤其喜爱文学。16 岁时考入剑桥大学，并开始写诗。在剑桥大学求学时以及毕业后的一段时期，他钻研古代和文艺复兴时期文学，受到人文主义思想的熏陶。1638 年，他旅行意大利，访问了被天主教会关在狱里的伽利略，并和意大利的文人学者交往。1639 年，英国革命形势紧张，他回国参加反对国王和国教的斗争。在 1641 年到 1645 年间发表过许多政论小册子。1649 年共和国成立后，新政府任命他为拉丁文秘书。他写了不少文章捍卫共和国，终因劳累过度而双目失明，但仍坚持斗争。王朝复辟后，他受到迫害，著作被焚毁，生活贫困。这一时期，他完成了三部杰作：《失乐园》《复乐园》和《力士参孙》。

弥尔顿继承了 16 世纪的人文主义思想，接受了 17 世纪新科学的成就，同时对它们采取批判的态度。他肯定人生，但否定无限制的享乐；他肯定人的进取心、自豪感，但否定由此演变出来的野心和骄傲；他肯定科学，但认为科学并不是一切，有科学而没有正义和理想，人类不会得到和平与幸福。

弥尔顿在英国文学史上占有极高的地位。三百年来，他像莎士比亚一样，一直受到毁誉参半的评论，但有一点是肯定的，那就是任何人都不能忽略他，无论褒贬，他的名字注定被后人挂在嘴边，永远不会寂寞。20世纪的二三十年代，以T. S. 艾略特为代表的英国诗坛革命者们，猛烈地攻击弥尔顿，因为他的诗风格过高，他的文字过分绚丽、宏伟，富于古典的和外国的风味，违反革命者的要求。到了1947年，英国诗坛革命风潮一过，艾略特再写文章评论弥尔顿时，重新肯定了他，称他为伟大的诗人，是今天诗人的榜样。江山代有才人出，各主风骚若干年；才子过后，诗坛一时显得有些寂寞。莎士比亚过后，杰出的剧作家不见了；弥尔顿过后，史诗顿成绝响。

荐读理由

弥尔顿是一位永不屈服的斗士，一生为清教徒革命而斗争，也与命运不断较量。他晚年在双目失明的情况下，通过口述，让他的女儿记录他的作品。就这样，他创作了最负盛名的三大史诗，其中《失乐园》可以说是欧洲文学史上文人史诗的典范。

故事取材于《旧约·创世纪》，全诗共12卷，1万余行，重新创作了关于上帝创世和人类堕落的故事。撒旦骄矜自满，不服从上帝的权威，率领叛逆的众天使与上帝抗争，结果失败，被打入地狱火湖，在烈火中受尽折磨。这时上帝创造了伊甸园，亚当和夏娃在那里安居。撒旦闻讯后，认为报仇雪恨的机会来了，他化为毒蛇潜入伊甸园，窃听到关于知识树与禁果的秘密，引诱亚当与夏娃破坏上帝的规定，偷食园内禁果，激怒了上帝。亚当与夏娃因此失去了乐园，谪降人间，从此胼手胝足，自谋衣食。撒旦和他的党羽更难逃罪责，也受到上帝的惩罚。

长诗说明人类的不幸命运是自身造成的，因此必须认罪，忍受尘世生活的重负。撒旦的形象集英雄与恶魔于一身，成为世界文学中的杰出典型形象之一。

该诗体现了诗人追求自由的崇高精神，是世界文学史、思想史上的一部极重要的作品。诗人写这首诗的目的在于说明人类不幸的根源。他认为人类由于理性不强，意志薄弱，经不起外界的影响和引诱，因而感情冲动，走错道路，丧失了乐园。夏娃的堕落是由于盲目求知，妄想成神；亚当的堕落是由于溺爱妻子，感情用事；撒旦的堕落是由于野心勃勃，骄傲自满。诗人通过他们的遭遇，暗示英国资产阶级革命也由于道德堕落、骄奢淫逸而惨遭失败。

在《失乐园》里，弥尔顿展示了高超的艺术。诗人的革命热情和高远的想象使他雕塑出十分雄伟的形象，如撒旦、罪恶、死亡等；描绘出壮阔的背景，如地狱、混沌、人间等。他的诗歌风格是高昂的，诗中运用了璀璨瑰丽、富有抒情气氛的比喻，独特的拉丁语的句法和雄浑洪亮的音调，具有独特的诗体之美。《失乐园》继承了古希腊、古罗马史诗的传统，成为英国文学中一部杰出的史诗。

先睹为快

关于人类最初违反天神命令偷尝禁树的果子，
把死亡和其他各种各色的灾祸带来人间，
并失去伊甸乐园，
直等到一个更伟大的人来，
才为我们恢复乐土的事，

请歌咏吧，
天庭的诗神缪斯呀！
您当年曾在那神秘的何烈山头，
或西奈的峰巅，
点化过那个牧羊人，最初向您的选民
宣讲太初天和地怎样从混沌中生出；
那郇山似乎更加蒙您的喜悦，
下有西罗亚溪水在神殿近旁奔流；
因此我向那儿求您助我吟成这篇
大胆冒险的诗歌，追踪一段事迹——
从未有人尝试摛彩成文，吟咏成诗的题材，
遐想凌云，飞越爱奥尼的高峰。
特别请您，圣灵呀！
您喜爱公正和清洁的心胸，胜过所有的神殿。
请您教导我，因为您无所不知；
您从太初便存在，张开巨大的翅膀，
像鸽子一样孵伏那洪荒，使它怀孕，
愿您的光明照耀我心中的蒙昧，
提举而且撑持我的卑微；
使我能够适应这个伟大主题的崇高境界，
使我能够阐明永恒的天理，
向世人昭示天道的公正。

　　请先说，天界和地狱深渊，
在您的眼中，一切都了如指掌；
请先讲，为什么我们的始祖，
在那样的乐土，得天惠那样独厚，
除了那唯一的禁令以外，

他们俩本是世界的主宰；
竟背叛而自绝于他们的创造主？
当初是谁引诱他们犯下这不幸的忤逆呢？
原来是地狱的蛇；
是他由于嫉妒和仇恨，
激起他的奸智，
欺骗了人类的母亲。
他的高傲致使他和他的全部天军被逐出天界，
那时他由于造反天军的援助，
使他觉得自己比众光荣，他相信：
如果他反叛，就能和至高者分庭抗礼；
于是包藏野心，觊觎神的宝座和主权，
枉费心机地在天界掀起了不逊不敬的战争。
全能的神把他倒栽葱，
全身火焰，从净火天上摔下去，
这个敢于向全能全力者挑战的神魔迅速坠下，
一直落到无底的地狱深渊，
被禁锢在金刚不坏的镣铐和永不熄灭的刑火中。

延展阅读

作者还有下列精品：

《复乐园》

这是弥尔顿继《失乐园》之后的又一力作，根据《新约·福音》中耶稣被诱惑的故事改编而成，也可以说是《失乐园》的续篇。作家以饱满的热情讴歌了耶稣的降生，讲述了耶稣抵御住撒旦的诱惑，从而拯救人类重返伊甸园的故事。

《力士参孙》

本书是诗体悲剧，取材于圣经《旧约·士师记》。以色列英雄参孙孔武有力，令敌人腓尼基人闻风丧胆，但却被情人出卖给敌人，双眼被挖，罚做苦工。但他仍然坚毅不屈，在为敌人表演之后，推倒舞厅石柱，与敌人同归于尽。全诗具有显而易见的自传成分，英雄双目失明，身陷囹圄，却仍卧薪尝胆，伺机再起，这与革命时期的弥尔顿的心境与精神非常相似。

《唐璜》

〔英〕拜伦　著

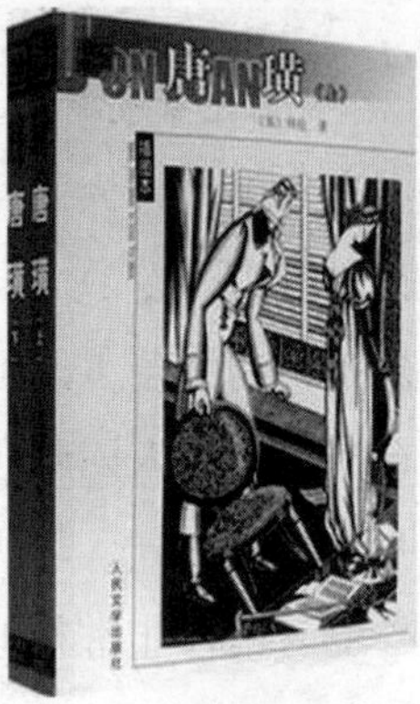

关于作者

拜伦（1788—1824），19 世纪英国杰出的浪漫主义诗人，也是欧洲浪漫主义文学和资产阶级民主力量的重要代表。在浪漫主义文苑诗坛上，他是手握如椽之笔、流金溢彩、独步古今的天才诗人；在如火如荼的民族解放的政治舞台上，他又是身着戎装、叱咤风云、为民主和自由而战的坚强斗士。他以对社会黑暗辛辣的讽刺批评和对自由、民主的讴歌，极大地鼓舞了欧洲的民族民主运动，在世界各国的革命志士心中引起了强烈共鸣，被评论家称为“19 世纪初英国的‘满腔热情地辛辣地讽刺现实社会’的诗人”。他的创作震撼了整个欧洲，被歌德称为“19 世纪最伟大的天才”，被普希金称为“思想界的君主”；他的作品在中国五四运动前后的热血青年中也引起了强烈的共鸣，被鲁迅称为“立意在反抗，指归在动作”“不克服敌，战则不止”的诗派领袖。

拜伦不仅是一位伟大的诗人，还是一位为理想战斗一生的勇士。他积极而勇敢地投身革命，参加了希腊民族解放运动，并成为领导人之一。就像他自己的性格一般，他在诗歌创作中塑造了一批侠骨柔肠的硬汉，他们有海盗、异教徒、被放逐者，这些大都是高傲、孤独、倔强的叛逆者，他们与罪恶社会势不两立，孤军奋战，与命运抗争，追求自由，但最后总是以失败告终。拜伦通过他们的斗争表现出对社会不妥协的反抗精神，同时反映出自己的忧郁、孤独、彷徨和苦闷。由于这些形象具有作者本人的思想性格特征，因此被称作“拜伦式英雄”，后来被广泛地指代他的作品中的一类人物形象。他们高傲倔强，既对现实不满，要求奋起反抗，具有叛逆的性格；但同时又显得忧郁、孤独、悲观，脱离群众，我行我素，始终找不到正确的出路。

拜伦在学生时代即已开始写诗。1812 年，记游长诗《恰尔德·哈罗尔德游记》前两章的出版使其一举成名。《恰尔德·哈罗尔德游记》后两章出版后，遂成为拜伦卓越的诗歌代表作。拜伦曾多次出国游历，并在日内瓦湖畔和雪莱相识，结下终生的友谊。他的代表作还有《审判的幻景》，诗剧《曼弗雷德》《该隐》等。

荐读理由

诗体小说《唐璜》是诗人最后也是最重要、最光辉的作品。大诗人雪莱称它“字字珠玑，永垂不朽”，歌德推崇它是“决定天才之作”。

作为一个文学形象，唐璜完全可以与堂吉诃德、哈姆莱特、浮士德等人物相媲美，但是这个原属传说中的人物却一直被看做是一个登徒子的象征。自然，这也不是不可以理解的，因为无论是他首次作为文学形象出现在西班牙戏剧家蒂尔索·德·莫利纳的悲剧《塞维利亚的嘲弄者》中，随后又出现在法国剧作家莫里哀的《石宴》中，还是在法国小说家普罗斯佩·梅里美的《炼狱的灵魂》中，以及在英国作家托马斯·沙德韦尔的《浪子》中，他给人留下的都是这样的印象。

只有到了英国诗人拜伦的笔下，才赋予他新的生动可爱的面貌。在拜伦的笔下，唐璜是一个多愁善感、热情善良的贵族青年。他不矫揉造作，不愿受世俗道德、清规戒律的约束，而是顺从“自然的本性”行事。

《唐璜》吸引人之处首先在于它是一个极有趣的故事。唐璜是一个漂亮的西班牙贵族青年，尽管母亲对他管束甚严，16 岁时他却与一个贵族少妇发生了爱情纠葛，无奈被迫出海远航。在海上，唐璜遇到风暴，受到饥饿、死亡的威胁。后来他漂浮到希腊的一个荒岛上，得到海盗的女儿海甸的援救。很快两人坠入情网，正要结婚时海盗突然归来，粗暴地破坏了他们的婚姻。海甸悲痛地死去，唐璜也被当做奴隶卖到土耳其皇宫。以后唐璜逃出官场，又盲目参加了俄国围攻土耳其伊斯迈尔城的战斗。由于作战勇猛，立下战功，他被派往俄国向女皇叶卡捷琳娜二世报捷，得到女皇的青睐，成为女皇的头等宠臣。后来唐璜以特使身份出使英国，进入伦敦上流社会。他在一个贵族的乡间城寨里正经历着浪漫的奇遇，长诗至此中断。按照拜伦的计划，唐璜还要经历种种围城、交战、冒险的生涯，最后参加法国革命而死去。世界名著之中，内容生动、戏剧化能同《唐璜》相比的，确实不多。

与丰富的内容一致，《唐璜》在表现形式上也体现了罕见的艺术性。它最突出的艺术特色是诗人的主观抒情。从整个篇幅来看，与唐璜故事无关的拜伦的闲谈，几乎占了一半，是整个长诗的重要组成部分。诗中叙述的唐璜的故事发生在 18 世纪末，而拜伦执笔的年代是在 19 世纪初。诗人灵活自如地运用闲谈的方式，把两段时间里发生的事件巧妙地交织在一起，使长诗内容更加丰富，而且具有更强的现实性。拜伦时时离开故事的叙述，直接与读者交谈。同时，诗人以奇特的浪漫主义的想象和现实主义的手法，描写了众多的人物、离奇的情节、纷繁的场面。全诗气势宏伟，意境开阔。议论政治、描写景色、叙述故事、抒发感情，写得恣肆汪洋、大胆率直、痛快淋漓。诗人恢弘博大的艺术才能和深刻的思想，使《唐璜》成为英国以至世界文学史上罕见的杰作。

《唐璜》猛烈抨击欧洲的反动势力，撕去欧洲尤其是英国“文明社会”的面纱，这是符合当时革命斗争需要的，对各国民族解放运动的开展和资产阶级民主力量的壮大也有很大的鼓动作用。

先睹为快

（一）

希腊群岛呵，美丽的希腊群岛！
热情的莎弗在这里唱过恋歌，
在这里，战争与和平的艺术并兴，
狄洛斯崛起，阿波罗跃出海波！
永恒的夏天还把海岛镀成金，
可是除了太阳，一切已经消沉。

（二）

开奥的缪斯和蒂奥的缪斯，
那英雄的竖琴，恋人的琵琶，
原在你的岸上博得了声誉，
而今在这发源地反倒喑哑，——
呵，那歌声已远远向西流传，
远超过你祖先的海岛乐园。

（三）

起伏的山峦望着马拉松，
马拉松望着茫茫的海波；
我独自在那里冥想了一时，
梦见希腊仍旧自由而快乐；
因为当我在波斯墓上站立，

我不能想象自己是个奴隶。

（四）

一个国王高高坐在山头上，
瞭望着萨拉密挺立于海外，
千万只战船停靠在山脚下，
还有多少队伍——全由他统率！
他在天亮时把他们数了数，
但在日落时他们到了何处？

（五）

呵，他们而今安在？还有你呢，
我的祖国？在无声的土地上
英雄的颂歌如今喑哑了，
那英雄的心也不再激荡！
难道你一向庄严的竖琴
竟至沦落到我的手里弹弄？

延展阅读

《东方叙事诗》

这是拜伦的一组以东方故事为题材、富有浪漫色彩的传奇诗篇，叙事诗中的主人公被称作“拜伦式英雄”，这些叙事诗又叫“叛逆者叙事诗”，包括《异教徒》《阿比道斯的新娘》《海盗》《柯林斯的围攻》《巴里西纳》等六部长诗。该诗发表后，伦敦掀起了一股“拜伦热”，上层社会很多女子拜倒在这位年仅 23 岁的文学新星脚下。

《解放了的普罗米修斯》

作者雪莱，是与拜伦处于同一时代的英国伟大的浪漫主义诗人。

他与拜伦一样是古希腊、古罗马艺术的崇拜者。而《解放了的普罗米修斯》同样是一首经典的诗剧。它取材于古希腊神话，以为人类盗取火种的英雄普罗米修斯为主角，叙述了普罗米修斯为真理和理想而进行不屈斗争的故事。作品是在神圣同盟和英国贵族资产阶级的黑暗统治的背景下完成的，作者通过诗句来表达对它们残酷镇压人民的愤慨，传达自己的哲学思想和社会理想。整部作品风格壮丽雄伟，气势磅礴，充满了浓郁的浪漫主义气息。

《浮士德》

〔德〕歌德　著

关于作者

歌德（1749—1832），出生在莱茵河畔的法兰克福，父亲是法律专家，母亲是法兰克福市长的女儿，优越的家庭环境使他受到良好的教育。16 岁时，他进入莱比锡大学学习法律，并开始创作华丽纤巧的诗歌，同时对自然科学和艺术等产生浓厚的兴趣。1770 年他去斯特拉斯堡求学，在大学里结识了许多“狂飙”诗人，积极参加了反封建专制、要求民族发展与个性解放的“狂飙突进”运动，成为这场运动的旗手，从此改变了自己的文学观念。晚年的歌德在隐居中度过，仍以极大的兴趣接受新事物、新思想，表现了博大的胸怀和不断进取的精神。歌德的一生，正如他的名字所暗示的，具有一颗哥特式的不安分的心，永远向上。据说，拿破仑占领德国后的第一件事就是召见歌德，一见到这位大诗人进门，情不自禁地脱口说出：“这才是一个人。”

歌德一生跨越两个世纪，正当欧洲社会大动荡、大变革的年代。封建制度的日趋崩溃，革命力量的不断高涨，促使歌德不断接受先进思潮，从而加深自己对社会的认识，创作出当代最优秀的文艺作品。

歌德是德国民族文学最杰出的代表，他的创作把德国文学提高到全欧的先进水平，并对欧洲文学的发展作出了巨大的贡献。

歌德一生留下了丰富的著作。他创作有历史剧《葛兹·封·白里兴根》、诗剧《普罗米修斯》、书信体小说《少年维特之烦恼》，以及戏剧《在陶里斯的伊菲格尼》《艾格蒙特》《塔索》等。歌德后期最重要的作品是长篇小说《威廉·麦斯特的学习时代》《威廉·麦斯特的漫游时代》和诗剧《浮士德》。《浮士德》是这位伟大的思想家和诗人经过前后将近六十年的辛勤劳动和探索的思想总结和艺术总结。

歌德还是一位伟大的思想家，一生留下了无穷的智慧精华，其名言如“谁是最幸福的人？乃是能感到他人的功绩、视他人之乐如自己之乐的人”“能把自己生命的终点和起点联结起来的人，是最幸福的人”“任何人都不笨，但如果你不利用你的大脑你会发觉你很笨!”“最大的幸福在于我们的缺点得到纠正，我们的错误得到补救”“在蠢人感到人生困难的时候，贤人看起来容易；而当蠢人感到容易的时候，贤者就感到困难”“人生一世不就是为了化短暂的事物为永久的吗？要做到这一步，就须懂得如何珍视这短暂和永久”等都久为流传。

荐读理由

诗剧《浮士德》是歌德的代表作，也是世界文学史上罕见的将丰富的个人阅历、厚重的神话历史文化信息和鲜明的时代感层层沉积、叠加在一起的文学丰碑。其创作延续了 60 年之久。《浮士德》的第一部完成于 1808 年法军入侵的时候，第二部则完成于 1831 年 8 月 31 日，此时他已是 83 岁的高龄。这部不朽的诗剧包括两部 52 场，以德国民间传说为题材，在文艺复兴以来德国和欧洲社会现实的背景上，叙写一个新兴资产阶级知识分子不满现实，竭力探索人生意义和社会理想的奋斗历程，是一部现实主义和浪漫主义完美结合的诗剧。

浮士德博士年过半百，过着沉闷的书斋生活，他厌弃了中世纪僵死的学问和繁琐的方法，萌生了向往包罗万象的大千世界、追求有价值人生的念头。这时，魔鬼靡非斯特与天帝打赌，自信能将浮士德引入歧途。魔鬼来到浮士德面前与他约定，愿意带他周游世界，完成他生命追求的所有愿望，但是浮士德一旦满足现状，那么他的生命就会停止，死后灵魂归魔鬼所有。浮士德自信自己的生命欲望永远也不会满足，于是同意约定。他在魔鬼的法力下变回翩翩少年，在经历了求知的烦恼、爱情的悲剧、政治的失望和求美理想的幻灭后，投入到建立理想王国的事业中。这时他已年过百岁，双目失明，魔鬼知他大限已到，暗中派人给他挖掘坟墓。浮士德听到掘土声，以为是劳动者们正在开辟疆土，填海造陆，不禁为辉煌的事业所鼓舞，喊出了“你真美呀，请停留一下”。他在这一瞬间倒地死去，灵魂被天使从魔鬼手中夺过，带往天堂。

浮士德一生，经历了书斋生活、爱情生活、政治生活、追求古典美和建功立业五个阶段，这五个阶段高度浓缩了从文艺复兴到 19 世纪初期几百年间德国乃至欧洲资产阶级探索和奋斗的精神历程。浮士德一生的不息探索，表现了新兴资产阶级知识分子的进取精神。浮士德走出阴暗的书斋，走向大自然和广阔的现实人生，体现了从文艺复兴、宗教改革，直到“狂飙突进”运动时资产阶级思想觉醒、否定宗教神学、批判黑暗现实的反封建精神。浮士德的爱情悲剧，则是对追求狭隘的个人幸福和享乐主义的利己哲学的反思和否定。从政的失败，表明了启蒙主义者开明君主的政治理想的虚幻性。与海伦结合的不幸结局，则宣告了以古典美对现代人进行审美教化的人道主义理想的幻灭。最终，浮士德在发动大众改造自然、创建人间乐园的宏伟事业中找到了人生的真理。可以毫不夸张地说，不了解《浮士德》，也就无法真正理解西方近代文化的真髓。20 世纪德国历史学家斯宾格勒在《西方的没落》一书中将西方文化称为“浮士德文化”，其特征就是主体始终有一种强烈的欲望，要介入外在于他的世界，不断追求，不断索取，永无宁息之日。

这部剧作构思宏伟、结构庞大、场景繁多，歌德采用多种诗体、格律，其中民歌体、古风体、哀歌体、谐谑体、典雅庄重的希腊英雄体，或抒情，或讽刺，或明朗，或晦涩，或含蓄，或隽永，读起来既是一次酣畅淋漓的阅读体验，又是一种对个人哲学和思想修养的挑战。

先睹为快

到如今，唉！我已对哲学、
法学以及医学方面，
而且，遗憾，还对神学！
都花过苦功，彻底钻研。
我这可怜的傻子，如今
依然像从前一样聪明；
称为硕士，甚至称为博士，
牵着我学生们的鼻子，
上上下下，纵横驰骋，
已经有了十年光景——
我知道，我们无法弄清！
真有点令我心痛如焚。
我虽然胜似那一切傻子，
博士、硕士、法律家和教士；

没有顾虑和怀疑打扰我，
也不怕什么地狱和恶魔——
却因此而被剥夺了一切欣喜，
我并不自诩有什么真知，

也不自信能有所教诲，
使人类长进而幡然改悔。
我既没有财产和金钱，
也没有浮世的名声和体面；
就是狗也不能这样贪生！
因此我就向魔术献身，
想通过精灵的有力的口舌，
使我了解到许多秘密；
使我不需要再流酸汗，
把不懂的事信口乱谈；
使我认识是什么将万物
囊括于它的最深的内部，
看清一切动力和种子，
不再需要咬文嚼字。

盈盈的月光，但愿今宵
你最后一次见我烦恼，
我有许多次午夜不眠，
靠在书案边等你出现；
于是，忧郁的朋友，你来了，
在我的书本和纸上照耀！
唉！但愿我能借你的柔光
走到一处山顶之上，
在山洞周围跟精灵周旋，
在你的幽辉下漫步草原，
拨开一切知识的迷雾，
爽适地浴着你的清露！

延展阅读

《少年维特之烦恼》

本书是一部书信体小说，也是歌德的成名作。主人公维特是一个出身于市民家庭的青年，他爱上一个已经名花有主的姑娘，被这无望的爱折磨得痛苦不堪。他试图从工作中求得解脱，但失败了，向心上人的表白也毫无结果。而且，他生活的社会充满着等级的偏见和鄙陋的习气。保守腐败的官场、庸俗屈从的市民、傲慢无理的贵族，使他感到窒息，最后走上了自杀的道路。小说出版后引起了广大青年的共鸣。

《巴黎圣母院》

〔法〕维克多·雨果　著

关于作者

在19世纪群星璀璨的法国文坛，维克多·雨果（1802—1885）可以说是最灿烂的一颗明星。他是才华横溢的诗人、声名卓著的戏剧家、伟大的小说家，是19世纪前期积极浪漫主义文学运动的领袖，被人们称为“法兰西的莎士比亚”。同时他又是一个享有极高声誉的社会活动家和人道主义者，一直致力于为受压迫的人民和民族鸣不平，参与反对暴政的活动与斗争，一生的经历如他的作品一般精彩传奇、激情澎湃。

雨果生于贝尚松的一个曾跟从拿破仑征战的将军家庭。他12岁就开始写诗，不到20岁就出版了诗集和小说，一颗文坛上年轻的明星以强势的姿态散发着耀眼的光芒。1827年，雨果为自己的剧本《克伦威尔》写了长篇序言，即著名的浪漫派文艺宣言。在序言中，雨果反对古典主义的艺术观点，提出了浪漫主义的文学主张：坚持不要公式化地而要具体地表现情节。他特别宣扬了真善美与伪恶丑对照的原则。这篇序言在法国文学批评史上具有划时代的意义，雨果从此成为浪漫派的领袖。1830 年，雨果的浪漫主义戏剧代表作《爱尔那尼》正式上演，演出期间，浪漫派和假古典派进行了激烈斗争，最终浪漫派取得了决定性胜利。尚处于青年时期的雨果名声大振，从此几乎在整个 19 世纪的法国文坛处于执牛耳的地位。

雨果的文学成就体现在诗歌、戏剧、小说等多个方面。他是法国乃至世界上最杰出的浪漫派小说家。他在 1831 年就完成了《巴黎圣母院》这篇巨著，《悲惨世界》的发表是他的小说创作达到顶峰的体现，而《九三年》则作为一部具有哲理性的历史小说为他的小说创作收尾。这几部小说均以史诗般的气魄和规模再现了社会和历史。他的小说善于塑造下层人物的形象，给文学画廊增添了崭新的典型。在创作技巧方面，他的小说情节曲折，想象奇特，文字流畅潇洒，意象鲜明，修辞独特。总之，雨果综合运用了种种浪漫主义手法，并吸收了现实主义的描写方法，将诗人、戏剧家的素质体现于小说创作中，取得了卓越的成就。

雨果的一生几乎覆盖了整个 19 世纪，他经历了拿破仑时代、波旁王朝复辟时期、第二帝国和第三共和国时代。法国资产阶级和封建势力复辟与反复辟的曲折斗争，决定了法国浪漫主义具有更为鲜明的政治色彩，雨果的作品深刻揭露了资本主义社会尖锐的阶级对立，统治阶级的虚伪、冷酷和法律的不公，对下层人民的疾苦寄予深切的同情，充满了人道主义精神。他甚至还因直接参与政治而度过了 19 年的流亡岁月。

雨果精力充沛，才华横溢，激情满怀，著作等身。他传奇般的经历和深厚的人道主义思想使他的形象更加高大。雨果在世时，就享有很高的威望。在他 80 岁大寿那天，60 万仰慕者走过他的寓所，向他祝寿。1885 年 5 月 22 日，雨果因患肺充血去世。在昏迷中他吟出了“人生便是白昼与黑夜的斗争”的佳句，概括了他作为斗士的一生。6 月 1 日，法国为他举行国葬，200 万人参加了葬礼。雨果一生创作了 26 部诗集、20 部小说、12 部戏剧、21 部理论著作和 2 部政论。高尔基说，雨果“作为一个作家和诗人，他像暴风一样轰响在世界上，唤醒人心灵中一切美好的事物……他教导一切人爱生活、美、真理和法兰西”。

荐读理由

《巴黎圣母院》以其紧张非凡的故事情节、色彩浓烈的社会背景描写、对照鲜明夸张的人物形象，而成为浪漫主义小说的著名代表作，也是雨果的《克伦威尔·序言》中的美学原则在小说创作上的第一次实践。

小说以15世纪路易十一统治下的巴黎为背景，以爱斯梅拉达的不幸遭遇为线索展开情节。爱斯梅拉达1岁时与母亲失散，被吉卜赛人拐走，16岁时在广场卖艺，被巴黎圣母院副主教克洛德看见。克洛德不能克制自己的情欲，指示敲钟人伽西莫多劫持爱斯梅拉达，爱斯梅拉达被国王卫队长费比斯所救。她爱上了费比斯，两人幽会时克洛德刺伤费比斯，并嫁祸于爱斯梅拉达。爱斯梅拉达被判处死刑，行刑时对爱斯梅拉达有感激和爱慕之情的伽西莫多将其救入圣母院。巴黎的乞丐和流浪人为营救爱斯梅拉达攻打圣母院，克洛德在混乱中抢走爱斯梅拉达，再次对她威逼，遭拒绝后把她交给在荷兰塔里苦修的女居士。女居士从爱斯梅拉达挂着的小鞋认出她就是自己失散的女儿，但此时官兵已到，爱斯梅拉达被送上绞架，愤怒至极的伽西莫多把克洛德推下钟楼摔死，他自己也抱着爱斯梅拉达的尸体殉情。

《巴黎圣母院》取材于15世纪末的法国历史，反映的却是七月革命时代的法国现实。同时，小说还在人性的层面上提出了美与丑、善与恶、爱与憎这些严肃而深刻的问题。他写的是一个十分离奇的故事，而克洛德与伽西莫多对爱斯梅拉达的“爱”则是这一故事的结构轴心。

爱斯梅拉达是真善美的化身。她美丽、善良、热情、勇敢，既是纯洁的象征，又是仁爱的榜样。尽管她对费比斯的爱情遭到欺骗和背叛，但她却矢志不移，爱得热烈专一。面对克洛德的淫威，她坚贞不屈，宁可走上绞架。

伽西莫多是社会的弃儿，冷酷的世道扭曲了他的性格。正是爱斯梅拉达唤醒了他沉睡的心灵。在这个美丽的吉卜赛少女身上，他看到了善良、无私和仁爱，从此便以无私的爱来保护她，并以死来为他所爱的姑娘殉情。

克洛德对爱斯梅拉达的“爱”是一种变态的爱，是宗教教条主义和禁欲主义的产物。无法抗拒的肉欲，使他只有两条路可选择：要么不惜一切占有她，要么就置她于死地。当爱斯梅拉达不为淫威所动时，他便把她送上了绞架。

作者在塑造这三个人物时，成功地实践了他自己所提出的“艺术中的美丑对照原则”。伽西莫多的形象不仅跟爱斯梅拉达相映生辉，也与克洛德形成强烈鲜明的对照。这部小说作为浪漫主义文学的典范作品之一，把对比艺术运用到了出神入化的地步。雨果是对比艺术的倡导者和大师，小说中伽西莫多的形象之所以能够有一种震撼人心的力量，与对比艺术的运用是分不开的。这种对照不是按传统方式把美与善、丑与恶分别集中在两类不同的人物身上，而是让他们互相交错，他提出：“丑就在美的旁边，畸形靠近着优美，丑怪藏在崇高的背后。”外表极度丑陋畸形的伽西莫多一直被人鄙薄、误解，但却拥有崇高善良的心灵，其悲剧的结局让读者在扼腕叹息的同时也陷入对人性问题的深沉思考之中。

先睹为快

最后他肯定，万分肯定她不在教堂里面了。一切都完哪，她给人抓走哪。他慢吞吞地爬上钟塔的楼梯，他把她救进教堂的那天，他带着多么喜悦和胜利的心情走过那些地方，此刻他重新走过那些地方时，低着头，屏息不响，也不流泪。教堂又显得荒凉寂静起来，弓箭手们离开教堂到旧城区各处去追捕埃及姑娘去了，伽西莫多独自留在刚才还是闹闹嚷嚷地被攻打着的教堂里，他朝通到那所小屋的路上走去，姑娘在他的保护之下在那小屋里睡了好几个星期呢。快要到那小屋跟前的时候，他仍然幻想着或许还能在那里找到她。当他走到教堂两旁过道顶上的回廊拐角处，看见那间小屋连同它的小门窗像树上的鸟窝一般缩在一根弓形支柱下面，那可怜的人的心再也支持不住了，便靠着一根柱子免得跌倒。他想象她或许已经回到小屋里去了，一定有一位天使把她带回了那里，那小屋子多么安静，多么稳固，多么可爱，她不会不在那里。他不敢再前进一步，唯恐自己的梦想破灭。“是啊，”他自言自语地说道，“她也许还在睡觉，或者在祷告，别去惊醒她吧。”

最后他鼓起勇气踮着脚尖轻轻走到那小屋跟前，四面看看就跨了进去。空空的！那间小屋依旧是空空的！那可怜的聋子放慢脚步在屋里走了一圈，把垫褥掀起来看看，好像她能够躲在垫褥和地板之间似的。随后他摇摇头发起呆来，忽然他气愤地用脚把火把踏灭，不说一句话也不叹一口气，把脑袋拼命往墙上一碰，就昏倒在地上了。

他清醒过来后，又扑到垫褥上滚来滚去，狂热地亲吻她躺过的还有些温暖的地方。他在那里好一会像要断气似的一动不动，随后又满头大汗，气喘吁吁，昏昏沉沉地站起来，像敲钟一般匀称地用脑袋去碰墙，好像决心要把脑袋碰破。最后他又筋疲力尽地跌倒了一次。他用膝盖一步一移地爬出了那间小屋，好像惊呆了似的蹲在门对面。他就这样毫不动弹地在那里呆了一个多钟头。他那牢牢盯着小屋的眼睛，比一个坐在空空的摇篮和孩子的棺木之间的母亲的眼睛更加凄惨，更加专注。他没有说一句话，过了好一会才哭泣起来，哭得浑身颤抖，但那是没有眼泪的哭泣，就像夏天无声的闪电。

大约在这段故事结尾的情节发生了两年或十八个月之后，人们到隼山的地窖里去寻找奥里维·勒丹的尸体，他是两天前才被绞死的，后来查理八世又恩赐他葬在圣洛昂，和好人葬在一起。人们在那些怕人的骸骨中发现了两具尸骨，一具把另一具抱得很紧。一具尸骨是女的，上面还残留着从前一定是白色布料的衣服的破片，还看见颈骨上有一条阿德雷扎拉珠链，串着一个嵌绿玻璃片的丝绸荷包，荷包已经打开了，掏空了。这些东西值不了几个钱，一定是刽子手不愿要才留下来的。紧抱住那具尸骨的另一具尸骨是个男人，人们只看到他有弯曲的脊梁骨，头盖骨缩在肩胛骨中间，一条腿骨比另一条腿骨短些。他的颈骨上没有一点伤痕，可见他并不是绞死的。那个男子一定是自己去到那里，而且就死在那里了。人们想把他同他抱着的那具尸骨分开，他就倒下去化成了灰尘。

《悲惨世界》

〔法〕维克多·雨果　著

关于作者

见《巴黎圣母院》之“关于作者”。

荐读理由

《悲惨世界》发表于 1862 年，是 19 世纪最著名的小说之一。1958 年法国导演让·保罗·李塞诺拍摄过同名电影，2006 年日本出品了根据原著改编的动画片《悲惨世界少女珂塞特》，同时《悲惨世界》也是百老汇著名的音乐剧，是音乐剧史上上演时间仅次于《猫》的旷世佳作。

大约在 1862 年，流亡在大西洋上盖纳西岛的雨果完成了他的长篇小说《悲惨世界》，这部小说的问世犹如一轴辉煌的画卷展现在人们眼前，画幅的卷首可上溯到卞福汝主教经历的 1793 年大革命高潮的年代，卷末直延伸到马吕斯所参加的 1832 年巴黎人民起义。在这里，将近半个世纪历史中广阔的社会生活画面，都一一展现了出来：外省偏僻的小城、滨海的新兴工业城镇、可怕的法庭、黑暗的监狱、巴黎悲惨的贫民窟、阴暗的修道院、恐怖的坟场、郊区的客店、保王派的沙龙、资产阶级的家庭、大学生聚集的拉丁区、惨厉绝伦的滑铁卢战场、战火纷飞的街垒、藏污纳垢的下水道……这一漫长浩大的画轴中每一个场景，无不栩栩如生，其细部也真切入微，而画幅的形象又是那么鲜明突出，色彩是那么浓重瑰丽，气势是那么磅礴宏大，堪称文学史上现实主义与浪漫主义结合的典范。

小说中的画面描绘远远超出了表现历史背景与叙述人物故事经历的需要，雨果有意识要为后世留下史笔，他所描绘的这个世纪两大历史事件——滑铁卢战役与1832年巴黎起义，就是极为辉煌的两例。更主要的是，他要在小说里写出“本世纪”的历史之流迂回曲折、起伏跌宕的巨变，并且在全部历史景象与过程的中心，安置一个触目惊心的社会现实，即下层人民悲惨的命运。在他看来，大革命后的半个世纪的不同阶段，下层人民的处境同样都悲惨艰难，并无变化，他以冉阿让、芳汀与珂赛特的故事说明了这一点。

当然，这也是一部个人的雄浑史诗，主人公冉阿让一生的道路是那么坎坷，他所遇到的厄运与磨难是那么严峻，他的生活中充满了那么多惊险，可是他却以惊人的毅力、非凡的体力、罕见的勇敢机智一次又一次战胜了磨难，他所体现的是劳动人民的各种优秀品质，他是被压迫、被损害、被侮辱的劳苦人民的代表，因此这部个人史诗又不仅限于个人的意义，而是所有劳苦大众在黑暗社会里挣扎与奋斗的悲怆的史诗。

所以，就《悲惨世界》在内容上的丰富、深广与复杂而言，它无疑在雨果数量众多的文学作品中居于首位，即使是在19世纪文学中，也只有巴尔扎克的巨著《人间喜剧》可与之媲美。

先睹为快

1815 年 10 月，日近黄昏的时候，有一个人走进了位于法国南部的小镇迪涅。

他中等身材，体格粗壮，年纪可能有四十六七岁。他穿着黄粗布衬衫，系着一条绳子似的领带。蓝棉布裤已经破烂不堪，一个膝头成了白色，一个膝头有了窟窿。

他背上有一个布袋，装得满满的也扣得紧紧的，手里拿根多节的粗棍。一双没有穿袜子的脚踩在两只钉鞋里。一顶皮檐便帽压在眉心，把他那被太阳晒黑、淌着汗水的脸遮去了一部分。

汗、热、奔走和徒步旅行给这个潦倒的人添上了一种说不出的狼狈神情。

他在树底下歇了一会儿脚，又在广场尽头的水管里喝了些水，然后朝镇公所走去。

他进去，一刻钟过后又出来了。

他朝着一家叫“柯耳巴十字架”的旅舍走去，它是这地方最好的旅舍了。他走进了厨房，那旅舍主人正在厨房里忙着，替车夫们准备一顿丰盛的晚餐。

听见来了一个新客人，主人两只眼睛仍望着炉子，头也没抬，说：

“先生要些什么?”

“吃和睡。”那人说。

“再容易也不过了。”主人回答说。这时，他转过头，打量着旅客褴褛的衣着，又接着说：

“……要付钱的呀。”

那人从他的布袋里掏出一个大钱包，回答说：

“我有钱。”

“好，那你就住下吧。”主人说。

那人把钱包塞回衣袋里，取下行囊，放在门边的地上，手里仍拿着木棍，去坐在炉火旁边的一张矮凳上。

迪涅在山区，十月的夜晚非常寒冷。

但是，旅舍主人去了又来，来了又去，总在打量这位旅客。

“马上有东西吃吗?”那人问。

“得稍微等一会儿。”旅舍主人说。

这时，新来的客人正转过背去烤火，那位煞有介事的旅舍主人从衣袋里抽出一支铅笔，又从一张旧报纸上扯下一角，在报纸边上写了一两行字，折好，交给一个好像是小厮的人，在那小伙计耳边说了一句话，小伙计便朝着镇公所的方向跑去了。

那旅客一点儿也没有看见这些经过。他又问了一次：

“马上有东西吃吗?”

“还得等一会儿。”旅舍主人说。

小伙计回来了，他带回了那张纸。主人急忙把它打开，仔细地读了一遍，随后又点点头，朝着那心神似乎不大安定的旅客走去。

“先生，”他说，“我不能接待你。”

那个人突然站起来。

“怎么！你害怕我不付钱吗？或者是要我先付钱？我不是告诉你我有钱吗?”

“不是为那个。”

“那是为什么?”

“因为，”主人说，“我没有房间。”

那人和颜悦色地说：“把我安顿在马房里就是了。”

“我不能。”

“为什么?”

“那些马把所有的地方都占了。”

“那么，”那人又说，“阁楼上面的一个角落也可以。一捆草就够了。我们吃了饭再说吧。”

“饭也不能卖给你。”

那个外来人感到事态严重了。

“什么？我快饿死了！天刚亮我便开始赶路，一直走到现在。我并不是不付钱。我要吃东西。”

“我一点吃的东西也没有。”旅舍主人说。

《九三年》

〔法〕维克多·雨果　著

关于作者

见《巴黎圣母院》之“关于作者”。

荐读理由

《九三年》是雨果的最后一部长篇小说，虽然在文学价值上不及《巴黎圣母院》和《悲惨世界》，并且从小说的本体、人物形象和主题表达上也有值得商榷之处，但这却是雨果精神和感情投入极大、思考也极深的一部小说。作为一个伟大作家的最后一部小说，雨果是将其当做一本思想小说来写的，这既是他对法国革命的深刻反思，也是他对法国革命价值思考的升华。同时正是这种思考的升华，使《九三年》具有惊人的预言性质，并使雨果站在人类精神文化的制高点上，思考文学的最高原则和终极价值。

1793 年是法国大革命充满了暴风骤雨的年代，是革命力量和反革命力量进行生死大搏斗的一年。小说开始于 1793 年 5 月，共和军的巴黎志愿兵红帽子连队在森林里搜索叛军时，发现了农妇佛莱莎和三个孩子，曹长杜拉收留了他们。这时，叛军受到很大挫折，保王党为挽救失败，暗派朗德纳克侯爵乘英国军舰，到旺岱统帅叛军。他在阿尔马罗的帮助下在布列塔尼登陆。残暴的朗德纳克重新煽起叛乱，袭击红帽子连队，杀死了大部分志愿兵，劫走了佛莱莎的三个孩子。

这时在巴黎的革命领导人丹东、罗伯斯庇尔和马拉之间由于意见分歧互相攻击、监视。面对朗德纳克的叛乱，他们派郭文率军围剿，同时又派西穆尔登作为公安委员营的代表去监视郭文。郭文在追剿叛军的过程中机智勇敢，彻底粉碎了朗德纳克的叛乱和勾结英军入侵的反革命阴谋。最后击溃叛军，包围了朗德纳克盘踞的堡垒，朗德纳克准备从暗道逃走，可是当他看到手下的叛军要烧死三个孩子的时候，返身回到堡垒救出孩子，他自己却落到共和军的手里。在处理朗德纳克的时候，郭文的思想有了斗争。他认为朗德纳克是因为救三个小孩而被捕，共和国不应判处他死刑。出于这种动机他私自把朗德纳克放跑了。公安委员西穆尔登按照国民公会的法案，铁面无私地监斩了郭文。最后西穆尔登也开枪自杀。

在小说中，作者通过暴风骤雨年代的激烈斗争故事，正确地描绘了法国资产阶级大革命，真实地反映了革命中激烈的、不以人的意志为转移的阶级斗争。作品的缺陷是在正确表现大革命阶级斗争必然性的同时，又进行抽象的人道主义说教，雨果提出“在绝对正确的革命之上有一个绝对正确的人道主义”，这句话也可以译为“在革命的绝对性之上，还有人道的绝对性”。这是雨果沉思革命和历史所得出的结论，是对雅各宾派“革命恐怖”有保留的批评，是他所有作品中一以贯之的人道主义理念的最强烈的表达。依据这个原则，他把仁慈、善良等道德观念同革命暴力相对立，在现实的革命同他抽象的人道发生冲突的时候，他宁可牺牲革命的利益。

《九三年》是一部令人感慨的小说。它写了一个庄严的故事，讨论了一个关于革命与人道极其严肃的命题。在欧洲的小说史上，也只有雨果能把这样的故事写得如此绚烂又庄重，深情又深刻。《九三年》有很强的可读性。小说里没有爱情故事，没有美丽女人，却把历史、战争、革命、人道这些或抽象或残酷的话题写得扣人心弦，引人入胜。小说中有性格鲜明的人物和人物之间的思想交锋，有简练凝聚的故事结构，以及戏剧性的情节和惊心动魄的场面。而对三个中心人物相互冲突性格的描绘，也体现了雨果倡导的浪漫主义文学的“对照原则”。

先睹为快

米歇尔·佛莱莎望见那座被落日映红的碉堡时，她离开碉堡还有一里多路。虽然她已经连走一步也很艰难，但她对这段途程并没有踌躇。女人固是脆弱，母亲却是坚强的。她走了。

太阳落了；黄昏来了，接着深沉的黑夜也到了；她不停地走着，听见远处的钟楼传过来的钟声，她看不见钟楼，只听见敲了八点，后来又敲九点。大概就是巴利尼的钟楼。她不时停下来倾听一种沉重的响声，也许就是夜里那种叫不出名字的闹声。

她一直朝前走，淌着血的脚踏着锐利的荆棘。她被一种朦胧的亮光引导着，这亮光是从远处的碉堡里发出来的，它使碉堡的轮廓显现出来，使这座在黑暗中的碉堡周围有一种神秘的光辉。响声越发清晰，亮光就越发明亮，然后亮光消失了。

米歇尔·佛莱莎走着的那片广阔的高地只有野草和荆棘，没有一所房子，没有一棵树；这片高地渐渐升起，伸展到无限的远处，像一条又长又粗的直线，接连着布满星星的昏暗的天空。支持她走完这片高地的，是她的眼睛始终看见的前面那座碉堡。

她看见碉堡慢慢地大起来。

我们刚才说过，从碉堡里发出来的低沉的枪声和暗淡的灯光是有间歇的；一忽儿没有了，一忽儿又有了，使得那位落难的可怜的母亲心里增加了一个可怕的谜。

突然间一切都停止了；响声和亮光都消失了；一切声音都静下来，笼罩着一种恶兆的平静。

就在这个时候，米歇尔·佛莱莎到了高地的边上。

她看见脚下有一个山坳，坳底消失在黑夜的微光中；离高地顶上不远的地方，有纠缠不清的许多车轮，斜面和炮眼，那是炮台；她的面前，已经点着的大炮的引线模糊地照出一座庞大的建筑物，这座建筑物仿佛是黑暗筑成的，这种黑暗比围绕在周围的黑暗更黑。

这座建筑物包括一座桥和桥上的一座堡垒，桥拱一直插进山坳里，堡垒和桥紧接着一座圆形的黑色的高大建筑物，那就是母亲从老远的地方赶来找寻的碉堡。

从碉堡的天窗里可以看见灯光来来往往，里面透出的嘈杂的人声使人想象得出里面有许多人，有些人影出现在上面露台上。

炮台附近就是军营，米歇尔·佛莱莎分辨得出那些哨兵；可是因为她是在黑暗中和树丛里，他们没有看见她。

她走到高地的边缘，离桥那么近，仿佛一伸手就可以摸到。深谷阻隔住她。在黑暗中她分辨得出桥上小堡垒的三层楼。

她留在那里有相当时候，因为对于时间的计算已经在她心里消失了，她默默无言地对着深谷和这座黑色的建筑物沉思。这是什么？里面有什么事情发生？这就是拉·图尔格吗？她有了一种由于等待而产生的晕眩，这种晕眩在到达的时候和出发的时候都会产生。她自己问自己她为什么在这里。

她望着，她听着。

突然间她什么也看不见了。

一阵烟幕升起来把她和她望着的东西隔开。一阵辛辣的刺痛使她不得不闭上眼睛。她刚闭上眼皮，就觉得眼皮里面通红，而且充满了亮光。她把眼睛再张开来。

她的面前已经不再是黑夜了，已经是白昼；可是这是不祥的白昼，是火光映成的白昼。原来她看见的是一场火灾。

黑烟已经变成深红色，里面有一大片火焰；这片火焰一忽儿出现，一忽儿消失，像闪电和蛇一样狰狞地扭动。

这道火焰像一条舌头一样从一个充满火焰的窗户里吐出来，这窗户就像一只大嘴巴。窗户的铁格子已经烧得通红，那是桥上小堡垒最下一层的一个窗户。整个建筑物只有这个窗户可以让人看见。黑烟遮没了一切，连高地也遮没，只看得见红色的火焰照耀下的黑色的山坳边缘。

《基督山伯爵》

〔法〕大仲马　著

关于作者

大仲马（1802—1870），19 世纪法国积极浪漫主义作家。其祖父是侯爵德·拉·巴那特里，祖父与黑奴结合生下其父，取名亚历山大，受洗礼时用母姓仲马。大仲马自学成才，主要以小说和剧作著称于世。

大仲马的父亲是一位坚定的共和主义者，在大革命中以非凡的勇气屡建战功，很快就成为共和国的著名将领，对幼小的大仲马产生了深刻的影响。大仲马酷爱跳舞、击剑、射击和打猎，他的童年是在家乡和大森林中度过的，他也从小就形成了热情、勇敢和富于幻想的浪漫性格。后来他到一个律师事务所当小职员，整天骑着马跑来跑去送公文。大仲马性格乐观，在他休息时，总要和别人滔滔不绝地讲笑话，至死也改不掉他那爱开玩笑的习惯。他的儿子小仲马说他临终前“脸上还挂着一分钟也没有离开过他的微笑”。

大仲马的作品数量极为惊人，多达五百卷以上，大部分都是他在 19 世纪 40 年代以后与历史教师奥古斯特·马盖等人合作写成的。大仲马的剧本《亨利第三及其宫廷》（1829）比雨果的《欧那尼》还早问世一年。大仲马的小说多达百部，大都以真实的历史作背景，以主人公的奇遇为内容，情节曲折生动，处处出人意料，堪称历史惊险小说的代表。异乎寻常的理想英雄、急剧发展的故事情节、紧张的打斗动作、清晰明朗的完整结构、生动有力的语言、灵活机智的对话等构成了大仲马小说的特色。

他的通俗小说情节迂回曲折，结构完整巧妙，人物形象鲜明，对话精彩生动，在艺术上取得了极高的成就，是世界通俗小说中独一无二的作品，大仲马因此享有“通俗小说之王”的称号。

大仲马被别林斯基称为“一名天才的小说家”，他也是马克思最喜欢的作家之一。有趣的是，他的儿子小仲马被他戏称为他“最好的作品”，而小仲马也是著名作家，代表作是《茶花女》。

荐读理由

《基督山伯爵》写的是水手邓蒂斯被人告密而遭迫害，越狱后化名基督山伯爵复仇的故事。小说悬念丰富，情节曲折，戏剧性的冲突和丰富的想象都达到了浪漫主义小说的高峰。小说也反映了法国王政复辟时期的社会黑暗、政治动荡及人们朝福夕祸的真实场景。

基督山伯爵原名埃德蒙·邓蒂斯，是埃及王号船的大副。他年轻时天真淳朴、吃苦耐劳，对生活充满了向往。一次航行中，老船长病故，邓蒂斯任代理船长。押运员想谋取船长的职位，便与想占有邓蒂斯漂亮妻子的渔夫弗南相勾结，陷害邓蒂斯，致使他被关入伊夫堡死牢。邓蒂斯在死牢中熬过了 14 年暗无天日的生活。最初，他自知无罪，高傲、努力自制，却逐渐变得暴怒无比，甚至想到自杀。后来他在囚犯法利亚长老的教育下学会了西班牙、英、德三种语言，逐渐懂得了人生的险恶，看透了人世间的尔虞我诈。长老病故，他按照长老的遗言，奇迹般地逃出死牢，并找出了 15 世纪斯巴达公爵留下的宝藏。邓蒂斯这时已经是一个知识渊博、家财万贯、有深谋远虑的人了。七月王朝时期，邓蒂斯酬谢了搭救过他的恩人，回到巴黎，准备复仇。他化名基督山伯爵，成为一个富有的银行家。这时，弗南已成了伯爵、议员；押运员邓格拉斯也成了一位百万富翁、银行家、伯爵；陷害过他的检察官维尔福当上了巴黎法院的检察官。基督山伯爵对三个人采用不同的复仇方式，置他们于身败名裂、家破人亡的境地。基督山伯爵复仇以后，告别了巴黎，将财产赠给他的恩人摩莱尔的儿子和仇人维尔福的女儿，带上心爱的妻子海蒂远走高飞去寻找“生命的快乐”。

《基督山伯爵》艺术上的显著特点在于结构极为严密紧凑，可以说是天衣无缝，而且悬念迭出，大大加强了作品的艺术效果。此外，小说塑造了异乎寻常的理想人物，故事情节的编排惊险曲折，动作紧张而妙趣横生，场景多变而富于传奇色彩，语言生动有力，人物对话灵活而富于表现力，这一切都吸引了广大的读者。

《基督山伯爵》显示出大仲马在通俗小说创作上的高超技巧。时至今日，这部小说仍然以其惩恶扬善、报仇雪恨的主题，充满传奇色彩的艺术魅力和曲折离奇的故事情节，广泛流传于世界各地，深受人们的喜爱。

先睹为快

傍晚六点钟左右，乳白色的晕雾笼罩到蔚蓝的海面上。透过这片晕雾，秋天的太阳把它那金色的光芒撒在蔚蓝的海面上，白天的炎热已渐渐消退了，微风拂过海面，像是大自然午睡醒来后呼出的气息一样；一阵爽神的微风吹拂着地中海的海岸，把夹杂着清新的海的气息的花草香味到处播送。

在这片从直布罗陀到达达尼尔，从突尼斯到威尼斯的浩瀚无垠的大海上，一艘整洁、漂亮、轻捷的游艇正在黄昏的轻雾中穿行。

犹如一只迎风展翅的天鹅，平稳地在水面上滑行。它迅速而优美地在它的后面留下一道发光的水痕。渐渐地，太阳消失在西方的地平线上了：但像是要证实神话家的幻想似的，尚未收尽的余晖像火焰一般跳动在每一个波浪的浪尖上，似乎告诉人们海神安费德丽蒂把火神拥在怀抱里，她虽然竭力要把她的爱人掩藏在她那蔚蓝的大毯子底下，却始终掩饰不住。海面上的风虽然还不能吹乱一个少女头上的卷发，但那艘游艇却行进得非常快。船头上站着一个身材高大、肤色浅黑的男子，他大睁着的眼睛看着他们渐渐接近的一片乌压压的陆地，那块陆地矗立在万顷波涛之中，像是一顶硕大无比的迦太兰人的圆锥形的帽子。

“这就是基督山岛吗？”这位旅客用一种低沉的充满抑郁的声音问道。这艘游艇看上去是按照他的吩咐行驶的。

“是的，大人，”船长说，“我们到了！”

“我们到了！”那旅客用一种无法形容的悲哀的声音把这句话复述了一遍。然后他又低声说：“是的，就是那个港口。”于是他又带着一个比流泪更伤心的微笑再陷入一连串的思索里。几分钟以后，只见岛上闪过一道转瞬即逝的亮光，一声枪响几乎同时传到游艇上。

“大人，”船长说，“岛上发信号了，您要亲自回答吗？”

“什么信号？”

船长向这座岛指了指，岛边升起一缕渐渐向上扩大的轻烟。

“啊，是的，”他说，像是从一场梦里醒来似的，“拿给我。”

船长给他一支实弹的马枪，旅客把它慢慢地举起来，空放了一枪。十分钟以后，水手收起帆，在离小港口外五百尺的地方抛下锚。小艇已经放到水上，艇里有四个船夫和一个舵手。那旅客走下小艇，小艇的船尾上铺着一块蓝色的毡毯供他坐垫，但他并没有坐下来，却兀自把手叉在胸前。船夫们等待着，他们的桨半举在水面外，像是海鸟在晾干它们的翅膀似的。

“走吧。”那旅客说。八条桨一齐插入水里，没有溅起一滴水花，小船迅速地向前滑去。一会儿，他们已到了一个天然形成的小港里，船底触到沙滩不动了。

延展阅读

《三个火枪手》（旧译《三剑客》）

这是大仲马另一部重要的长篇小说。小说以 17 世纪的法兰西王国为背景，当时权臣当道，政治派系明争暗斗，矛盾重重。主人公达达尼安无意冒犯了三个火枪手：阿多斯、波尔多斯和阿拉密斯，被迫接受决斗。谁料引来了红衣主教黎塞留的卫兵，他们倚仗人多势众，向三位火枪手挑战。达达尼安加入了火枪手这一方，战胜了红衣主教的卫兵，展现了自己的勇敢，得到国王路易十三的赞赏。也正因这次战斗，达达尼安与三个火枪手化解了误会，结成莫逆之交。几经周折，终于加入了火枪队，实现了自己的梦想，三个火枪手也有了各自的归宿。

《茶花女》

本书是大仲马之子小仲马的代表作，取材于小仲马年轻时与一位巴黎名妓的真实爱情经历。该小说讲述了茶花女玛格丽特与贫穷青年亚芒互相爱慕，却因世俗偏见、社会环境、家庭压力等各种原因产生误会和隔阂，最终导致玛格丽特死去的故事。这部作品凝结着爱与痛，塑造了一个追求清白生活权利的风尘女子形象，故事情节扣人心弦。

《红与黑》

〔法〕司汤达

关于作者

司汤达（1783—1842），法国杰出的批判现实主义作家，原名亨利·贝尔。他7岁丧母，父亲是一位律师。由于在家庭教育中颇受压抑，司汤达从小就恨透了伪善的家庭。他崇拜拿破仑，1799年大学毕业进入陆军部，曾参加拿破仑对莫斯科的远征，亲眼看到莫斯科的熊熊大火和法国军队的溃败。他在爱情与事业上都不顺利，生活贫困，1828年曾几次试图自杀，写过6次遗书，1842年中风过世。司汤达死后被安置在蒙马特高地上，墓志铭是他自己拟就的：“阿里果·贝尔 米兰人 写作过 恋爱过 生活过”。

司汤达是19世纪法国重要的小说家，然而他的作品生前并未引起广泛的重视，因为他仅以“少数幸运的人”为写作对象，他的每一部长篇小说的主人公都是当时社会生活的反对者。处女作《阿尔芒斯》出版于1827年，《红与黑》是他的第二部长篇小说。他的代表作还有《吕西安·娄万》和《巴马修道院》。直到19世纪末，他在法国文学史上的地位才得到公认。

他的作品注重对人物内在思想感情的深入发掘和生动描写，对小说艺术的发展作出了自己的贡献。他给人类留下了巨大的精神遗产：数部长篇，数十个短篇或故事，数百万字的文论、随笔、散文和游记。政治与爱情这两大主题始终像红线一样贯穿在司汤达的作品中。

司汤达是以长篇小说闻名世界的。他的长篇小说代表作《红与黑》，传世一百多年，魅力分毫未减。他的短篇小说也写得十分精彩，脍炙人口，堪称世界短篇小说花园里的奇葩。他有敏锐的观察力和充实的生活基础，在作品中着重刻画人物性格和内心变化，擅长分析人物的心理活动和个性特点。在他的小说中所包含的民主、进步的思想，对后世作家都有深刻的影响。

荐读理由

《红与黑》是司汤达的代表作，也是欧洲文学史上第一部现实主义小说，自问世以来，赢得了世界各国一代又一代读者的心，特别为年轻人所喜爱。

故事发生于19世纪初的法国，木匠之子于连原本生活在一个闭塞落后的小城，由于自身天赋和勤奋苦读，精通拉丁文，在当地小有名气，成为市长家的家庭教师。市长夫人对年轻而才华横溢的于连产生了爱情，于连则带着占有欲与市长夫人幽会，事发后去了省会的神学院学习。于连投靠院长，希望能迅速成功，但在宗教内部斗争中梦想破灭。通过院长介绍，他又来到首都巴黎，被介绍给一位侯爵当了私人秘书。凭借惊人的记忆力和虚伪的手段，他赢得了侯爵的信任，并设法诱惑了侯爵的女儿，致使侯爵不得不同意将女儿嫁给他。这时，穷小子于连已经经历了从小城镇到省城再到首都的不断发展，环境的不断变迁和地位的不断上升，促使他的欲望不断扩张，野心不断膨胀。然而正当他踌躇满志，幻想登上更高的社会地位，获得更大的现实利益时，侯爵得知了他与第一个情人——市长夫人的勾当，了解了他的过去，于是撕毁了他与女儿的婚约。于连愤怒且绝望，将个人奋斗失败归因于市长夫人的告密，于是赶回小城开枪将其打伤，自己也被判死刑，上了断头台。这位平民出身的个人奋斗野心家，直到面临审判的时候才悟到自己寒微出身的不可改变，无论他如何拼命奋斗，最终是不可能进入上层社会、与贵族共享利益的。

《红与黑》被称为“19 世纪批判现实主义的奠基作品”。小说通过一个才华横溢、精力充沛、渴望有所作为的青年最后走向毁灭的悲剧，深刻地揭露了 19 世纪最初三十年间尔虞我诈、争名夺利、腐化享乐、投机取巧的社会风气对青年灵魂的扭曲和腐蚀。于连是资产阶级革命和封建势力复辟犬牙交错的历史时期中小资产阶级知识分子的代表。他既仇恨当权的封建贵族和教会，却又不愿去触动它，因为他的理想只是自己挤进上流社会，满足权势和财富的欲望。然而他个人的冒险，最终敌不过贵族社会对他的排挤，年纪轻轻就被送上了断头台。于连的悲剧实际上是社会的悲剧、时代的悲剧。同时，作者在主人公悲剧命运的背景上，还广泛地描写了从外省到巴黎的阶级斗争，反映了复辟王朝时期封建贵族和教会的反动、阴险和伪善，揭露了资产阶级新贵的卑鄙庸俗、唯利是图，描述了七月革命前夕在人民革命浪潮冲击下“山雨欲来风满楼”的政治形势。这使小说的反复辟的现实主义主题更为突出。

小说发表后，当时社会上流传着“不读《红与黑》，就无法在政界混”的说法，而本书则被许多国家列为禁书。《红与黑》在心理深度的挖掘上远远超出了同时代作家所能及的层次。它开创了后世“意识流小说”“心理小说”的先河。后来者竞相仿效这种“司汤达文体”，使小说创作“向内转”，发展到侧重心理刻画、情绪抒发的现代形态。《红与黑》在今天仍被公认为欧洲文学皇冠上一枚最为璀璨精致的艺术宝石，是文学史上描写政治黑暗最经典的著作之一，一百多年来，被译成多种文字广为流传，并被多次改编为戏剧、电影。作品所塑造的

“少年野心家”于连是一个具有高度典型意义的人物形象，也已成为个人奋斗野心家的代名词。

先睹为快

对于于连胜利的光荣来说，幸而德·瑞那夫人当初是太兴奋了，太惊骇了，不曾立刻发现这个男人的笨拙。瞬息之间，在这个世界里，这个男人已经成了她的一切了。

当她瞥见晨曦的时候，催他快走。说道：

“啊！我的天主啊！假设我的丈夫听见了一点声音，我什么都完了。”于连这时候有了从容的功夫来考究他的语言，他记得他曾经说过这句话：

“你懊悔你的生活吗?”

“唉！这个时候我懊悔极了；但是，我一点也不懊悔我认识了你。”

于连这时候觉得自己应该表示英雄的气概，故意要等到天明才回去，并且故意要显出不谨慎的样子。

他用不断的谨慎考察他的最细微的动作，在他要表现自己是一个有经验的男人的疯狂的意念里，对他只有一点好处。当他在吃早饭，重见德·瑞那夫人的时候，他的行为非常谨慎，出色得很。

对于她说起来，她不能不看他，看他又不能不红脸，一直红到眼角。假如有一分钟不看他，这一分钟她便没有了生命。她觉得自己在战栗，并且觉得越努力要掩饰她的狼狈，反而增加了她的战栗。于连仅仅抬起眼睛来看了她一次。起初，德·瑞那夫人很钦佩他如此谨慎；后来，看见这唯一的凝视不再来了，她心里又感到酸辛了。她对自己说道：“他不爱我了吗？唉！我的天！我比他老多了！我比他大了十岁。”

从饭厅里走向花园的路上，她把于连的手紧紧握住。在这么奇异的爱情表现里，他惊讶地注视着她，眼中显出无限的热情。因为在早饭的时候，他觉得她很美，很动人；虽然他两眼低垂，但是他所有的时间，都在思量她的迷人的地方。这一眼真够安慰德·瑞那夫人了。虽然他这一眼，还没完全把她的不放心去掉，然而正因为她不放心，才使她完全忘记了她对她的丈夫的悔恨。

在早饭的时候，做丈夫的丝毫没有觉得什么；可是德薇夫人却是两样，她相信德·瑞那夫人马上就要陷入诱惑的陷阱中了。在这一整天里，她果敢的心，支使她用友谊的话语，含着丑恶的形容，向她描绘出她所冒的危险。

德·瑞那夫人急欲要跟于连单独在一起，她好问他还爱不爱她，她不顾她性格中不可改变的温柔本质，有好几次差点儿违反本性地说她的女友是多么啰唆讨厌。

延展阅读

《巴马修道院》

这是司汤达另一部重要的小说，在短短52天的时间里完成。小说以虚构的巴马小公国为背景，反映了1796年至1830年意大利北部人民反抗封建统治、争取自由独立的正义斗争。主人公法布利斯和他的姑母都是拿破仑的崇拜者。法布利斯听到百日政变的消息，就跑到法国投奔拿破仑，却被当成间谍关进监狱。出狱后，他偏巧碰上了滑铁卢战役，目睹拿破仑的惨败。他回到意大利后，由于哥哥告密而被追捕，后来通过姑母的关系，谋得副主教之职。但因误杀人被送进要塞，并爱上要塞将军的女儿克莱利娅。最后，克莱利娅嫁给了别人，法布利斯当上了红衣主教，但他却郁郁寡欢，最终忧郁而死。

《了不起的盖茨比》

《了不起的盖茨比》的作者——美国作家弗·司各特·菲茨杰拉德，被称为20世纪20年代“爵士时代”的发言人和“迷惘的一代”的代表作家之一。该书的主角盖茨比从一个平头小子奋斗成为大富翁，受到社区人群的推崇和钦佩，但在华丽璀璨的豪宅、派对之外，盖茨比只是一个天真地追求爱情的孩子。而他奋斗的动力，那个在他心目中完美的女神，实际上是一个庸俗市侩的皮囊。最终，盖茨比毁灭于他的爱情之中。盖茨比和《红与黑》中的于连，都是由下层平民进入上流社会，又都归于梦想幻灭；于连是通过爱情来获得金钱和地位，盖茨比是想通过金钱和地位来获得爱情。盖茨比相比于连更加天真纯粹，他自始至终没有醒悟，注定是那个自私自利的社会的牺牲品，他的悲剧色彩更加浓厚。

《高老头》

〔法〕巴尔扎克　著

关于作者

巴尔扎克（1799—1850），法国伟大的现实主义作家，因创作《人间喜剧》闻名于世。有人戏称他是“金钱逼出来的大作家”，我们有理由相信，当他听到这个称呼时是不会觉得受到侮辱的，相反可能从那宽胖的胸腔里爆发出一阵粗犷洪亮的笑声。他的祖父是农民，父亲是暴发户，家庭环境造就了他那破釜沉舟、率性而为的个性。他在大学读的是法律专业，毕业后不顾父母反对，投身文学创作。父母用停止经济供给的办法来瓦解他的意志，但他毫不动摇，栖身于穷人聚居的巴黎郊区，在楼顶一间狭小阴暗的阁楼里编织自己的文学梦想。为了生计，他曾将别人的作品东拼西凑，匿名出版，还写过很多内容粗鄙、情节荒诞、迎合庸俗趣味的神怪小说，做过出版商，从事过印刷业，甚至还一时鬼迷心窍，投资开发过一处罗马时代废弃的煤矿。这些努力，均以失败告终，还造成了大批的债务。他自己摸索了差不多十年之久才找到适合自己的创作道路，终于在1829年写出长篇小说《朱安党人》，得到文坛好评。

巴尔扎克的为人处世像他的作品一样大气磅礴，毫不瞻前顾后。他身体壮实，精力充沛，工作起来无日无夜，几乎忘我。在短短20年中，透支了常人也许50年才能消耗的生命能量，接连写出90多部长短篇小说，终因劳累过度而英年早逝。

巴尔扎克崇拜拿破仑，他在自己书房的拿破仑塑像底座上用铅笔写下了这样一行字："拿破仑用宝剑无法完成的，我将用笔来完成。"他不但这样说，而且也这样做了。雨果在他的追悼会上说："他的一生是短促的，然而也是饱满的；作品比岁月还多。"

巴尔扎克是艺术上具有独特风格和巨大成就的一位作家。他认为作家写作的主导原则是反映生活的真实。他通过普通的、日常的材料来深刻地反映社会生活，采取铺张手法和细节描写来突出人物性格的主要特征。他的全部作品构成了一个完整系列，即《人间喜剧》，这是一座庞大的文学大厦，生动地再现了法国社会特别是金钱价值观引导下的人间百态，被称为"法国19世纪的百科全书"。

荐读理由

《高老头》是《人间喜剧》中最主要的作品，无论从它批判的深刻性与艺术技巧的成就方面说，还是从它所反映的作者世界观的矛盾和局限性方面说，都很有代表性；同时，由于它写作的时间较早，《人间喜剧》中一些重要人物，如纽沁根、拉斯蒂涅、伏脱冷、皮安训等，都在这部小说中第一次登场，初露头角，在整个《人间喜剧》的计划中，它也占有重要地位。

《高老头》的基本情节可分为两条线索。第一条是关于高老头的故事，高老头是巴黎一个面粉商人，自从妻子死后，他就把全部感情放在两个女儿身上。高老头出卖了他的商店，把大部分家产分给了两个女儿，自己只留下一点儿生活费，住在兼包客饭的伏盖公寓里，以为晚年的衣食不用发愁了。他的两个女儿过着放荡的生活，她们不时向父亲告急，高老头留下的养老费就这样被花光了。后来，他连衣物也典当一空，最后一无所有，死在公寓顶楼上的一间冷屋子里。下葬的时候，女儿、女婿没有一个在场。从治病到逝后埋葬，只有两个同住一个公寓的穷学生照料。第二条线索是关于伏盖公寓的另一位房客拉斯蒂涅的故事。拉斯蒂涅是一个穷大学生，出身于外省没落的贵族家庭，他经不起上流社会腐朽生活的诱惑，抛弃了刻苦用功的念头，去向远房表姐——巴黎圣·日耳曼区一个有名的贵族妇女鲍赛昂子爵夫人求助。在鲍赛昂夫人和伏盖公寓的另一个房客——逃犯伏脱冷的教唆下，拉斯蒂涅走上了寡廉鲜耻、不顾一切往上爬的道路。

通过寒酸的公寓和豪华的贵族沙龙这两个不断交替的主要舞台，作者描绘了一幅幅巴黎社会物欲横流、极端丑恶的图画，暴露了在金钱势力支配下资产阶级的道德沦丧和人与人之间的冷酷无情，揭示了在资产阶级的进攻下贵族阶级的必然灭亡，真实地反映了波旁王朝复辟时期的特征。

这部小说的戏剧效果十分明显。巴尔扎克先是把人物、环境烘托出来，然后再酝酿事件，逐渐铺开，最后爆发，再骤然收场。其中有一根线牵连了所有的场景，为它安排了先后顺序，并赋予其特定的意义，这就是拉斯蒂涅。同时，高老头的情欲与鲍赛昂夫人的悲剧又给伏脱冷的说教作了修饰和补充。

先睹为快

……她抬起头来，那种庄严的姿势恰好显出她贵妇人的身份，高傲的眼睛射出闪电似的光芒。——“啊！”她一眼瞧见了欧也纳，“你在这里！”

“是的，还没有走。”他不胜惶恐地回答。

“嗳，拉斯蒂涅先生，你得以牙还牙对付这个社会。你想成功吗？我帮你。你可以测量出来，女人堕落到什么田地，男人虚荣到什么田地。虽然人生这部书我已经读得烂熟，可是还有一些篇章不曾寓目。现在我全明白了。你越没有心肝，越高升得快。你得毫不留情地打击人家，叫人家怕你。只能把男男女女当做驿马，把它们骑得筋疲力尽，到了站上丢下来；这样你就能达到欲望的最高峰。不是吗，你要没有一个女人关切，你在这儿便一文不值。这女人还得年轻、有钱、漂亮。倘使你有什么真情，就得像宝贝一样藏起，永远别给人家猜到，要不就完啦，你不但做不成刽子手，反过来要给人家开刀了。有朝一日你动了爱情，千万要守秘密！没有弄清楚对方的底细，决不能掏出你的心来。你现在还没有得到爱情，可是为保住将来的爱情，先得学会提防人家。听我说，米盖尔……（她不知不觉说错了名字）女儿遗弃父亲，巴望父亲早死，还不算可怕呢。那两姊妹也彼此忌妒得厉害。雷斯多是旧家出身，他的太太进过宫了，贵族社会也承认她了；可是她的有钱的妹妹，美丽的但斐纳·特·纽沁根夫人，银行家太太，却难过死了；忌妒咬着她的心，她跟姊姊貌合神离，比路人还不如；姊姊已经不是她的姊姊；两个人你不认我，我不认你，正如不认她们的父亲一样。特·纽沁根太太只消能进我的客厅，便是把圣·拉查街到葛勒南街一路上的灰土舐个干净也是愿意的。她以为特·玛赛能够帮她达到这个目的，便甘心情愿做他的奴隶，把他缠得头痛。哪知特·玛赛干脆不把她放在心上。你要能把她介绍到我这儿来，你便是她的心肝宝贝。以后你能爱她就爱她，要不就利用她一下也好。我可以接见她一两次，逢到盛大的晚会，宾客众多的时候；可是决不单独招待她。我看见她打个招呼就够了。你说出了高老头的名字，你把伯爵夫人的大门关上了。是的，朋友，你尽管上雷斯多家二十次，她会二十次不在家。你被他们撵出门外了。好吧，你叫高老头替你介绍特·纽沁根太太吧。那位漂亮太太可以做你的幌子。一朝她把你另眼相看了，所有的女人就会一窝蜂地来追你。跟她竞争的对手、她的朋友、她的最知己的朋友，都想把你抢过去了。有些女人，只喜欢别的女子挑中的男人，好像那般资产阶级的妇女，以为戴上我们的帽子就有了我们的风度。所以那时你就能走红。在巴黎，走红就是万事亨通，就是拿到权势的宝钥。倘若女人觉得你有才气，有能耐，男人就会相信，只消你自己不露马脚。那时你多大的欲望都不成问题可以实现，你哪儿都走得进去。那时你会明白，社会不过是傻子跟骗子的集团。你别做傻子，也别做骗子。我把我的姓氏借给你，好比一根阿里安纳的线，引你进这座迷宫。（希腊神话：阿里安纳把一根线授给丹才，使她杀了牛首人身的米诺多后，得以逃出迷宫。）别把我的姓污辱了，”她扭了扭脖子，气概非凡地对大学生瞧了一眼，“清清白白地还给我。好，去吧，我不留你了。我们做女人的也有我们的仗要打。”

延展阅读

《欧也妮·葛朗台》

此小说是《人间喜剧》中另一部重要作品。欧也妮·葛朗台是百万富翁吝啬鬼的独生女儿，爱上了破产的堂哥，倾尽全部私蓄资助他闯天下，却激怒了爱财如命的父亲，父女关系破裂。在苦苦的期待中丧失了父爱、损耗了青春的姑娘，最终等到的却是发财归来的负心汉。欧也妮的悲剧形象控诉了拜金主义对社会的毒害。这部作品因塑造了葛朗台这个吝啬鬼的典型而闻名。

《幻灭》

长篇小说《幻灭》，是巴尔扎克的代表作之一，被他称为“我的作品中居首位的著作”“充分地表现了我们的时代”。小说以闯荡巴黎的两个外省青年为主角，一个野心勃勃、贪图虚荣，企图凭借自己的聪明和才华踏入上流社会，另一个心地纯朴、本分置业，想通过勤劳与毅力为爱人争取一个立足之地，但他们两个却因为不同的原因而都遭到失败。该小说富有时代精神，展示了法国大革命以后从外省到巴黎的广阔图景，描绘出王政复辟时期众多光怪陆离的现象。在这残酷而复杂的现实社会中，有志向的青年是没有前途的，他们的才能遭受摧残，梦想遭到幻灭。值得一提的是，这部小说中有大量的情节具有自传性质，小说主人公经历的很多情节，都来自作者的亲身遭遇，他们的激情、幻想和苦难，也都被巴尔扎克品尝过。所以说，这部小说“已不是个人生活的写照，而是本世纪最奇特的一种现象的反映”（巴尔扎克：《幻灭》第一部初版序言）。

《瓦尔登湖》

〔法〕梭罗　著

关于作者

梭罗（1817—1862），美国作家、哲学家。在他的青年时代，生命轨迹似乎平淡无奇。他作为哈佛大学优秀的学生，毕业后以教书为业，1841 年转向写作。而他生命真正的转折，发生在 1845 年。

1845 年，卡尔·马克思被法国政府驱逐出境，俄国沙皇亚历山大三世出生，英国人托马斯·库克创办了世界上第一家旅行社，标志着近代旅游业的诞生。

1845 年，美国国会首次推翻了总统的否决权，得克萨斯并为美国一州，梭罗在瓦尔登湖畔盖起了一间小木屋。

1845 年，梭罗 28 岁，世界风起云涌，热闹非凡，而他却选择在僻静的湖边隐居下来，一住就是两年，直到 1847 年的春天。

在一篇日记中，梭罗写道：“我必须承认，若问对于社会我有了什么作为，对于人类我已致送了什么佳音，我实在寒酸得很。无疑我的寒酸不是没有原因的，我的无所建树也并非没有理由的。我就在向往着把我的生命的财富献给人们，真正地给他们最珍贵的礼物。我要在贝壳中培养出珍珠来，为他们酿制生命之蜜。我要阳光转射到公共福利上来。我没有财富要隐藏，我没有私人的东西。我的特异功能就是要为公众服务，唯有这个功能是我的私有财产。任何人都是可以天真的，因而是富有的。我含蓄着，并养育着珍珠，直到它的完美之时。”

亨利·大卫·梭罗，是19世纪美国最具世界影响力的作家之一，也是超验主义运动的重要代表人物。在他的一生之中，只出版了两本书。第一本《康科德河和梅里麦克河上的一星期》在印刷1000余册之后，只卖掉了其中的100多册，送出去了75册，剩下的在积压四年之后全部退回给了作者。梭罗曾诙谐地说道：“我家里大约藏书900多册，其中自己写的就有700多本。”

然而他的第二本书，即《瓦尔登湖》，自1854年出版以来，不断被重印和再出版，以迅雷不及掩耳之势席卷了全世界大大小小的国家，以其简练有力、朴实自然的文字，深深地感染了成千上万的读者。

世上不同的人选择不同的贡献方式。对于梭罗，他所能做的，就是用他出色的头脑为这个世界留下宝贵的智慧和思想。当物质遗产灰飞烟灭，这份“最珍贵的礼物”仍将流传下去。

荐读理由

作为深受爱默生超验主义影响的19世纪的梭罗，以只身搭建森林小木屋并在其中隐居两年的方式向世人证明，这世上还有另外一种生活方式，而这种生活方式比绝大多数人所过的生活更加美妙——简朴得近乎一无所有的生活，然而最为富有。“大部分的奢侈品，大部分的所谓生活的舒适，非但没有必要，而且对人类进步大有妨碍。所以关于奢侈与舒适，最明智的人生活得甚至比穷人更加简单和朴素。”

一旦欲望被压至最低，不受外物所累的灵魂便有了更多的机会翱翔。在这被誉为“神的一滴”的瓦尔登湖边，梭罗比所有人更接近自然。“一个湖是风景中最美、最有表情的姿容。它是大地的眼睛，望着它的人可以测出他自己天性的深浅。”

梭罗既不抽烟也不喝酒，对于食物毫不挑剔也没有追求，只求果腹。他的木屋可以夜不闭户，因为他除了思想之外没有其他可以珍藏的私人财物。他讽刺道：“国王和王后的每一件衣服都只穿一次，虽然有御用裁缝专司其事，他们却不知道穿上合身衣服的愉快，他们不过是挂干净衣服的木架。”然而他比谁都富裕，因为他真正拥有自己的时间和生活。

译者徐迟曾明确指出这样一点：“决不能把他的独居湖畔看做是什么隐士生涯。他是有目的地探索人生、批判人生、振奋人生，阐述人生的更高规律。”换而言之，梭罗并不是如许多中国古代文人般啸居山林、怡然自得，并不是为了躲避纷杂尘世，以示自己的清高不染。他所寻找的是这样一个乐园：它离尘世并不遥远，但又留出了足够的观照距离，可以安静地思考，但又不会脱离现实。

梭罗所热烈追求的，是平等与简朴的智慧。他对于贫苦人民有着一种与生俱来的同情与关怀。他在书中写道：“我每天散步，看到那里的人住在肮脏的棚子里面，整个冬天，门总是开着的，为的是放进光线来，也看不到什么火堆，那只存在于他们的想象中。而老少的躯体，由于长久的怕冷受苦而蜷缩，便永久地变了形，他们的四肢和官能的发展也就停顿了。自然应当去看看这个阶级的人：所有这个时代里的卓越工程都是他们完成的。”

梭罗所提倡的是劳有所获，用双手勤恳生活的人更值得住在舒适的房子之中。就如同他认为只有亲手种豆子的人才能更好地认识豆子并享受它的美味。相比于房屋或者衣服而言，梭罗认为人类应当有着更高的追求，这些追求不是物质，而是精神。

《瓦尔登湖》就是这样一本关于人类之精神的书。它为每一个现代人找到了一个宁静的心灵出口。它向读者展示了这样一个简单却深刻的真理，即：不畏惧孤独的人将永远免于孤独的骚扰。

先睹为快

当我写后面那些篇页，或者说那一大堆文字的时候，我是在孤独地生活着，在森林中，在马萨诸塞州的康科德城，瓦尔登湖的湖岸上，在我亲手建筑的木屋里，距离任何邻居一英里，只靠着我双手劳动，养活我自己。在那里，我住了两年又两个月。目前，我又是文明生活中的过客了。

……

我乐意诉说的事物，未必是关于中国人和桑威奇岛人，而是关于你们，这些文字的读者，生活在新英格兰的居民，关于诸君的遭遇的，特别是关于生逢此世的本地居民的身外之物或环境的，诸君生活在这个人世之间，度过了什么样的生活哪；你们生活得如此糟糕是否必要呢；这种生活是否还能改善改善呢？我在康科德旅行了许多地区；无论在店铺，在公事房，在田野，到处我都看到，这里的居民仿佛都在赎罪一样，服役着成千种的惊人苦行。我曾经听说过婆罗门教的教徒，坐在四面火焰之中，眼盯着太阳，或在烈火的上面倒悬了身体；或侧转了头望青天，“直到他们无法恢复原状，更因为脖子是扭转的，所以除了液体，别的食品都不能流入胃囊中”；或者，终生用一条铁链，把自己锁在一株树下；或者，像毛毛虫一样，用他们的身体来丈量帝国的广袤土地；或者，他们独脚站立在柱子顶上——然而啊，便是这种有意识的赎罪苦行，也不见得比我天天看见的景象更不可信，更使人心惊肉跳。赫拉克勒斯从事的十二个苦役跟我的邻居所从事的苦役一比较，简直不算一回事，因为他一共也只有十二个，做完就完了；可是我从没有看到过我的邻人杀死或捕获过任何怪兽，也没有看到过他们做完过任何苦役。他们也没有依俄拉斯这样的赫拉克勒斯的忠仆，用一块火红的烙铁，来烙印那九头怪兽，它是被割去了一个头，还会长出两个头来的。

我看见青年人，我的市民同胞，他们的不幸是，生下地来就继承了田地、庐舍、谷仓、牛羊和农具；得到它们倒是容易，舍弃它们可困难了。宁可他们诞生在空旷的牧场上，让狼来给他们喂奶，他们倒能够看清楚了，自己是在何等的环境中劳动着的。谁使他们变成了土地的奴隶？为什么有人能够享受六十英亩田地的供养，而更多人却命定了，只能啄食尘土呢？为什么他们刚生下地，就得自掘坟墓？他们不能不过人的生活，不能不推动这一切，一个劲儿地做工，尽可能地把光景过得好些。我曾遇见过多少个可怜的、永生的灵魂啊，几乎被压死在生命的负担下面，他们无法呼吸，他们在生命道上爬动，推动他们前面的一个七十五英尺长、四十英尺宽的大谷仓，一个从未打扫过的奥吉亚斯的牛圈，还要推动上百英亩土地，锄地、芟草，还要放牧和护林！可是，另一些并没有继承产业的人，固然没有这种磨难，却也得为他们几立方英尺的血肉之躯，委屈地生活，拼性命地做工哪。

人可是在一个大错底下劳动的啊。人的健美的躯体，大半很快地被犁头耕了过去，化为泥土中的肥料。像一本古书里说的，一种似是而非的，通称“必然”的命运支配了人，他们所积累的财富，被飞蛾和锈霉再腐蚀掉，并且招来了肤箧的盗贼。这是一个愚蠢的生命，生前或者不明了，到临终，人们终会明白的。

延展阅读

《论公民的不服从》

这是作者的另一部精品。1846 年，隐居在瓦尔登湖畔的梭罗被警察以“拒绝支付投票税”为由拘捕，次日在未明身份的人代付税款后获释。由于不能容忍向一个容许奴隶制并且对墨西哥发动帝国主义战争的政府交税，他发表了这篇演说。列夫·托尔斯泰、甘地、马丁·路德·金等人，都从这篇演说中获得了启示性的思想资源和宝贵的行动力量。

《恶之花》

〔法〕波德莱尔　著

关于作者

夏尔·波德莱尔（1821—1867），19 世纪中期法国著名的诗人、文艺评论家，西方象征主义文学的先驱，现代主义文学的创始人，代表作诗集《恶之花》在世界文学史上久负盛名。中国现代文学中象征主义诗人李金发，现代派诗人戴望舒、何其芳等，都受到了波德莱尔的影响。

波德莱尔 6 岁丧父，母亲改嫁给一个军官，从此他内心深处充满了孤独、忧郁和愤懑的叛逆心理。继父想让他进入官场，他却专与文人名士结交，一度沉迷于名士派的放荡生活；后来，家庭实行了经济管制，波德莱尔只能长期生活在贫困线上。1841 年 6 月，继父不满他的生活恶习，为了约束他的行为，决定让他出游印度的加尔各答。当航船途经毛里求斯时，他便返回法国。但这次出游的经历开阔了他的视野，并影响到了他之后的创作。到了巴黎后，他从庄父那里继承了 75000 法郎，然而很快挥霍一空，又过上了贫困潦倒的放荡生活。19 世纪 60 年代以后，长期的纵欲、酗酒和吸毒，严重残害了他的身体，经济也雪上加霜。1867年波德莱尔病逝，终年46岁。

波德莱尔在苦闷中写诗，但发表的不多。1848年巴黎工人武装起义，反对复辟王朝，波德莱尔登上街垒，参加战斗，但起义失败。路易·波拿巴称帝，使波德莱尔圣西门式的空想社会主义破灭。在此情况下，他受美国诗人爱伦·坡的启发，写作《恶之花》，并于1857年出版。此书一出，舆论哗然，波德莱尔也一举成了“恶之名”——恶魔诗人。

波德莱尔最重要的作品是《恶之花》，他在世界诗坛上独树一帜，取得了令人瞩目的成就。但他生前却未引起足够的重视。在他死后，人们逐渐认识到了他的价值，给予他很高的评价。波德莱尔在文学史上具有承前启后的过渡作用，被认为是法国古典诗歌的最后一位诗人、现代诗歌的最初一位诗人。他的其他重要的作品有散文诗集《巴黎的忧郁》、文艺评论集《浪漫主义艺术》和《美学珍玩》等。

荐读理由

《恶之花》是波德莱尔的代表作，也是世界文学史上惊世骇俗的不朽名著。《恶之花》于1857年印刷了第一版，收入100首短诗，在卷首又附有一首《致读者》用于点明全书主旨，共计有101首诗。出版后引起了轩然大波，保守势力认为此书为淫书，巴黎司法当局指控波德莱尔“有伤风化和妨碍公共道德罪”，宣判对作者和出版商施以重罚，并勒令作者删去书中的6首“淫诗”，但作者和诗集却因此名声大噪。法国浪漫主义大师雨果在收到波德莱尔给他寄来的诗集后，回信说“您的《恶之花》像星辰一样光辉耀目”；法国文学家戈蒂耶看了诗集之后也对波德莱尔大加赞赏。这既是对作品的肯定，更是对作者的鼓励。

波德莱尔公开宣称：“诗除了自身之外没有其他目的。它不可能有其他目的。”“诗的本质不过是也仅仅是人类对一种最高的美的向往。”这两句话对理解《恶之花》有极大的帮助。可是波德莱尔对“美”的理解又与浪漫主义有所不同，他认为它是一种丑恶的美、病态的美、痛苦的美，“丑恶经过艺术的表现化而为美，带有韵律和节奏的痛苦使精神充满了一种平静的快乐，这是艺术的奇妙的特权之一”。由此可见，波德莱尔是要把生活中丑恶的东西用艺术表现出来，使之“化而为美”。

在法文里，“恶”不仅有丑恶、邪恶的意思，而且还有忧郁、怪诞、痛苦、损害和疾病等多重含义；而“花”则指美好的东西、神奇的东西，如文学、艺术等等。所以“恶之花”的意义就是运用诗歌这种艺术的方式去挖掘生活中的“丑恶”，给人以警醒与震撼。

全书分为《忧郁与理想》《巴黎风貌》《酒》《恶之花》《叛逆》和《死亡》六个部分。这六个部分并非是按照时间顺序而进行简单的排列，而是按照主题逻辑进行分类的。波德莱尔自己说“这是一本有头有尾的书”，其实也暗示了这一点。贯穿全书的主题思想是表现孤独、病态的诗人在光明和黑暗、现实与虚幻、灵与肉之间痛苦地挣扎，上下求索，不断追求美与理想的曲折历程和悲怆的内心感受。波德莱尔谈到《恶之花》时曾经说过：“在这本残酷的书里，我放进了我全部的心、全部的温情、全部的信仰（改头换面的）、全部的仇恨。”波德莱尔在《恶之花》中倾注了所有的思想和感情，透过它，我们可以看到波德莱尔的思想和灵魂，所以这还是一本波德莱尔的“哲学著作”和“美学著作”。

《恶之花》不仅为诗歌美学打开了禁区，而且在创作实践上也为法国新诗的发展拓宽了路子，以病态的美感颠覆了西方传统的审美观念，公开把丑作为审美的对象加以欣赏和表现，成为现代主义审美观念的滥觞，对 19 世纪末和 20 世纪初的现代派文学艺术产生了非常深远的影响。

先睹为快

魔鬼不停地在我的身旁蠢动，
像摸不着的空气在周围荡漾；
我把它吞下，胸膛里阵阵灼痛，
还充满了永恒的、罪恶的欲望。

它知道我酷爱艺术，
有的时候就化作了女人最是妩媚妖娆，
并且以虚伪作为动听的借口，
使我的嘴唇习惯下流的春药。

就这样使我远离上帝的视野，
并把疲惫不堪、气喘吁吁的我
带进了幽深荒芜的厌倦之原，

在我的充满了混乱的眼睛里
扔进张口的创伤、肮脏的衣衫，
还有那“毁灭”的器具鲜血淋漓！

（摘自《毁灭》）

周围是香水瓶，有金丝的绸缎，
给人以快感的家什，
大理石像，油画，熏了香的衣衫
拖曳着豪华的皱襞，

在一间如温室般暖和的房里，

空气又危险又致命，
玻璃棺里面正在枯萎的花枝，
翻白的眼，无思无想，
却依然流露出曙色般一瞬
朦胧又惨白的目光。

床上，赤裸裸的躯体无所顾忌，
彻底的随便与放纵，
展示隐秘的光辉，命定的美丽，
那是大自然的馈赠；

腿上是暗粉色长袜，缀有金印，
仿佛是残留的纪念；
吊袜带像火辣辣的神秘眼睛，
射出目光钻石一般。

这种孤独，这幅慵懒的大肖像，
发出了最后的呻吟，

一具无头的尸体，鲜血流成河，
流淌在干渴的枕上，
枕布狂饮着鲜红的流动的血，
仿佛那干旱的草场。
就仿佛从黑暗中产生的幻象，
让我们目不能斜视，
她的头，一大团浓发又黑又长，
还戴着珍贵的首饰，

像床头柜上摆放了一株毛茛，
面貌真是奇特不群，
它的态度像一双撩人的目光
流露出阴暗的爱情，

有罪的爱情，各种奇特的狂欢，
充满了恶毒的亲吻，
一群魔鬼也高高兴兴地消遣，
在窗帘折褶里浮动；
然而，看她那优雅动人的清瘦，
肩膀的生硬的轮廓，
稍尖的臀部以及矫健的身躯，
如一条被激怒的蛇，

她还年轻呀！——她那亢奋的灵魂，
她百无聊赖的感觉，
向着欲火时现时隐的色鬼们，
是不是仍半开半合？

爱报复的男人，你生前多有情，
可是他呀仍不满足，
现在这任人摆布的尸体可曾满足他巨大的情欲？

——远离嘲讽的世界，不洁的人群，
也远离好奇的法官，
睡吧，安详地睡吧，奇特的女人，
在你那神秘的墓间，

你丈夫跑遍世界，
你不朽的形守护着睡熟了的他，
而他也将会像你一样地忠诚，
直到死也不会变化。

（摘自《被杀的女人——无名大师的素描》）

延展阅读

《巴黎的忧郁》

这是作者的另一部精品。

本书是一本思想内容和写作技巧都非常出色的散文集，书中有的作品与《恶之花》在题材和思想内容上都非常相近，有的甚至就是《恶之花》中某些诗篇的改写。正如波德莱尔自己说的：“这还是《恶之花》，但更自由、细腻和辛辣。”只是比《恶之花》更为淳朴，更为真实，也更加自然，它没有韵的修饰，没有任何雕琢的痕迹，几乎是按照自己独特的个人经验写成的。这个集子带着波德莱尔同样丰富的思想而一反传统的审美观，并以更加自由的形式出现在文坛上，更容易为人们所理解，也更扩大了作家的影响。

《双城记》

〔英〕狄更斯 著

关于作者

作为一个海军军需处职员的儿子，狄更斯（1812—1870）出生在一个贫苦的小资产阶级家庭之中。他的童年可谓多舛流离，曾在10岁时全家一同被迫迁入负债者家庭，他也曾在皮鞋作坊当一名小学徒，后来还担任过律师所的缮写员和报社的记者。正可谓苦难是人生最好的大学，只上过短短几年学的他，凭借着自己的刻苦与拼搏，成了一名举世闻名的大作家。

狄更斯不仅在写作上充满了灵感和天赋，更是用庞大的作品数量证明了他的勤奋与努力。他一生共创作了10余部近百万言的大部头小说、20多部中篇小说、数百篇短篇小说和一部《儿童英国史》。其中的《双城记》《雾都孤儿》《董贝父子》等名作为他在文学史上争得了一个重要位置。

童年的经历使狄更斯在很小的时候便尝尽人间冷暖，因此他的作品更多倾向于关注底层社会人民的生活状态。1837年，凭借《匹克威克外传》，狄更斯一举成名。在他的创作后期，随着对生活认识的不断深化，他逐渐从批判个体转向批判整个社会的罪恶与陋习。其作品也随之展现出一种大气磅礴的景象，以其中所蕴含的夸张的漫画式手法、妙趣横生的反讽幽默与细致到位的心理分析，成为英国19世纪批判现实主义文学的奠基之作。而狄更斯本人也被誉为“英国小说之王”。英国著名文学家萨克雷就曾称赞狄更斯是“了不起的天才”。

狄更斯一生刻苦勤勉、埋头写作，长年的案头工作严重损害了他的健康。1870年6月9日，狄更斯突发脑溢血与世长辞。次日，《泰晤士报》发表了对他的悼念文章，其中评价道：“即使不看他的文学才华，他也是一个有才能、有雄心的人，他从事任何一项事业几乎都能成功。”为了纪念这位伟大的文学家，英国斥巨资兴建了“狄更斯世界”主题公园，这是世界上第一座以文学为主题的大型主题公园。其全部游乐设施都根据狄更斯的小说修建，游客可在公园里尽情感受这位19世纪文坛巨匠为后人留下的宝贵精神财富。

荐读理由

“那是最好的年月，那是最坏的年月，那是智慧的时代，那是愚蠢的时代……”这段无数次被人引用提及的堪称史上最经典的小说开头，正是出自狄更斯的长篇小说《双城记》。

这部著作中所描述的故事，精练、有力而惊险曲折，环环相扣，惊心动魄。它以法国大革命为故事背景，以18世纪后期的法国巴黎和英国伦敦为“双城”地点，围绕着马内特医生和达奈的冤案与不幸遭遇展开了描写。残暴的贵族艾弗勒蒙德侯爵仗着自己的权势，霸占了良家妇女又逼死了她的全家，并凭借着自己的贵族特权，将敢于揭发他恶行的马内特医生送进了巴士底狱。在狱中，马内特手写血书，对法国封建统治阶级做了最为沉痛而愤恨的控诉。两年后，马内特医生的妻子由于过度悲伤而去世。幼小的女儿露西被马内特医生的好友洛里接到伦敦，由女仆抚养长大。

18 年后，精神失常的马内特医生出狱，旧日的仆人收留了这位善良的老人。而露西也已长大成人，回到巴黎去接父亲到伦敦居住。在旅途中，马内特父女偶遇了法国青年达奈，并受到了他的细心照顾。达奈原来就是艾弗勒蒙德侯爵的儿子，由于憎恶自己的家族，他毅然放弃了名利与地位，甘愿移居伦敦去做一名法语教师。在与马内特父女的来往过程中，他对露西产生了真挚的爱情，却在 1789 年的法国大革命中因身份问题被捕入狱，由法庭判处了死刑。

达奈与露西这对年轻恋人的最终命运将会如何？仇恨是否能得到化解，命运又将如何轮回？狄更斯匠心独运，为读者讲述了一个丝丝入扣的动人故事。

早在 1854 年，狄更斯就对英国潜伏着的社会危机表示了担忧。他在潜心研读众多关于法国大革命的著作之后，断然指出，若英国的不满情绪得不到良好引导，或英国局势继续恶化，将极有可能出现法国大革命那样的社会剧烈动荡。出于这种担忧，《双城记》中以巴黎和伦敦为比照，通过对革命暴力场面的血腥描写以及对当时巴黎社会的刻画，为英国敲响了沉重的警钟。

作为一部出色的批判现实主义杰作，《双城记》在同类描写法国大革命的小说中达到了无与伦比的高峰。其中所塑造的有血有肉、栩栩如生的人物形象充满了动人的艺术感染力。冤狱、爱情、复仇三条线索复杂地相互交织，在巴黎和伦敦这两座老城中为读者展示了一幅恢弘壮观的历史画卷。本书被多次改编为同名电影。

先睹为快

那是最好的年月，那是最坏的年月，那是智慧的时代，那是愚蠢的时代，那是信仰的新纪元，那是怀疑的新纪元，那是光明的季节，那是黑暗的季节，那是希望的春天，那是绝望的冬天，我们将拥有一切，我们将一无所有，我们直接上天堂，我们直接下地狱——简言之，那个时代跟现代十分相似，甚至当年有些大发议论的权威人士都坚持认为，无论说那一时代好也罢，坏也罢，只有用最高比较级，才能接受。

那时，高踞英国宝座的，是一位大下巴国王和一位面貌平常的王后；高踞法国宝座的，是一位大下巴国王和一位美貌的王后。在这两个国家那些掌管国家聚敛财物的禁区的王公大臣看来，江山稳定，万世不易，是再明白不过的。

那是纪元一千七百七十五年，在那蒙受恩惠的时代，如同现代一样，英国也获得神的启示。索思科特夫人最近已过了二十五岁诞辰，虽然近卫军中有一名当兵的预言家，在宣告伦敦和威斯敏斯特宫将遭灭顶之灾时，即预报了她的法驾降世。公鸡巷的鬼魂，像刚过去这一年的鬼魂敲出它们的信息（在通灵的手法上缺少独创性）那样，敲出它的信息之后被驱除，也不过十二年整。最近由美洲英国臣民代表大会传给英国君民的仅仅是人间事态的信息：说来也奇怪，对于人类来说，这一信息竟比通过公鸡巷那一窝里任何小鸡所得到的任何信息更重要。

法国，总的来说，虽然在降神通灵上不如她的手持盾牌和三叉戟的姊妹那样受惠，却一边造纸币一边挥霍，极为顺利地走着下坡路。此外，法国在她的教士们的指导下，以做这等慈善功德为乐，诸如判处一个青年砍掉两手，用钳子拔掉他的舌头，然后将他的身体活活烧死，因为他看到一队肮脏的修道士在离他五六十码远的地方经过，当时正下着雨，未向他们下跪致敬。很可能，当这个受害者被处死时，那些生长在法国和挪威的森林中的树木，已经被“命运之神”伐木人作了记号，准备砍下来锯成木板，做成一种装有一个袋子和一把刀子，在历史上引起恐怖的活动架子。很可能，就在这一天，有些粗糙的大车停在巴黎郊区一些劳苦的农家简陋的棚子里遮风避雨，车身溅满农村的污泥，猪在周围呼哧呼哧转来转去，鸡在上面栖息，“死神”农民已将这些大车留作大革命时押送死刑犯的囚车。这位伐木人和这位农民，虽然在不停地工作，默默地工作，还没人听见，因为他们都轻手轻脚走动：尤其因为只要怀疑他们没睡觉，就被认为是在搞无神论和叛逆活动。

延展阅读

作者还有下列精品：

《大卫·科波菲尔》

作为一部半自传体小说，狄更斯曾将它称为自己“心中最宠爱的孩子”。它以第一人称的叙述方式，讲述了一个孤儿的不幸遭遇，揭露了资产阶级对劳动人民的剥削、司法界的黑暗腐败和议会对人民的欺压。其中多处涉及作家自身的生平经历，是了解狄更斯的最佳途径。

《雾都孤儿》

本书是狄更斯另一部与《双城记》齐名的伟大写实小说。作品以雾都伦敦为背景，讲述了一个孤儿悲惨的身世及遭遇。在孤儿院长大的主人公奥立弗，经历悲惨的学徒生涯，又在艰苦的逃难过程中误入贼窝，被迫与狠毒的凶徒为伍，历尽无数坎坷，最后在善良人的帮助下，查明身世并获得了幸福。同狄更斯的其他小说一样，本书揭露了许多当时的社会问题，曾被多次改编为电影、电视剧及舞台剧。

《远大前程》

如果说狄更斯主要的代表作品是以生动地讲故事、真实地反映当时社会著称，那么这部小说则是以揭示人生命运的悲剧而显得特别。

这是狄更斯晚年的作品，讲述了一个叫皮普的下等社会的孤儿，因为特殊的际遇而有了成为上层人士的机会，但当他即将触摸到苦苦追寻的梦境时，却发现那个际遇已经如一个矛盾的魔咒阻断了他的任何美好的追求，“远大前程”似乎成了一个绝妙的讽刺。在这部作品里，已经很难看到狄更斯式的标准幽默，作家已经对社会和人生有了更深刻的体验，作品的风格深沉浓郁，有如一条无奈的丝线在牵引着那个阴暗畸形的背景下发生的故事。故事中谁是善？谁是恶？已经很难说清楚，只有掩卷沉思，用沉重的心情去祭奠故事原初时那纯朴美好的一切。

《傲慢与偏见》

〔英〕简·奥斯汀　著

关于作者

1775年的冬天，简·奥斯汀出生在一座乡村小镇的殷实家庭里，自小便衣食无忧，在恬静而平淡的生活环境中逐渐成长为一名文笔优美的女性作家。就像其他女孩一样，简·奥斯汀具有天生细致入微的观察力与感悟力，对生活中每一个细节之美，她都能牢牢抓住并将它变成笔下精彩动人的故事。在她的文章里，读者很少能读到对重大的社会矛盾的描写，而大多数都是关于乡绅家庭女性的爱情、婚姻与生活。她用活泼有趣、戏谑调侃的文字，轻松诙谐地还原出18世纪英国乡村资产阶级的田园生活，以及绅士淑女之间的爱情故事。在喜剧性的冲突里，又能尖锐地指出人性中的自私、愚蠢与盲目自信的弱点。

在20岁那年，简·奥斯汀遇到了一个聪明、帅气的爱尔兰年轻律师。这是她的初恋，却由于门第不等而遭到家人的极力反对。终于，这对年轻的恋人被活活拆散，而倔强且忠贞的简·奥斯汀也选择了从此终身不嫁。她将所有的情感投入到了她的文字之中，先后写出了《傲慢与偏见》《理智与情感》等令她蜚声文坛的不朽之作。

简·奥斯汀的作品，大多描绘了现实生活中的平凡人物，而这样朴实无华的文风也一扫当时英国文坛所充斥着的庸俗感伤之风，继承并发展了英国优秀的现实主义传统，在英国的文学史上处于承上启下的重要地位。其文学作品不仅风靡全世界，受到广大读者的喜爱与欢迎，在英国著名历史学家麦考莱的评论中，更是被提升到了与莎士比亚平起平坐的位置。她的爱情故事被搬上了银幕，而《简明不列颠百科全书》对她这样评价道："她是英国摄政王时期（1810—1820）最敏锐的观察者，她严肃地分析了当时社会的性质和文化的质量，记录了旧社会向现代社会的转变。现代评论家也赞佩奥斯汀小说的高超的组织结构，以及她能于平凡而狭窄有限的情节中揭示生活的悲喜剧的精湛技巧。"

1817 年，简·奥斯汀身患重病。为了求医，她举家搬迁到英国的曼彻斯特。然而来到新家还不满三个月，她便溘然长逝，逝世时年仅 41 岁。人们将她的遗体安葬在了温彻斯特大教堂。直到今天，她的墓地仍然是众多文学爱好者的朝圣之地。

荐读理由

在一段爱情之中，这方对那方心存偏见，那方又对这方语出傲慢，纵使相爱，又怎能终成眷属？除非那有偏见的消除了偏见，傲慢的放下了身段，以平等而宽容的心态相待，方有可能修成正果。

简·奥斯汀的《傲慢与偏见》，正是以女性细腻的笔触描写了这样一段由傲慢与偏见产生误解的曲折的爱情。当然，为了使故事更具可读性，小说的主人公并不仅仅局限在一对恋人的身上。而是在严密的组织结构中，为读者娓娓讲述了一个家族的爱情故事。

本内特夫妇家一共有五个待字闺中的女儿。由于没有儿子，远房内侄柯林斯就成了唯一合法继承人。怎样在自己去世之前将五姐妹分别嫁到富裕的好人家里去，就成了本内特太太最为头疼的事情。

美丽端庄的大女儿简很快就与住在附近庄园的一位未婚富家子弟宾利陷入了爱河。而宾利的朋友达西也通过他认识了本内特一家，并对二女儿伊丽莎白颇有好感。然而由于在一次舞会上的粗鲁表现，伊丽莎白的心中种下了对达西的偏见的种子。这种偏见在心术不正的魏肯的诋毁下日益严重。而之后再一次见面时，达西傲慢的表白更是令伊丽莎白感到无法忍受。在一次大爆发之后，达西写了一封言辞恳切的信，向伊丽莎白剖析自己的内心，终于使她心中的偏见逐渐消除。而在一次对达西庄园的冒昧拜访中，伊丽莎白亦发现了达西热情而谦和的另一面。经过各种波折之后，这对有情人终成眷属，为这个关于傲慢与偏见的爱情故事画上了一个圆满的句号。

整篇小说里，除了着重刻画伊丽莎白与达西这对恋人之外，简·奥斯汀同样栩栩如生地描绘出了伊丽莎白另外几位姐妹和邻居夏洛蒂等人的生动形象。通过她们对婚姻与爱情的不同处理方式，最终将读者导向了这样一种感情观：单纯为了财产、金钱和地位而结婚，无疑是错误的行为，就如夏洛蒂与柯林斯的悲剧婚姻；然而完全不考虑这些因素就步入婚姻殿堂，却也是一种愚蠢的做法。简·奥斯汀将伊丽莎白塑造成了一个具有独立人格尊严、坚强可爱的活泼女孩，面对门第地位比自己高出一截的达西，她毅然拒绝了他傲慢的求婚。而只有当他改变了那种骄傲自负的做派，愿意以平等的身份与她对话时，她才愿意打开自己的世界，邀请达西走进她的心中。

虽然在题材方面，简·奥斯汀的小说常被人诟病为狭窄与单一，然而在这样的小天地里，她却往往能有出人意料的大作为。就如同在一粒米上雕出万里长城，简·奥斯汀以她经过千锤百炼的幽默语言，为读者在文学史上留下了一个个丰满生动的人物形象。自 1938 年至 2005 年将近 70 年的时间里，《傲慢与偏见》曾被 10 次搬上银幕，拍成电影。

先睹为快

饶有家资的单身男子必定要娶妻室，这是举世公认的真情实理。正是因为这个真情实理家喻户晓深入人心，这种人一搬到什么地方，尽管他的感觉见解如何街坊四邻毫不了解，他就被人当成了自己这个或那个女儿一笔应得的财产。

伊丽莎白越听越生气，然而她讲话的时候还是竭尽全力保持镇定。

“达西先生，如果你认为你刚才的行为要是表现得更有点绅士气派，你表白的方式就会对我产生另外的影响，使我觉得不好拒绝你，那么你就错了。”

她看到这番话让他一愣，但是并没有讲什么，于是她又继续讲下去：

“不管你可能采取什么方式哄骗我接受，你也没法让我答应你向我求婚。”

很明显，他又为之一惊，然后带着既怀疑又屈辱的复杂表情注视着她。她又往下说：

“从刚一开始，我几乎可以说，从我刚认识你的最初那一分钟开始，你的言谈举止就给我留下了深刻印象，使我完全相信你骄傲自大，自以为是。因为自私而拿别人的感情不当一回事，这就为我不满意你打下了基础，随后发生的种种事情，又让我在这个基础上产生了不可动摇的厌恶；认识你还不到一个月，我就觉得，哪怕世界上就剩下你这一个男人，也别想说服我嫁给你。”

“你已经说够了吧，小姐。我完全理解你的心情，现在我只有对自己过去的种种情况感到羞愧了。请原谅我耗费了你这么多时间，并且请接受我最良好的愿望，祝你健康幸福。”

说完这几句话，他就匆匆忙忙走出了屋子，伊丽莎白随即听到他打开前门离开了这所宅子。

伊丽莎白现在感到心烦意乱，十分痛苦。她不知道如何支撑自己，她身体实在软弱不堪，只好坐了下来，哭了半个钟头。她对刚才发生的事情每回想一次，她的惊愕就增加一分。达西先生居然会向她求婚！他居然爱她爱了好几个月！而且爱她爱得那样深，居然还不顾种种反对的因素想要娶她！然而正是这些因素使他阻挠他那位朋友娶她姐姐，这些因素一定在他自己的事情上至少也发挥过同样大的力量，这种情况简直令人难以置信！在不知不觉之中博得了这样强烈的爱慕之情，这也是令人高兴的。但是，他那种傲慢，那种令人厌恶的傲慢，他对简做了种种手脚还恬不知耻公然承认，承认的时候虽然无法辨明自己清白无辜，却还要摆出那么一副厚颜无耻的令人不可原谅的神气。他提到魏肯先生的时候那么冷酷无情，全然无意否认自己对待他凶狠残酷——一想到这些事情，她因为顾念他的一片深情而一时涌上心头的怜悯，马上就烟消云散了。

她就这样心潮起伏地前思后想，一直到凯瑟琳夫人的马车声惊动了她，才感到不好就这样和夏洛蒂打照面，于是便急急忙忙回到自己的屋子里去了。

延展阅读

《理智与情感》

作为简·奥斯汀的第一部小说，它展现出作者高超的写作技巧和与生俱来的写作天赋。故事围绕着两位女主角的爱情选择展开，集中表达了“理智”与“情感”的矛盾和冲突，是对当时英国保守而落后的婚恋风尚的反抗与呐喊，是《傲慢与偏见》的姊妹篇。此小说在1995 年被拍摄成同名电影。

《简·爱》

〔英〕夏洛蒂·勃朗特　著

关于作者

夏洛蒂·勃朗特是英国维多利亚时代异军突起的女作家中最光辉夺目的一位，她在作品中突出地表达了女性要求独立的强烈愿望，她的作品被看做现代女性小说的楷模。

1816年，夏洛蒂出生在英国的一个牧师家庭，排行第三，前面有两个姐姐，后面有两个妹妹和一个弟弟。她自小失去母亲，因为经济和精力不足，父亲把夏洛蒂和她的两个姐姐、弟弟送进由慈善机构创办的寄宿学校。那里的环境和生活条件很差，加上创办人苛刻的管束和严厉的处罚，冻饿和体罚成了孩子们惯常的生活。不久，肺病便夺去了两个姐姐的生命，父亲赶紧带夏洛蒂和弟弟返回家中。

夏洛蒂于1835年去罗赫德任教，两个妹妹跟随读书，三年后她们离开罗赫德。1838年至1842年她与妹妹们辗转各地，以家庭教师为生。但因为这一职业地位低下，薪金微薄，又使姐妹们天各一方，难以相聚，她们便毅然放弃，决心自己创办学校，但经过种种努力后依然没有成功。这时父亲病倒了，颇有才气的家中独子染上了酗酒和吸毒的恶习，沦为废人。家庭经济的重压越来越大，就在这种极度困难的情况下，夏洛蒂和妹妹们开始了写作。

她们姐妹三人经常聚在一起，如饥似渴地读书、绘画和写作。书本开启了她们的心扉，提高了她们的学养；多难的生活使她们早熟，善于洞察世情；独特的经验为创作提供了充足的源泉。在同一年、同一个家庭，奇迹般地诞生了三部传世之作——夏洛蒂的《简·爱》、艾米莉的《呼啸山庄》和安妮的《艾格妮丝·格雷》。

除《简·爱》外，夏洛蒂还创作了《雪莉》《维莱特》《教师》，虽然评价都很不错，但都不及《简·爱》的影响力大。她的作品主要描写贫苦的小资产者的孤独、反抗和奋斗。萨克雷在纪念夏洛蒂的文章《最后一幅素描》中说："凡是读过她的书的人，谁不钦佩这位妇女对真理的炽热的爱，她的勇敢，她的纯真，她对邪恶的义愤，她热切的同情心，她虔诚的爱和信仰，她激越的荣誉感。一种急切的诚实是这位妇女的性格特征。"这段话可以说是夏洛蒂的真实写照。这位天生体弱的女作家是19世纪英国文坛上一颗璀璨的明珠。

谁知天妒英才，先是多才多艺的弟弟去世了，接着撰写不朽之作《呼啸山庄》的艾米莉于同年12月亡故，次年5月另一个妹妹安妮离世。五年后的1854年，夏洛蒂在与丈夫出去散步时遇雨得病，于1855年3月31日故去，年仅39岁。

荐读理由

《简·爱》是夏洛蒂·勃朗特的代表作，人们普遍认为《简·爱》是夏洛蒂·勃朗特"诗意的生平写照"，是一部具有自传色彩的作品。

小说的主要内容是关于女主人公简·爱的成长历程。她从小失去父母，寄住在舅妈家，不平等的待遇让她饱受欺凌，小小年纪就承受了别人无法想象的委屈和痛苦。成年后，她成了桑菲尔德贵族庄园的家庭教师，她以真挚的情感和高尚的品德赢得了主人的尊敬和爱恋。谁料命运对她如此残忍，她为这段婚姻付出了难以计算的代价，但她自始至终都一直坚持着自己的信念，执着于自己的理想与追求。

《简·爱》阐释了这样一个主题：人的价值＝尊严＋爱。夏洛蒂·勃朗特通过描写孤女简·爱坎坷不平的人生经历，成功地塑造了英国文学史上第一个对爱情、生活、社会以及宗教都采取了独立自主的积极进取态度和敢于斗争、敢于争取自由平等地位的女性形象。夏洛蒂像她成功塑造的人物形象简·爱一样，个子矮小，其貌不扬，既充满智慧，有独立的精神，又有一颗敏感的心。在两位姐姐不幸早逝后，她承担了全家对外联络发展的重任。她既具有温柔热情的一面，同时又是一个蔑视虚伪的上流社会、对丑恶的世态进行了犀利的讥讽的勇士。她性格的两面性使她的作品更富于激情和新意，具有震撼人心的艺术魅力，可以说她的作品是她智慧的头脑和炙热的心灵的自然流露。

《简·爱》的问世曾经轰动了19世纪的文坛，出版商怀着惊喜的心情接受了这部小说，审稿人通宵不眠审读稿件。小说表达了妇女不甘于社会指定她们的地位而要求在工作上以及婚姻上独立平等的思想，这在英国文学史上是一个创举，这也正是它的出现在当时的社会上引起了那样强烈反响的重要原因。一百多年来，无数人阅读《简·爱》这本书，无疑也是出于同样的原因，谁能抗拒这样的话语的诱惑："我的灵魂同你的灵魂在对话，就仿佛我们两人穿过坟墓，站在上帝脚下，彼此平等……"

先睹为快

悲与爱在我内心所煽起的强烈情绪，正占上风，并竭力要支配一切，压倒一切，战胜一切，要求生存、扩展和最终主宰一切，不错——还要求吐露出来。

"离开桑菲尔德我很伤心，我爱桑菲尔德——我爱它是因为我在这里过着充实而愉快的生活——至少有一段时间。我没有遭人践踏，也没有弄得古板僵化，没有混迹于志向低下的人之中，也没有被排斥在同光明、健康、高尚的心灵交往的一切机会之外。我已面对面同我所敬重的人、同我所喜欢的人，——同一个独特、活跃、博大的心灵交谈过。我已经熟悉你，罗切斯特先生，硬要让我永远同你分开，使我感到恐惧和痛苦。我看到非分别不可，就像看到非死不可一样。”

“在哪儿看到的呢?”他猛地问道。

“哪儿?你，先生，已经把这种必要性摆在我面前了。”

“什么样的必要性?”

“就是英格拉姆小姐那模样，一个高尚而漂亮的女人——你的新娘。”

“我的新娘!什么新娘呀?我没有新娘!”

“但你会有的。”

“是的，我会!我会!”他咬紧牙齿。

“那我得走——你自己已经说了。”

“不，你非留下不可!我发誓——我信守誓言。”

“我告诉你我非走不可!”我回驳着，感情很有些冲动。“你难道认为，我会留下来甘愿做一个对你来说无足轻重的人?你以为我是一架机器?——一架没有感情的机器?能够容忍别人把一口面包从我嘴里抢走，把一滴生命之水从我杯子里泼掉?难道就因为我一贫如洗、默默无闻、长相平庸、个子瘦小，就没有灵魂，没有心肠了?——你不是想错了吗?——我的心灵跟你一样丰富，我的心胸跟你一样充实!要是上帝赐予我一点姿色和充足的财富，我会使你同我现在一样难分难舍，我不是根据习俗、常规，甚至也不是血肉之躯同你说话，而是我的灵魂同你的灵魂在对话，就仿佛我们两人穿过坟墓，站在上帝脚下，彼此平等——本来就如此!”

“本来就如此！”罗切斯特先生重复道——“所以，”他补充道，一面用胳膊把我抱住，搂到怀里，把嘴唇贴到我的嘴唇上，“所以是这样，简？”

“是呀，所以是这样，先生，”我回答，“可是并没有这样。因为你已结了婚——或者说无异于结了婚，跟一个远不如你的人结婚——一个跟你并不意气相投的人——我才不相信你真的会爱她，因为我看到过，也听到过你讥笑她。对这样的结合我会表示不屑，所以我比你强——让我走！”

“上哪儿，简？去爱尔兰？”

“是的——去爱尔兰。我已经把心里话都说了，现在上哪儿都行了。”

“简，平静些，别那样挣扎着，像一只发疯的鸟儿，拼命撕掉自己的羽毛。”

“我不是鸟，也没有陷入罗网。我是一个具有独立意志的自由人，现在我要行施自己的意志，离开你。”

我再一挣扎便脱了身，在他跟前昂首而立。

延展阅读

《呼啸山庄》

本书的作者是夏洛蒂·勃朗特的妹妹艾米莉·勃朗特。小说讲述了荒凉阴森的约克郡荒原上一个激荡在人类心灵最隐秘深处的爱恨情仇故事。吉卜赛弃儿希斯克利夫被山庄老主人收养后，因受辱和恋爱不遂，外出致富，回来后对与其女友凯瑟琳结婚的地主林顿及其子女进行报复。全篇充满强烈的反压迫、争幸福的斗争精神，又始终笼罩着离奇、紧张的浪漫气氛。小说问世之初并未引起重视，但随着时间推移，人们逐渐认识到小说在艺术上的独创性，以及对后代英国小说叙事结构的影响。作者也终于被归入维多利亚时代一流作家之列。

《艾格妮丝·格雷》

勃朗特三姐妹在英国文学史上如三朵绚烂的花一样熠熠生辉，不过相比而言，小妹安妮·勃朗特这部作品不如两位姐姐的代表作名气大。但读起这本书来，你就会发现，三个姐妹各有千秋，谁也压不倒谁。相比于大姐夏洛蒂华丽的文笔、自由驰骋的想象力，以及二姐艾米莉那狂扬肆恣的激情和幻想，小妹安妮却恬淡自然，朴素雅致，文字真挚自然，有节制，有分寸感。她的作品同样是讲了一个女家庭教师的经历，最后也同样获得了爱情，但是她的主人公没有像简·爱那样传奇的经历，没有继承大额的遗产，也没有嫁给那高大多情的聘主，她只是过着一个普通的姑娘自然的生活，认真地活，认真地爱。也许年轻的读者会喜欢夏洛蒂或艾米莉，但是当人成熟起来、经历了风雨，可能会倾心于安妮作品中那种熟悉的平实。毕竟，我们的社会和人生最主要还是以平实的一点一滴来构成，它们自有于无声处打动人心的力量。

《名利场》

〔英〕萨克雷　著

关于作者

萨克雷（1811—1863），19世纪中期英国著名作家和讽刺大师。作为一位伟大的富有英国民族气息的作家和19世纪英国现实主义文学的巨擘，他与狄更斯在文坛上共享盛名。

萨克雷出生于加尔各答东印度公司的一个收税员家庭，后被送回英国接受贵族化教育，过着优越的公子哥生活，家道中落后，才尝到了人间的辛酸。他曾从事过商业活动、新闻工作，当过杂志的撰稿人，除小说创作外，他还擅长创作诗歌、散文、漫画和讽刺画。他对资产阶级生活、上层社会的人与人之间的关系相当熟悉。因此，他的小说偏重于描绘英国资产阶级的风俗人情，尤其擅长揭露上流社会的阴暗面，反映贵族、资本家、暴发户、骗子、恶棍和形形色色的冒险家的罪恶。他著名的长篇小说有《名利场》《亨利·艾斯芒德的历史》和《纽可姆一家》等，其中《名利场》是他的代表作。

作为画家的萨克雷也形成了鲜明独特的风格，构图新巧，讽刺强烈，就如其小说，他的画风最适合讽刺社会上那些自命不凡实则庸俗不堪的男男女女。其线条洗练、准确，极富概括性，而构图紧凑集中，少有枝蔓，漫画式的笔法加强了讽刺效果。他曾为自己的小说作品创作了大量精美的图画。

萨克雷是个多产作家，除小说、散文之外，还创作有小品文、诗歌等，全部作品计35卷之多。

荐读理由

1847年，萨克雷完成《名利场》的创作。当萨克雷把开头的几章送到几家杂志社时，都遭到了退稿。后来，幽默画杂志《笨拙》连载了这部作品。小说一发表，许多评论家和作家很快就发现这是英国文学的一个里程碑，《简·爱》的作者夏洛蒂·勃朗特更是认为《名利场》的成就应该超过《简·爱》。

这是一部非常伟大的作品，书名来自17世纪英国作家约翰·班扬的寓意小说《天路历程》。《天路历程》描写的是一位基督徒从故乡“毁灭的城市”逃出，朝着“天国的城市”前进的历程。他在路上经过一个叫“名利场”的地方，商场上出卖各种商品，房屋、土地、职业、地位、荣誉、头衔、国土、王国、肉欲、欢乐，还有各种供人娱乐的东西，如妓女、鸨母、妻子、丈夫、儿女、主人、仆役、生命、鲜血、身体、灵魂、金银、珠宝等一切。萨克雷用“名利场”这个标题讽刺当时物欲横流的上流社会，同时也暗示了女主角利蓓加·夏泼所生活的现实环境。

小说有个耐人寻味的副标题：“没有正面主人公的小说”。因为小说只选取日常生活场景来描写，突出“名利场”上追名逐利之徒、贪财忘义之辈的寡廉鲜耻，那里不会有什么出类拔萃的正面主人公。女主人公利蓓加·夏泼是个穷画师的女儿，因为出身寒微，因此备受歧视，为此她愤愤不平，决心通过投机和冒险来达到她的生活目的。她先是想通过嫁给公子哥来改变自己的社会地位，失败后又到乡下一个男爵家当家庭教师，曲意逢迎，骗取其富有的姐姐的欢心，同时与男爵次子秘密结婚，以获得遗产继承权。事情败露后，利用自己的魅力，在上流社会周旋，最终身败名裂。

《名利场》叙述的故事，发生的年代约为 1812 年至 1832 年间。这个时期的英国从农业国逐渐向工业国发展，近代工业资本秩序已经确立，贫富悬殊，各种社会矛盾日益尖锐。这是一个充满尔虞我诈、争名夺利、腐化享乐、投机取巧的时代。小说深刻地揭露了资本主义社会中人与人之间的利害关系，表现了腐朽堕落的社会风尚。

在艺术上，《名利场》一书遵循现实主义的创作原则，真实地反映了当时的英国现实社会，人物个性化，再现了典型环境中的典型人物。小说文笔洗练，语言轻快，风格妙趣横生。在结构和布局方面也独树一帜，喜用“叙述者”讲故事或同读者谈话的方式进行，在描写上追求轻松自然，稍带一点感伤，更有一些玩世不恭的意味。《名利场》是一部现实主义的杰作，作者通过人物的活动展示社会风俗，展示“名利场”上钩心斗角、你死我活的斗争，同时又注意写出社会环境对人物的影响，揭示各类丑恶人物的所作所为无不受“金钱万能”原则的支配，使人物形象富有时代感和真实感。

先睹为快

“小姐，我要你回到女王的克劳莱去。”从男爵说了，定睛望着她，一面把黑手套和缠着黑带子的帽子脱下来。他眼睁睁地瞪着她，眼神那么古怪，利蓓加·夏泼差点儿发起抖来。

她低声说道：“我希望不久就能回去。等克劳莱小姐身子健朗些，我就——就想回去瞧瞧两个孩子。”

毕脱爵士答道：“这三个月来你老说这话，到今天还守着我的姐姐。她呀，把你累倒以后就不要你了，当你破鞋似的扔在一边。告诉你吧，我才是真的要你。我马上回去办丧事，你去不去？说一声，去还是不去？”

蓓基仿佛非常激动，她说：“我不敢——我想，我跟你两人在一起不大——不大合适。”

毕脱爵士拍着桌子说道：“我再说一遍，我要你。没有你我过不下去。到你离开以后我才明白过来。现在家里乱糟糟的跟从前一点儿也不像了。我所有的账目又都糊涂了。你非回来不可！真的回来吧。亲爱的蓓基，回来吧。”

利蓓加喘着气答道：“拿什么身份回来呢？”

从男爵紧紧地抓住缠黑带的帽子，答道：“只要你愿意，就请你回来做克劳莱夫人。这样你总称心如意了吧？我要你做我的老婆。凭你这点聪明就配得上我。我可不管家世不家世，我瞧着你就是最上等的小姐。要赌聪明，区里那些从男爵的女人哪及你一半儿呢。你肯吗？只要你说一声就行。”

利蓓加深深地感动，说道：“啊哟，毕脱爵士！”

毕脱爵士接下去说道：“蓓基，答应了吧！我虽然是个老头儿，身子还结实得很呢。我还有二十年好日子，准能叫你过得乐意，瞧着吧。你爱怎么就怎么，爱花多少就花多少，一切由你做主。我另外给你一注钱。我什么都按规矩，决不胡来。瞧我！”老头儿说着，双膝跪倒，乜斜着眼色眯眯地对蓓基笑。

利蓓加惊得往后倒退。故事说到此地，咱们还没有看见她有过慌张狼狈的样子，现在她却把持不定，掉下泪来。这恐怕是她一辈子最真心的几滴眼泪。

她说：“唉，毕脱爵士！我已经结过婚了。”

延展阅读

作者还有下列精品：

《潘登尼斯》

作品通过贵族青年潘登尼斯一系列痛苦的爱情生活和从事新闻工作的经历，讽刺了英国上层阶级的卑鄙腐朽，揭露了资产阶级以商业精神把文学变为谎言，又用谎言控制创作的卑劣行径。

《亨利·艾斯芒德的历史》

这部小说以18世纪初英国发动战争和保皇党人的复辟活动为背景，通过主人公艾斯芒德在政治上和爱情上的种种经历，真实而又出色地再现了英国17世纪末18世纪初的时代特征和社会环境，无情地揭露了政府要员们钻营投机、醉生梦死、昏庸腐化的丑态。

《还乡》

〔英〕托马斯·哈代 著

关于作者

托马斯·哈代（1840—1928），英国19世纪末20世纪初最重要的作家。他出生前后，狄更斯刚刚走红；进入晚年时，艾略特、乔伊斯等现代主义作家也早已确立了文坛地位；而哈代则成为“耸立在维多利亚时代和新时代的交界线上”的“悲戚而刚毅的艺术家”。他在完善英国现实主义小说传统的时候，糅合不同的描写现实的方法，改变了小说的传统形式，在创造长篇小说形式上是集各家之大成的革新家。

哈代1840年出生于英国南部多塞特郡，父亲是一位建筑师。哈代继承父业，学过建筑，但他对建筑并不感兴趣，而是钟情于文学创作。在伦敦接受完教育之后，哈代就回到故乡，安心写作，在那里平静地度过了他的一生。哈代早年从事诗歌创作，但并不成功，转写小说，晚年又放弃小说创作转向诗歌，结果在两方面都取得了巨大成功。

哈代毕生著作甚丰，包括长篇小说14部、中短篇小说集4部、诗集8部、史诗剧1部。他把自己的小说分为三类：性格和环境小说、罗曼司和幻想小说、机敏和经验小说。其中最重要的是“性格和环境小说”，这类小说都是以他的故乡多塞特郡附近地区为背景，多塞特郡古称“威塞克斯”，故这类小说又称“威塞克斯小说”。这类作品一般以威塞克斯人的命运之不测为主题，反映在资本主义侵蚀下，古老的贵族世家和小农经营纷纷破产、古朴的道德风纪渐渐消逝的悲哀，具有浓厚的宿命论和悲剧色彩。哈代因这类小说而奠定其文学地位，但也因此遭到代表维多利亚时代虚伪的社会道德观念的批评界的肆意攻击，并迫使他转向诗歌创作，但他的诗歌与小说创作在思想上有着内在的联系，表现了强烈的命运观念。

在英国文学史上，农村题材一直不太受重视，哈代用自己的创作开辟了这一新的领域。哈代的创作以现实主义传统为基础，又有所发展与创新，手法上还带有较明显的自然主义和象征主义成分。比如，其卓越的现实主义描写往往与自然的神秘力量、人物的性格缺陷，尤其是与大量细腻的心理描写和精神分析紧密联系在一起。他笔下的自然风光渗透了强烈的主观情绪，达到了情景交融的境界。正是这些成就，使得哈代成为独树一帜的英国作家。

荐读理由

《还乡》是哈代的“性格和环境小说”中早期的重要作品，是把悲剧运用于小说的最初尝试，并且获得了真正的成功。

小说开篇以苍凉雄浑的笔调描写了“一片苍茫万古如斯”的爱敦荒原，在这萧瑟灰暗的背景上展开了撼人心魄的爱情故事：姚伯太太的儿子克林是久居巴黎的珠宝富商，因厌倦了喧闹的都市生活返回故乡，梦想躲进大自然的怀抱，与淳朴的农人和睦相处。他爱上了乡村姑娘游苔莎。游苔莎厌恶家乡的阴郁荒凉，一心想到大城市去过荣华富贵的生活，她怀着能去巴黎的希望嫁给了克林。不料克林决心留在家乡办启蒙学校，还要当伐木工人，过宁静的乡村生活，这令游苔莎大失所望，愤愤不平之下又暗中和旧日的情人韦狄来往。后克林发觉此事，又得知游苔莎不给前来探望的母亲开门，致使伤心疲惫的母亲在归途中休息时被毒蛇咬死，于是克林愤怒地赶走了游苔莎。游苔莎与韦狄决定夜间私奔去巴黎，结果二人在途中溺水而亡。克林当上了传教士，以此求得精神上的寄托，来抚慰自己难以愈合的创伤。

《还乡》反映了工业资本侵入农村宗法制社会后在爱情婚姻方面引起的种种矛盾，哈代的悲观主义、宿命论和命运无常的思想在这部小说里都有最充分的体现。小说男主人公克林，抱着回归原始的故乡的愿望，但现实却并不如他幻想的那样呈现迷人的和谐与恬静，爱敦荒原上的人已失去“原始”的简单质朴性格，宗法式的田园情景早就一去不复返，资本主义的侵入无可挽回地破坏了它的和谐，甚至自私和势利也与现代城市没有两样。他爱上游苔莎本身就有一厢情愿的美好假设，以为她是美好的田园自然的代表，但游苔莎本质的暴露使他梦想破灭，也代表着对故乡美好印象的破灭。

哈代在女主人公游苔莎身上寄予了自己与时代相悖的宗教观，“崇拜自己”才是哈代的信仰。哈代还认为悲剧是由于人的性格与自然环境的对立造成的，这在游苔莎的生与死的生命旅程中清晰地展现在读者面前。这一思想在其以后的作品如《德伯家的苔丝》中得到更为强烈的阐释。哈代认为拯救人类的希望不在于上帝而在于人和未来。哈代的这一超越时代藩篱的思想和精神使《还乡》及他本人和后来的作品都在 19 世纪后期和 20 世纪大放异彩，令现代的读者赞服并予以接受。

先睹为快

游苔莎·斐伊本是一副天神胚子。她多少做些准备，就能在欧林坡山上做得很好。她那样天性，她那样本能，都很宜于做一个完美的女神；换一种说法，也就是她那样天性和本能，不很能做得了一个完美的女人。假使她能把全世界和全人类都收归在她的掌握，能把纺线竿、纺线锤和大剪刀，都一手自由管领，那时候，世界上很少有人能看出来天道易主，世事变局。那时候，仍旧要有不齐的命运，仍旧要有没完没结的进退维谷，仍旧要徇私情先于讲公道，仍旧要或受眷宠或被谴责，仍旧要祸福无门、忧乐难测，和我们现在的遭际一样。

……

然而她这样天神一样的威仪、爱、气和热情，用在爱敦荒原这种凡间尘世，显然是有些用非其地。她的力量没有法子使得出来，她自己心里很感觉到这一层，因此她的发展，也就入了歧路。爱敦荒原就是她的冥土，自从她来到这儿，虽然她心里永远和它格格不容，但是它那种郁苍惨淡的情调，却叫她濡染吸收了不少。她那种外貌和她那种抑郁的激愤，正互相调和；她的美丽中那种阴幽的辉光，也就是她心里的烈火受了郁结抑制之后真正的外表。她面上的威仪是真正森郁的一派，既不是矫揉造作出来的，也没有勉强不自然的痕迹，因为这种威仪，已经年深日久，和她化为一体了。

……

她最大的愿望，就是把人家迷得神魂颠倒。只有爱情才可以慰藉她的岁月里腐蚀她的那种寂寥。她所渴想的，好像并不是一个特别的爱人，是一种热烈的爱情。

有的时候，她能做出一种极生气的样子来；不过这种样子发作的对象，与其说是人类，不如说是她想象中的某种东西，这些东西之中的首领，就是命运——她老模模糊糊地认为是命运的干涉，所以爱情才只能落到韶华不久的少年身上，她所要得到的那点爱情才要和沙漏里的沙子同归于尽。她越把这层捉摸，就越觉得命运残酷，因此她就有一种一意孤行、不随俗流的趋向，想要不论在什么地方，只要能够做到，就伸手把爱情攫取，至于能继续一年，继续一月，或者继续一时一刻，全都不顾。现在因为她没有得到爱情，所以她虽然歌唱，却不觉得快活；虽然肥甘当前，却得不到滋味；虽然光彩过人，却不自觉得意。她的寂寥，更加深了她的欲望。在爱敦荒原上，顶冷淡顶鄙贱的接吻，都像荒年的谷价一样地贵；并且能够和她相配的双唇，到哪儿找去呢？

延展阅读

作者还有下列精品：

《德伯家的苔丝》

本书是哈代的代表作。小说叙述了贫家女苔丝为生活所迫到一个富户家做工，被少爷亚雷引诱奸污，她回家生子，遭到乡民的鄙视。孩子夭折后，她去一家农场做工，与贵族青年克莱尔相爱。新婚之夜，她将自己的过去告诉了丈夫，不料深受传统习俗和道德束缚的丈夫因无法接受她的过去而抛弃了她。苔丝为了养活家人，不得已做了亚雷的情妇。一年后克莱尔抛弃前嫌来找她，她杀死了毁了她一生的亚雷，最终走向刑场。小说饱含着强烈的激情和深刻的同情，塑造了纯洁真诚、坚强隐忍的“苔丝”这一艺术形象，她悲剧的一生令人扼腕叹息。小说的副标题为“一个纯洁的女人”，用这样的词汇来形容一个婚前失身、后又与人非法同居的杀人犯，无疑是对当时社会伦理道德的大胆抗议和有力嘲弄。

《无名的裘德》

这是哈代创作的最后一部小说，它对社会的批判远较以前的许多小说更为强烈有力。哈代在小说中描写了一个劳动人民出身的青年理想破灭、壮志不遂的悲惨一生。主人公因石匠出身而被理想的学院拒之门外，与真心相爱的人同居而被资产阶级道德法律所不容，生活四处碰壁。后来孩子惨死、爱人离去、事业一事无成的他在失望、潦倒中结束了自己“无名”的一生。在这部小说里，哈代对当时社会制度乃至虚伪的伦理道德进行了凌厉的批判，控诉了英国社会对平民青年精神和肉体的摧残与扼杀。小说出版后遭到猛烈攻击，哈代不得不从此放弃小说创作。

《白痴》

〔俄〕陀思妥耶夫斯基 著

关于作者

如果说列夫·托尔斯泰代表了俄罗斯文学的广度，那么，陀思妥耶夫斯基（1821—1881）则代表了俄罗斯文学的深度。他被认为是俄国文学史上性格最复杂、最矛盾的作家之一，也是19世纪群星璀璨的俄国文坛上一颗耀眼的明星。

1821年，陀思妥耶夫斯基出生在莫斯科的一个医生家庭里。在父亲的庄园中度过了自己的童年，并在那里亲眼目睹了农奴的真实生活。出于对文学的热爱，他在彼得堡军事工程学校的工程部制图局工作一年后，便提出了辞呈，一心从事文学创作。1846年，他的处女作《穷人》一出版即轰动文坛，受到读者的普遍赞扬，文学批评家别林斯基更是将他称为“俄罗斯文学的天才”。然而在1849年，陀思妥耶夫斯基由于牵涉到反对沙皇的革命活动而被判处死刑，在行刑的前一刻才被改判成苦役刑，被流放至偏远而苦寒的西伯利亚。他不得不中断了自己的文学创作，思想也在这一时期发生了巨大的转变。

十年之后，他终于再次回到了彼得堡，文学创作也得以继续。然而在生活上，他却连遭打击。不仅妻子与兄长相继去世，更由于欠下巨额赌债而不得不到欧洲躲避债主。为了还清欠款，他答应出版社在半年之内写出一部长篇小说。这就是后来享誉世界文坛、被称为近代世界推理小说鼻祖的著名代表作《罪与罚》。这部小说强有力地揭露了俄罗斯19世纪60年代令人绝望的社会现状，它为陀思妥耶夫斯基赢得了世界级伟大作家的声誉。

20世纪以来，陀思妥耶夫斯基以他作品中深刻独特的思想以及对人物内心精辟准确的剖析影响了不计其数的读者。其中就包括了鲁迅、卡夫卡等著名作家。在世界文学史上，他与托尔斯泰、屠格涅夫并称为俄罗斯的文学“三巨头”。在谈及他的作品时，日本富有影响力的作家村上春树说道：“陀思妥耶夫斯基以无限爱心刻画出被上帝抛弃的人，在创造上帝的人被上帝所抛弃这种绝对凄惨的自相矛盾之中，他发现了人本身的尊贵。”

荐读理由

“梅什金公爵是基督。”在创作笔记中，陀思妥耶夫斯基这样写道。

梅什金公爵，是《白痴》一书中的男主人公。他自幼便在瑞士的一个农村中养病，长期与一群天真烂漫的孩子一同生活。在他的世界里，没有上流社会的虚伪与庸俗，也没有做作和傲慢。他坦率、纯洁、善良，对世界上的不幸怀有悲悯式的同情。他就像基督一样，希望自己能给世人带来普遍的爱与希望。然而，在远离俄国的异国他乡成长起来的梅什金，没有受过高等教育，也不懂得如何在社交场合与人应酬。因而他也完全不了解造成社会苦难的根本原因。在别人的眼中，他在智力上“完全是一个孩子”，甚至如同白痴一般遭人嘲笑。凡是他好心想要帮助的人，在最后都落入了不幸的结局。

女主人公纳斯塔霞则是书中的一个悲剧性人物。而她的悲剧正是

《白痴》真正的核心和情节的基础。在尔虞我诈、虚情假意的上流社会中，她的美貌早在她 16 岁那年便为她引来了灾难，成为贵族地主托茨基的情欲牺牲品，随后又成为男人们进行无耻交易的工具。在各种阴谋中生活得久了，她逐渐养成了自暴自弃、玩世不恭的态度，而另一方面又在心理上形成了傲慢的优越感，认为自己比周围肮脏的人都更为纯洁。

在纳斯塔霞的生活中，只有梅什金懂得如何珍惜她的美丽。在一次由纳斯塔霞举办的招待会上，充满铜臭味、以金钱至上的罗戈任愿以重金买下她的美色。而在对她的不幸的怜悯冲动下，梅什金也以救世主的姿态向她求婚，这在纳斯塔霞心中掀起了巨大波澜。托茨基曾给她的内心造成了不可弥合的精神创伤，面对纯洁如孩子的梅什金，一方面，她担心自己与他的婚姻将为他带来毁灭性的伤害，而另一方面，她也怀疑梅什金对她的感情不过是出于怜悯和施舍。但如果就此委身于罗戈任，又等同于向金钱的淫威屈服，意味着人格的毁灭与道德的沦丧。

为了报复以叶潘钦将军为首的上流社会，带着不达目的绝不罢休的复仇决心，纳斯塔霞不惜以毁灭自己为代价留在了罗戈任的身边。如果没有梅什金在她的生命中留下的那点爱与善意，她很有可能就将堕落成一个罪恶的灵魂。然而也正是这些爱与善意，使罗戈任明白，虽然纳斯塔霞就在他的身边，却并不真正为他所拥有。在疯狂欲望的支配下，他在嫉妒、恼怒与绝望中亲手杀死了她。

究竟谁是白痴？梅什金希望以爱和温暖感动一个堕落风尘的不幸女子，得到的却是背叛与抛弃。纳斯塔霞本可以选择一个她爱着的也爱着她的男人结婚并过上幸福的生活，却最终在仇恨的遮蔽下亲手放弃了这一切。罗戈任以为用金钱可以买来美与爱，却不知这样的占有并不是真正的爱情。《白痴》所揭露的并不仅仅是那个时代的社会悲剧，更挖掘了人性中最深层的悲哀感与宿命感。

先睹为快

在有的社会阶层里，有时会碰到这种万事通先生，甚至会经常碰到。他们无所不知，无所不晓。他们那整天苦苦钻研的头脑和种种才能，全都不可遏止地用在一个方面。当然，当代的思想家一定会说，这是因为他们缺乏更为重要的生活趣味和见解。不过，所谓“无所不知，无所不晓”这句话，只是指一个非常狭小的范围而言，就是说，某人在什么机关供职，他认识什么人，他有多少财产，在哪一省当过省长，娶什么人为妻，妻子陪送多少嫁妆，他的堂兄弟是谁，表兄弟又是谁，如此等等。这种万事通大都穿着磨破了袖子的衣服，每月领十七卢布的薪俸。被他们打听到全部底细的那些人，当然想不出他们这样做是出于什么动机，不过，他们有许多人都从这种足以和一门完整的学科媲美的知识中得到充分的慰藉，获得了自尊心，甚至精神上也得到了高度满足。这倒真是一门富有魅力的学科。我看到过一些文人学者、诗人和政治家，在这门学科里寻找并找到了极大的乐趣和最高的目的，甚至单单就靠这个而飞黄腾达。

“你喊什么！”纳斯塔霞·菲利波夫娜对他哈哈大笑，“我还是这里的女主人。只要我愿意，还可以把你赶出去。我还没有拿你的钱，那笔钱还在那里放着。你把它拿来，整包拿来！这一包就有十万？呸！真讨厌！你怎么啦，达里娅·阿列克谢耶夫娜？难道真要我去害他？（她指着公爵。）他哪能娶亲，他自己还需要保姆照顾哩。将军就可以给公爵当保姆。你瞧，他老缠着公爵！你瞧，公爵，你的未婚妻拿了别人的钱，因为她是个荡妇，而你却还要娶她！你哭什么？你觉得伤心吗？依我看，你倒是该笑。”纳斯塔霞·菲利波夫娜继续说道，自己的脸上却闪烁着两大颗泪珠，“你得相信时间，一切都会过去的！现在最好是好好考虑一下，免得将来后悔……你们为什么全都哭啦——连卡佳也哭了！卡佳，亲爱的，你怎么啦？我要把许多东西留给你和帕莎，我已经安排好了，现在就再见吧！我过去硬要你这个清白的姑娘来侍候我这个荡妇……这样好些，公爵，这样的确好些，因为你以后会瞧不起我，我们不会幸福的！你不要发誓，我不信！发誓有多么愚蠢！……不，我们不如友好地分手，不然不会有好结果的，因为我自己也是个幻想家！难道我不曾幻想嫁给你这样的人？你说得对，我早就幻想着能这样。我曾孤孤单单地住在乡下，在托茨基家住了五年，那时我就一直想啊想啊，老是梦想会有一个像你这样善良、诚实、美好，还带点傻气的人，突然跑来对我说：'您没有错，纳斯塔霞·菲利波夫娜，我崇拜您！'我有时想得出神，简直都发疯了……不料却来了这么一个人：他每年来住两个月，侮辱我，欺负我，勾引我，让我堕落，然后又走了。我简直有一千次想往池塘里跳，可是我没有出息，缺乏勇气；而现在呢……罗戈任，准备好了吗？"

延展阅读

作者还有下列精品：

《卡拉马佐夫兄弟》

由于书中体现了强烈的奥狄浦斯情结，本书被弗洛伊德评为"史上最伟大的小说"。而卡夫卡亦声称自己深受陀思妥耶夫斯基和《卡拉马佐夫兄弟》的影响。作品通过对卡拉马佐夫家庭内部矛盾关系的描写，为读者展示了19世纪后期俄国资本主义社会的各个阶层的面貌与风气。

《罪与罚》

这部作品的发表标志着陀思妥耶夫斯基艺术风格的成熟，也是使他真正获得世界声誉的第一部作品。小说以俄国城市贫穷而混乱的局面为背景，入木三分地刻画了主人公犯罪前后的心理过程，揭露了在道德的谴责与挣扎中人性软弱而可怜的一面。

《前夜》

〔俄〕屠格涅夫　著

关于作者

屠格涅夫（1818—1883），俄国19世纪杰出的批判现实主义作家、诗人和剧作家。他生于奥廖尔省的世袭贵族之家，母亲的家庭是当时奥廖尔省最大的地主贵族。自1833年起，屠格涅夫先后就读于莫斯科大学、圣彼得堡大学和德国柏林大学。屠格涅夫是19世纪俄国西派知识分子的典型代表，主张废除包括农奴制在内的不平等封建制度，但同时反对使用暴力革命手段改造社会。

屠格涅夫从事文学创作30年，写了大量的作品。尽管他的思想有矛盾，但他的主导倾向是同情人民、热爱祖国、反对专制和农奴制。从19世纪60年代起，屠格涅夫大部分时间在西欧度过，结交了许多著名作家、艺术家，如左拉、莫泊桑、都德、龚古尔等。他参加了在巴黎举行的“国际文学大会”，被选为副主席（主席为维克多·雨果）。屠格涅夫对俄国文学和欧洲文学的沟通交流起到了桥梁作用。他在创作上遵奉现实主义原则。他说：“正确有力地再创造真实，再创造生活的真实，是做文学家的最大幸福，即使这个真实跟他个人的感情不能一致。”因此许多西欧文学界人士都把屠格涅夫看做“现实主义派的领袖之一”，以致福楼拜、乔治·桑、莫泊桑等人都把他称作自己的老师。

屠格涅夫是一位有独特艺术风格的作家，他既擅长细腻的心理描写，又长于抒情。长篇小说以生动的艺术形象敏锐地反映出社会生活发展的新动向，被誉为19世纪40至60年代俄国的“社会编年史”。他的小说结构严整，情节紧凑，人物形象生动，尤其善于细致雕琢女性艺术形象，而他对旖旎的大自然风光的描写也充满诗情画意，作品充满诗意的氛围和淡淡的哀愁，给人无尽回味，他本人被称为“小说家中的小说家”。

另外，屠格涅夫的散文诗也非常优美而深刻，他晚年侨居国外，写了很多沉静短小的散文诗，如《麻雀》《当我去世的时候》《狗》等，皆是经典的篇章。

他的创作是俄国文学中一份极为珍贵的文学遗产，他也是最早受到欧美重视的俄国作家之一。

荐读理由

《前夜》是屠格涅夫写于1860年的一部有重大意义的长篇小说。当时，正处于俄国农奴制改革的“前夜”，社会的变革急需新型的英雄人物。屠格涅夫敏锐地意识到这一点，写出这部小说，使这类“新人”闪亮登场。小说描绘了以青年知识分子精神生活为轴心的俄国社会生活图画。在《前夜》之前，还没有一部俄国长篇小说这样迅速而及时地反映过现实事件。小说通过女主人公追求爱情的故事，表现了作者的政治敏感和在社会体验中把握时代本质的能力。

屠格涅夫非常善于塑造理想化的女性形象，而该作品中的叶连娜是“屠格涅夫式少女”系列中最为高尚、圣洁和最富有革命精神的典型。她出身贵族家庭，热情奔放，聪明果敢，富有理想。她清醒地比较了追求她的两个贵族青年，认为他们都不是她想要的归宿。而当她遇到出身平民的保加利亚革命青年英沙罗夫时，她为他的坚强意志和爱国热情倾倒，果断大胆地追随他而去。丈夫去世后，她把丈夫的祖国作为自己的祖国，在那里做起义军的志愿看护，继续丈夫未竟的事业。屠格涅夫通过叶连娜这一形象，表达了当时俄国妇女追求解放的要求，概括了当时前往塞瓦斯托波尔担任志愿看护的贵族妇女的忘我精神。叶连娜同贵族环境的脱离，表明俄国进步的贵族青年转向了社会民主力量。作者从当时的社会现实中概括出这个典型，并使之与改革“前夜”联系起来，因而，叶连娜形象就更富有现实意义了。

英沙罗夫和叶连娜的爱情是超凡脱俗的，他们结合的基础不是金钱、相貌、门第，甚至不是个性与情趣，而是共同的价值观和高尚的信仰。这样的人物定位和性格描写，很好地契合了时代的要求，使读者心中充满激情和美好的向往，符合当时人们的期待和时代的情绪。他们的出现，正如杜勃罗留波夫在《真正的白天何时到来?》一文中所说的，反映了当时俄国社会“那种几乎不自觉的，但是不可克服的对新人物和新生活的要求”。

此外，鲜明独特的个性刻画、含蓄细致的心理描写与准确而富于哲理和诗意的风景描绘相结合，使这部作品在富于丰厚内涵的同时，有着巨大的艺术冲击力。

先睹为快

当时，叶连娜回到自己房间，坐在一个敞开的窗户前，两只手托着头。每天晚上，都要在自己房间里凭窗坐上约莫一刻钟时光，这已经成了她的一种习惯。在这个时间里，她自己默默地自省着，对已经逝去的一天回顾认识一遍。她不久前才刚满19周岁。她身材修长，脸色苍白而带黝黑，一对灰色的大眼睛在弯弯眉毛下闪亮，眼睛周围有一些很小的雀斑，前额和鼻子都十分端正，双唇紧闭着，下颏相当瘦削。她那条深褐色的发辫，低垂在秀美的脖子上。她整个人，她脸上那专注而又有些胆怯的神态，那明亮而变化莫测的目光，那好像有点儿强作的微笑，那低低的、快慢不定的声音，都有一种焦躁不安而又使人激动的东西，一种易于冲动而又性急的，总而言之是那么一种为大家不可能都喜欢，甚至使一些人产生反感的东西。她那双手纤细、绯红，长长的手指，脚也一样纤小；她走路步履轻捷，身子稍微向前倾，动作几乎非常迅速地往前走。她的成长令人觉得惊奇；起初，她非常爱父亲，后来却依依不舍地热爱着母亲，接着对双亲都变得冷淡起来，尤其是对父亲。近来，她对待母亲，就像对待有病的祖母似的；而当她小时候被公认为是个不同寻常的孩子，曾以她引为骄傲的父亲，当她长大成人以后，他就开始怕她了，而且在谈到她时说，她有点儿像一个热烈的共和政体的拥护者，天晓得她像个什么人啊！软弱使她愤懑，愚昧叫她生气，对虚伪，她则“永远永远地”不能宽恕。她的要求，不管碰到什么，都不会让步，就是在祷告的时候，她也不止一次地会想到人生的教训。

我亲爱的父母亲，我跟你们永远分别了。你们将再不能见到我了。昨天德米特里去世了。对我来说一切都结束了，今天我带着他的遗体动身前往萨拉。我将安葬他，至于我将会碰到什么，我不知道。可是现在，除了德的祖国，我已经没有别的祖国了。那里正在准备起义，人们正在准备打仗，我要去做一个看护，我将去照料病人和伤员。我不知道我将会碰到什么，可是在德死去以后，我也依然要忠于他的遗志，忠于他毕生的事业。我已经学会了讲保加利亚语和塞尔维亚语。也许，我将忍受不了这一切——那就更好。我已经被领到了深渊的边缘，我应该掉下去。难怪命运已经把我们连接在一起。谁知道呢？也许是我害死了他，现在，轮到他来把我带走了。我寻求过幸福——可是，我将寻求到的，也许是死亡。看来，命该如此；看来，我是有罪的……可是，死将会把一切都和解和掩盖起来——不是这样吗？请你们原谅我，原谅我曾使你们遭受种种痛苦；这本来不是我的心愿。而回俄国去——去干什么？在俄国能做什么呢？

请接受我最后的亲吻和祝福，并请不要责备我吧。

延展阅读

作者还有下列精品：

《猎人笔记》

本书是屠格涅夫的成名作。以一个猎人在狩猎时的见闻录形式出现，包括25个短篇故事，塑造了从农奴到地主等众多人物形象。全书有统一的主题，即对封建农奴制度的揭露和抗议，显示了作者的人道主义和民主主义的思想倾向。作品中对大自然富有诗意的描写和叙述中的抒情笔调，增添了它的艺术魅力。小说出版后，引起俄国文坛的轰动，有的进步舆论称它是射向俄国社会生活的灾难——农奴制度的“一阵猛烈的炮火”，是“一部点燃火种的书”。

《父与子》

本书是屠格涅夫的代表作，带有鲜明的时代色彩。通过描写父辈与子辈之间冲突的主题，反映了农奴制改革前夕民主主义阵营和自由主义阵营之间的尖锐的思想斗争。主人公巴扎洛夫与《前夜》中的英沙罗夫都是俄国文学中最早的平民出身、具有理想主义和献身精神的“新人”形象。

《战争与和平》

〔俄〕列夫·托尔斯泰　著

关于作者

作为19世纪俄国批判现实主义文学的杰出代表，托尔斯泰(1828—1910)在长达半个多世纪的文学活动中创作了许多杰出的作品，他的创作将俄国现实主义文学推向了最高峰，对人类文化发展作出了巨大的贡献。

托尔斯泰出身贵族家庭，1844年进喀山大学学习，受卢梭、伏尔泰等法国启蒙思想家的影响，对沙皇专制主义和农奴制不满，1847年退学，在自己的庄园尝试缓解农民与地主关系的改革。1851年服兵役，参加了克里米亚战争，军务之余开始了文学创作。1863年，他开始创作长篇小说《战争与和平》，1869年完成。这段时期正是俄国社会急剧变革的时期，托尔斯泰思想也不断发生变化，他彻底地与贵族阶级决裂，站到了宗法制农民的立场上。1877年写成第二部长篇小说《安娜·卡列尼娜》，主要反映农奴制改革后俄国社会的矛盾。1881年至1901年间，他迁居莫斯科，参与了一系列社会活动，加深了对俄国社会矛盾的认识。1899年他完成了第三部长篇小说《复活》。晚年的托尔斯泰思想更加深刻，批判锋芒更加尖锐。他在家过简朴的生活，禁酒禁肉，穿粗布衣服，下地劳作，并一再宣布要放弃私有财产和贵族特权，为此与家庭的矛盾不断激化。1910年一个冬天的夜晚，82岁高龄的托尔斯泰离家出走，不幸在半途中得了肺炎，去世于阿斯塔波乡村车站。托尔斯泰的死讯引起世界关注，连沙皇、杜马和内阁也为俄罗斯失去这位最伟大的作家而表示哀悼。

托尔斯泰的艺术博大精深，影响深远。他的文学传统不仅通过高尔基而为苏联作家所批判地继承和发展，而且在世界文学中也有巨大影响。从19世纪60年代起，他的作品开始在英、德等国翻译出版。70至80年代，托尔斯泰以《战争与和平》的法译本出版而获得国际上一流作家的声誉，成为当时欧美“俄国热”的主要对象。80至90年代，法、英等国最早论述他的评论家都承认他的现实主义创作对自己国家文学的振兴作用。在19世纪末至20世纪初成长的进步作家罗曼·罗兰、托马斯·曼、萧伯纳、高尔斯华绥以及其他欧美作家和亚洲作家都受到他的熏陶。

托尔斯泰擅长细腻的心理描写，善于表现思想感情的产生和发展过程，使人物形象极为生动逼真，被称为“心灵的辩证法”。托尔斯泰还扩大了艺术的表现领域，反映了广泛的社会面和丰富的生活内容，他的作品成为反映1861年至1905年这一时期俄国社会的一面镜子。

荐读理由

《战争与和平》是部卷帙浩繁的长篇小说，长达4卷，百万余字。场面浩大，人物繁多，成就非凡。

《战争与和平》以1812年俄国卫国战争为中心，以包尔康斯基、别祖霍夫、罗斯托夫和库拉金四大贵族家族在战争与和平年代里的生活为情节线索，反映了1805年至1820年的重大历史事件。小说再现了俄奥联军和法军在奥斯特里茨会战、法军入侵俄国、波罗金诺会战、莫斯科大火、法军溃退等事件，广阔地展现了前后20年间俄国社会生活的宏大画面。在描写战争烽火的同时，也对比了宫廷贵族的淫靡、醉生梦死、心灵空虚和田庄贵族的质朴、坦诚、热爱祖国。前者以库拉金家族为代表，后者以罗斯托夫、包尔康斯基、别祖霍夫家族为代表。彼埃尔·别祖霍夫、安德烈·包尔康斯基以及娜塔莎·罗斯托夫是小说的三个中心人物，也是作者喜欢的正面形象，他们富有生气，满腔热情，是在人民力量感召下精神上得到成长的进步贵族知识分子的形象，是托尔斯泰心中开拓民族前途、开创未来命运的"光荣的人们"。

无论从结构还是从内容来看，《战争与和平》都堪称伟大的史诗性杰作。作者以雄浑的笔力、昂扬壮阔的审美追求，在纵横驰骋、大开大合的谋篇布局中真实地再现了近代俄国史上攸关民族命运的重大事件，并从历史与现实相汇合的深层结构上揭示了俄罗斯民族的整体精神和内在气质。屠格涅夫赞叹说："这是伟大作家的伟大作品——这是真正的俄罗斯。"而点面结合的艺术构思使这部巨著既有宏观的雄伟壮丽，又富于微观的丰满真实；全书塑造了约600个各国各阶层的人物形象，这些人物形象在纷纭多变的生活场景中栩栩如生；写实、抒情、议论三者结合，使这部历史题材的史诗性作品更增添了特有的艺术价值，其中富有哲理性的语句也层出不穷。

罗曼·罗兰说："《战争与和平》是我们时代的最伟大的史诗，是近代的《伊利亚特》。整个世界的无数人物与热情在其中跃动。在波涛汹涌的人间，矗立着一颗最高贵的灵魂，宁静地鼓动着并震撼着狂风暴雨。"

先睹为快

一八〇九年春，安德烈公爵去看他儿子的锐阿桑田庄，他是他儿子的监护人。

他坐在篷车里，被春天的太阳晒得发暖，望着初生的草，初出的桦树叶，和飘浮在明亮蓝空中的初春的白云朵。他没有想到任何事情，却愉快地茫然地望着两边。

他们过了渡，一年前他曾经在这里同彼埃尔谈过话。他们走过泥泞的村庄、打谷场、冬麦的绿畴，经过桥旁有积雪的下坡，经过被水冲走泥土的上坡，经过有残株的、有几处长着发绿的矮树的田地，走进了道路所穿过的桦树林里。树林里几乎是很热了，没有一点儿风。桦树，长出绿色的、粘汁的叶子，动也不动，绿色的新草和淡紫色的花朵从上年的落叶下边伸出来，并且将它们掀起。散布在桦树间的小枞树，由于它的难看的常绿的颜色，还显出了令人不愉快的冬天情调。

安德烈公爵想："真的，一切都已经发青了……多么早呵！桦树、野樱桃树、赤杨已经发芽了……但我还没有看见橡树。哦，橡树在这里！"

路旁有一棵橡树。它大概比树林里的桦树老九倍，大九倍，高一倍。这是一棵巨大的、两人合抱的橡树，有些树枝显然折断了很久，破裂的树皮上带着一些老伤痕。它像一个老迈的、粗暴的、傲慢的怪物，站在带笑的桦树之间，伸开着巨大的、丑陋的、不对称的、有瘤的手臂和手指。只有这棵橡树，他不愿受春天的蛊惑，不愿看见春天和太阳。

"春天，爱情，幸福！"似乎这棵橡树在说，"您还不讨厌那老是不变的、愚蠢的、无意义的欺骗吗？老是一样，全是欺骗！没有春天，没有太阳，没有幸福！看吧，那里的被摧残的、总是一样的、死气沉沉的枞树，看吧，我伸出我的折断的、破碎的手指，从它们长出的地方——从后边，从旁边——伸出来；因为它们长出来了——所以我也站着，我不相信您的希望和欺骗。"

安德烈公爵经过树林时，向这棵橡树回顾了好几次，好像是对它期待着什么。在橡树下边也有花草，但它仍然皱着眉，不动地、丑陋地、固执地站在它们当中。

“是的，它是对的，这棵橡树是一千次对的，”安德烈公爵想，“让别的年轻的人们重新受到这个欺骗，但我们认识生活——我们的生活完结了！”一整串新的、与这棵橡树有关的、绝望的，但悲哀而又愉快的思想，在安德烈公爵的心中出现了。在这次旅行的时候，他似乎重新考虑了他的全部生活，并且达到了和从前一样的又是安慰的又是绝望的结论，就是他无须开始做任何事情，他应该过完他自己的一生，不做坏事，不忧虑，也不作任何希望。

《安娜·卡列尼娜》

〔俄〕列夫·托尔斯泰 著

关于作者

见《战争与和平》之“关于作者”。

荐读理由

《安娜·卡列尼娜》是托尔斯泰创作的第二部长篇小说。“幸福的家庭都是相似的，不幸的家庭则各有各的不幸。”这句开场白已成为经典名句。这部小说关心的是家庭的题材，以安娜·卡列尼娜等人的婚姻爱情为中心，但又与时代的矛盾、社会生活的激流密切联系。作品写于 19 世纪 70 年代，这正是俄国社会发生重大变动的时期，一方面俄国充满农奴制度的残余，另一方面资本主义关系正在迅速发展。剧烈的动荡反映到了俄国经济生活、政治生活和家庭生活等领域中，作品反映的便是新旧交替时期俄国错综复杂的社会生活。

主人公安娜是一个竭力争取个性解放和爱情权利的贵族妇女，她有丰富深刻的精神世界、强烈真挚的感情和获得爱情幸福的渴望。她不能容忍毫无生气、过于理性化而生命意识匮乏的丈夫，因此成为贵族公子渥伦斯基的情人。她冲破贵族上流社会舆论的压制，义无反顾地追求自己的生活。失去一切的她把希望寄托在情人身上，但情人对她那近乎苛刻的要求越来越反感，爱的热情衰退。安娜最终卧轨自杀。

作品在安娜爱情悲剧的线索外，另设一条安娜丈夫进行农事改革失败的线索。前一条线索揭露了城市贵族资产阶级上流社会的冷酷、虚伪和对人的健康感情、美好品质的压抑和摧残；后一条线索揭示了宗法制农村旧基础的崩溃，资本主义入侵及建立在宗法制基础上的“改革”必然失败的趋势。两条交织在一起互相对照的线索，深刻反映了19世纪70年代俄国急剧变化的社会面貌及这种变化对政治、哲学、家庭、婚姻乃至人民的道德面貌、思想情绪等方面的影响。

托尔斯泰在作品中特别注重人物内心世界的挖掘，特别关注心理活动过程本身的形态和规律，通过“心灵辩证法”反映人的性格思想的变化。小说对安娜的心理活动的描写，侧重于展示其情感与心理矛盾的多重性和复杂性，她一方面对丈夫感到厌恶，另一方面又为自己的背叛而产生负罪感；一方面憎恨伪善的上层社会，另一方面又留恋依赖优越的生活。她内心的爱与恨、希望与失望、信任与猜疑、坚定与软弱等矛盾而复杂的情感，交织上演，使这一形象富有无穷的艺术感染力。

《安娜·卡列尼娜》是备受推崇的经典作品。俄国大作家陀思妥耶夫斯基说它是“一部尽善尽美的艺术作品，现代欧洲文学中没有一部作品能和它相比”。美国作家海明威把它作为学习的范文推荐给青年作家。美国、英国多次把它拍成电影和电视剧，其艺术魅力至今不衰。

先睹为快

渥伦斯基跟着乘务员向客车走去，在车厢的门口他突然停住脚步，给一位正走下车的妇人让开路。

凭着社交界人的眼力，瞥了一瞥这位妇人的风姿，渥伦斯基就辨别出她是属于上流社会的。他道了声歉，就走进车厢去，但是感到他非得再看她一眼不可；这并不是因为她非常美丽，也不是因为她全部姿态上所显露出来的端庄和温雅，而是因为在她走过他身边时她迷人的脸上的表情带着几分特别的柔情蜜意。当他回过头来看的时候，她也掉过头来了。她那双在浓密的睫毛下面显得阴暗了的闪耀着的灰色眼睛亲切而注意地盯在他的脸上，好像她在辨认他一样，随后又立刻转向走过的人群，像是在寻找什么人似的。在那短促的一瞥中，渥伦斯基已经注意到了有一股被压抑的生气在她的脸上流露，在她那亮晶晶的眼睛和把她的朱唇弄弯曲了的轻微的笑容之间掠过。仿佛有一种过剩的生命力洋溢在她的全身心，违反她的意志，时而在她的眼睛的闪光里，时而在她的微笑中显现出来。她故意地竭力隐藏住她眼睛的光辉，但它却违反她的意志在隐约可辨的微笑里闪烁着。

渥伦斯基走进车厢。他的母亲，一位长着黑眼睛和卷发的衰弱的老太太，眯缝着眼睛，打量着她的儿子，她那薄薄的嘴唇泛着微笑。她从座位上站起，把手提皮包递给她的使女，伸出她的小小的布满皱纹的手给她儿子去吻，随后扶起他的头来，在他面颊上吻着。

“你接到我的电报吗？你好吧？感谢上帝。”

“你一路平安吧？”她儿子说，在她旁边坐下，不由自主地倾听着门外一个女人的声音。他知道这是他在门边遇见的那位妇人的声音。

“我还是不同意您，”那妇人说，“不是彼得堡式的，只是女人家的见解罢了。”她回答。

“哦哦，让我吻吻您的手。”

“再见，伊凡·彼得诺维奇。您能不能去看看我的哥哥在不在，叫他到我这里来。”那妇人在门边说，又走进车厢来。

“哦，你找到了你的哥哥吗?”渥伦斯基伯爵夫人向那妇人说。

渥伦斯基这时才明白这就是卡列宁夫人。

“令兄来了。”他立起身来说。“失礼得很，我刚才不知道是你，而且，我们相交是这样浅，”渥伦斯基鞠着躬，“你一定记不起我来了吧。”

“呵，不，”她说，“我应当认识你的，因为令堂和我一路上都只在谈你。”当她说话的时候，她终于让那股压抑不住的生气流露在她的微笑里。“还没有看到我哥哥。”

“去叫他，亚历克赛。”老伯爵夫人说。

渥伦斯基出去走到月台上，叫着：

“奥布朗斯基！到这里来!”

卡列宁夫人可并不是等待她的哥哥，一看到他，她就迈着她那轻盈的、坚定的步伐走下车去。她的哥哥一走近她，她就用左臂搂住他的颈子，那动作的果断和娴雅使渥伦斯基为之惊异。安娜于是迅速地把她哥哥拉到面前，热烈地和他接吻。渥伦斯基凝视着，眼睛没有离开她，一直微笑着，他也说不出为什么来。

《复活》

〔俄〕列夫·托尔斯泰　著

关于作者

见《战争与和平》之“关于作者”。

荐读理由

《复活》是托尔斯泰晚年最有成就的一部长篇小说，是他晚年思想与艺术探索的结晶。托尔斯泰曾用十年之久的时间六易其稿，因此无论在篇章结构、表现手法、语言运用上，《复活》都达到了批判现实主义艺术成就的高峰。

《复活》是以一个真实的案件为基础构思而成的小说，表现了主人公的“心灵净化”过程。小说的主人公、贵族青年聂赫留朵夫公爵在法庭上做陪审员时，看到了卡秋莎·玛丝洛娃，认出了她正是十年前被他诱奸后遗弃的平民少女，现在堕落为妓女，并成了谋财害命的嫌疑犯。他良心发现，决心赎罪，为她平冤。他为她四处奔走，并准备放弃贵族阶级的一切特权，和她结婚，来弥补自己的罪过。上诉失败以后，他又陪同犯人的队伍前往西伯利亚。在流放途中，玛丝洛娃被聂赫留朵夫的忏悔和赎罪所感动，改掉了自己的一些恶习，走上了“新生”的道路。但她不愿为了自己而毁了聂赫留朵夫的生活，于是同另一个犯人——革命者西蒙松结合。她的“宽恕”精神使她达到了灵魂的“复活”。最后，聂赫留朵夫也在基督教的《福音书》中找到了拯救人类的良方。

在这部作品中，托尔斯泰以卓越的艺术才能，把广阔的社会画面展示在读者面前，猛烈地抨击了沙皇专制制度。聂赫留朵夫在为玛丝洛娃翻案奔走的过程中，接触了社会上上下下的人和事，看清了俄国社会腐败黑暗的现实。从法庭到监狱，从城市到乡村，从首都到外省，从政府衙门到省长官邸，从贵族厅堂到农民茅舍，从剧院包厢到三等客车车厢，他看到执法机关昏庸无耻，官僚集团残忍冷酷、昏聩腐败，法律和教会虚伪伪善，贵族地主浮华奢侈，农村凋敝。这一切都深刻反映了俄国由封建社会向资本主义社会过渡时期的社会矛盾，指出了那个时代最迫切重大的社会问题。

另一方面，托尔斯泰通过男女主人公精神复活的过程，传达了自己为社会新生而探索的“托尔斯泰主义”，即不以暴力抵抗，而通过道德自我完善摆脱罪恶，这是他晚年世界观的基本精神。翻开这本书，人们会为人类美好感情的复活而感动。

先睹为快

犯人讲完话以后，轮到法庭向陪审员提出问题了。提问题的方式，经双方稍稍辩论一阵，才得到解决。最后，问题总算拟好了，庭长开始概括地叙述这个案子。

……

虽然他自己急着要赶快了结这案子，虽然他知道他的瑞士姑娘在等候他，可是他已经干惯他的差使，讲开了头，就停不下来了，他详详细细地讲下去，开导陪审员们：要是他们认为犯人有罪，他们有权利判他们有罪；要是他们认为犯人没罪，他们也有权利判他们没罪；要是他们认为犯人犯了这项罪，没犯那项罪，他们也可以判他们犯了这项罪，没犯那项罪。其次，他说明：虽然这种权利已经交托给他们，不过他们应该凭着理性来行使。他原想补充说明：要是他们对任何一个向他们提出的问题给了肯定的答复，那他们就是同意了那问题里所包括的一切部分；要是他们不愿意同意那问题里所包括的一切部分，那他们应该说明他们希望剔除那问题中的哪一部分。可是他看一看表，已经差五分就要到三点钟了，他就决意相信他们足够聪明，这层道理用不着他多讲，他们也会明白。

"案情是这样的。"庭长开始了，把律师们、副检察官、证人们已经讲过好几回的话，原原本本又说了一遍。

庭长讲着，坐在他两旁的法官们带着聚精会神的神情听下去，不过时不时地看一看表，因为他们认为这篇演说虽然很好（那是说，很得体），可是未免太长了。事实上，从副检察官到最后一个办这案子的人都有这样的感想，更不要说别的在法庭上听审的人了。最后，庭长总算把这案子概括地叙述完了。

现在，看样子，所有的话已经说完，再也没有可说的了，可是不然，庭长还不能放弃他讲话的权利。他讲话的那种委婉动人的口气，他自己听得很受用，因此不愿意止住口，认为关于交托陪审员的那种权利的重要性还得再补充几句才行：他们应该怎样小心地运用那种权利，他们怎样不应该滥用那种权利，还提醒他们说，他们已经宣了誓，他们是社会的良心，会议室里的秘密应该看得神圣，不可泄漏出去，等等。

从庭长开始说话的那时候起，玛丝洛娃，仿佛生怕听漏一个字似的，眼睛一刻也不离开他；因此聂赫留朵夫不必担心会遇到她的眼光，倒可以时时刻刻瞧着她了。他的心境正在经历着一连串习常遇到的变化：先是，一张自己所爱过的、多年不见的脸，由于分别期间所发生的外部的变化，使人吃惊了；随后，那张脸，渐渐地，越来越像旧日的那张脸，时间所造成的变化好像消失了；于是在“精神的眼睛”前面，浮现了那个独一无二、与众不同的精神的人所特有的神情。

这一切，正在掠过聂赫留朵夫的心。

对了，不管囚大衣也好，发育成熟的体态也好，丰满的胸脯也好，下半个脸变得肥胖也好，前额和两鬓生了些皱纹也好，眼睛变得浮肿也好，都不能掩盖真相。这人的确就是卡秋莎，的确就是在那个复活节的夜晚，那么纯洁地举起眼睛来瞧着自己所爱的人，温柔含笑的眼睛里充满快乐和生命的卡秋莎。

“多么奇怪的巧事啊：十年没看见她，不料今天审这么一个案子，我呢，做陪审员，却看见她站在犯人席上！这一切究竟会怎样结束啊？唉，只求快点审完才好！”

《追忆似水年华》

〔法〕马塞尔·普鲁斯特　著

关于作者

马塞尔·普鲁斯特（1871—1922）是西方现代文学的先驱者，作为意识流小说流派的开山鼻祖而在世界文学史上留名。他 1913 年出版的《追忆似水年华》第一部《在斯万家那边》标志着意识流小说的诞生。

马塞尔·普鲁斯特 1871 年出生于法国巴黎一个富裕家庭，父亲是名医，母亲是犹太人。9 岁时患上哮喘病，肉体终生受苦，不能任性玩耍，不能过分焦虑，后来他完全退出了社交界，深居简出。就连平时也都几乎是一直用毛毯把自己围在床上。这种疾病状态和封闭状态导致了他的写作状态和表述形式，那就是一种不受外界干扰的超越现实痛苦的表达。他感兴趣的是以艺术的形式展现自己的内心世界和对生活的种种感受，认为这才是无形的时空中的真实存在。他的作品中回忆、联想占据了大部分，往事重现是他的经典写作手法。

普鲁斯特从中学时开始写诗，并为报纸写专栏文章。后来钻研修辞和哲学，对柏格森直觉主义的潜意识理论进行研究，尝试将其运用到小说创作中，可以说柏格森、弗洛伊德成了他一生文艺创作的导师。他从1905年开始《追忆似水年华》第一部的写作，但直到1919年小说第二部《在少女们身旁》出版并获龚古尔文学奖后，作者才因此成名。他把毕生精力都投入到这部作品的创作与修改之中。1922年，他终于完成了他倾注多年心血的杰作，在病中死去。

1984年6月，法国《读书》杂志第105期根据欧洲五个国家的报刊所收集的资料综合统计，公布了法国、西班牙、联邦德国、英国、意大利五国报刊据读者评选的“欧洲十名最伟大作家”，普鲁斯特仅次于莎士比亚、歌德、塞万提斯、但丁、卡夫卡，名列第六，在法国作家中名列第一位。

荐读理由

马塞尔·普鲁斯特是以他的代表作《追忆似水年华》确立他在世界文学史上的地位的。这部小说以其对心灵追索的出色的描写和卓越的意识流技巧而风靡世界，被称为“现代派文学的先导”“意识流小说的开山之作”。

《追忆似水年华》共7部，15卷，其中包括《在斯万家那边》《在少女们身旁》《盖尔芒特家那边》《索多姆与戈摩尔》《女囚》《女逃亡者》和《重现的时光》，其中后三部是在作者死后出版的。

小说主要取材于作者的早年生活经历，具有浓厚的自传色彩。小说的主人公“我”是一个家境富裕而又体弱多病的青年，他在孩童时代就爱上了篱笆后面的小姑娘希尔贝特·斯万，继而又迷恋上盖尔芒特公爵夫人，后来与阿尔贝蒂娜同居，而阿尔贝蒂娜是个同性恋者，逃出家门不辞而别，并在一次意外事故中死亡。他进出一个个贵族沙龙，与一个个少女交往，试图从她们身上找到阿尔贝蒂娜的身影，但都未能如愿。在悲痛中他认识到自己的禀赋是写作，他所经历的悲欢苦乐正是文学创作的材料，只有文学创作才能把昔日失去的东西找回来。

小说通过个人对青春的无限怀念与追忆，通过描写三个阶层即贵族、大资产者、普通劳动人民的不同生活，用第一人称的口吻展现了人生的悲欢离合，有童年的回忆、家庭生活、初恋与失恋、历史事件的观察以及对艺术的见解和对时空的认识等，展示了一幅 20 世纪初巴黎社会的广阔画面。这部作品气魄宏伟，时间纵跨 80 年，人物众多。但是这一切皆为主人公的主观感受而存在，组成了一个独特的精神生活的世界。作品淡化历史条件、社会事件，不做从旁描述。主人公的回忆并非按年代顺序，而是自由联想，带有很大的随意性和跳跃性，叙述方法突兀多变。许多情节、事件交织在一起，然而这并非支离破碎的回忆片断，而是主人公严整的意识流程。整部作品仍给我们结构缜密、布局严谨的感觉。

作品中议论、联想占了很大篇幅，作家把笔墨着重于人物内心世界的探索，过去的感性经验是作者想要表达的主题，只有通过回忆，生活才有真正的意义，人才有存在的价值。

《追忆似水年华》行文平缓而舒徐，作者用其柔韧得近乎极致的写作功力精雕细刻人类的心理世界，用四五千字的篇幅细细地描摹一个人踏上一级一边高一边低的台阶引起的心灵世界那些微妙的变奏曲，甚至把吃一块小甜点的感受也能写得淋漓尽致，极耐咀嚼和回味。但也因其那种漫长的风雅、细致的繁复、“把一根头发劈成四根”的文风而被大众视为阳春白雪，敬而远之。但生活之美，根本上在于有一双慧眼，去发现轻微盎然的人生体验。

法国当代著名评论家布吕奈尔在《20 世纪法国文学史》一书中高度评价了这部巨著在法国文学史上的地位：“普鲁斯特只写了一部独一无二的作品——一本必不可少的作品，唯一真正的作品——它区别于所有的流派，独树一帜。”英国文学批评家西 · 康诺利和安 · 伯吉斯在《现代主义代表作 100 种 · 现代小说佳作 99 种提要》中提到普鲁斯特时说，“《追忆似水年华》是一百年间只出现一次的作品”。

先睹为快

在很长一段时期里，我都是早早就躺下了。有时候，蜡烛才灭，我的眼皮儿随即合上，都来不及咕哝一句："我要睡着了。"半小时之后，我才想到应该睡觉；这一想，我反倒清醒过来。我打算把自以为还捏在手里的书放好，吹灭灯火。睡着的那会儿，我一直在思考刚才读的那本书，只是思路有点特别；我总觉得书里说的事儿，什么教堂呀，四重奏呀，弗朗索瓦一世和查理五世争强斗胜呀，全都同我直接有关。这种念头直到我醒来之后还延续了好几秒钟；它倒与我的理性不很相悖，只是像眼罩似的蒙住我的眼睛，使我一时觉察不到烛火早已熄灭。后来，它开始变得令人费解，好像是上一辈子的思想，经过还魂转世来到我的面前，于是书里的内容同我脱节，愿不愿意再挂上钩，全凭我自己决定；这一来，我的视力得到恢复，我惊讶地发现周围原来漆黑一片，这黑暗固然使我的眼睛十分受用，但也许更使我的心情感到亲切而安详；它简直像是没有来由、莫名其妙的东西，名副其实地让人摸不到头脑。我不知道那时几点钟了；我听到火车鸣笛的声音，忽远忽近，就像林中鸟儿的啭鸣，标明距离的远近。汽笛声中，我仿佛看到一片空旷的田野，匆匆的旅人赶往附近的车站；他走过的小路将在他的心头留下难以磨灭的回忆，因为陌生的环境，不寻常的行止，不久前的交谈，以及在这静谧之夜仍萦绕在他耳畔的异乡灯下的话别，还有回家后即将享受到的温暖，这一切使他心绪激荡。

……可是有一年冬天，我回到家里，母亲见我冷成那样，便劝我喝点茶暖暖身子。而我平时是不喝茶的，所以我先说不喝，后来不知怎么又改变了主意。母亲差人拿来一块点心，是那种又矮又胖名叫"小玛德莱娜"的点心，看来像是用扇贝壳那样的点心模子做的。那天天色阴沉，而且第二天也不见得会晴朗，我的心情很压抑，无意中舀了一勺茶送到嘴边。起先我已掰了一块“小玛德莱娜”放进茶水准备泡软后食用。带着点心渣的那一勺茶碰到我的上腭，顿时使我浑身一震，我注意到我身上发生了非同小可的变化。一种舒坦的快感传遍全身，我感到超凡脱俗，却不知出自何因。我只觉得人生一世，荣辱得失都清淡如水，背时遭劫亦无甚大碍，所谓人生短促，不过是一时幻觉；那情形好比恋爱发生的作用，它以一种可贵的精神充实了我。也许，这感觉并非来自外界，它本来就是我自己。我不再感到平庸、猥琐、凡俗。这股强烈的快感是从哪里涌出来的？我感到它同茶水和点心的滋味有关，但它又远远超出滋味，肯定同味觉的性质不一样。那么，它从何而来？又意味着什么？哪里才能领受到它？我喝第二口时感觉比第一口要淡薄，第三口比第二口更微乎其微。该到此为止了，饮茶的功效看来每况愈下。显然我所追求的真实并不在于茶水之中，而在于我的内心。茶味唤醒了我心中的真实，但并不认识它，所以只能泛泛地重复几次，而且其力道一次比一次减弱。我无法说清这种感觉究竟证明什么，但是我只求能够让它再次出现，原封不动地供我受用，使我最终彻悟。我放下茶杯，转向我的内心。只有我的心才能发现事实真相。可是如何寻找？我毫无把握，总觉得心力不逮；这颗心既是探索者，又是它应该探索的场地，而它使尽全身解数都将无济于事。探索吗？又不仅仅是探索：还得创造。这颗心灵面临着某些还不存在的东西，只有它才能使这些东西成为现实，并把它们引进光明中来。

延展阅读

《墙上的斑点》

这是英国小说家维吉尼亚·伍尔夫写的一篇意识流短篇小说，属于意识流小说的早期代表作。整部作品用自由联想的手法写成。小说写了女主人坐在沙发上看到墙上有个黑色的斑点，由此引发丰富的联想：它究竟是什么？是凸出的还是凹陷的？是以前房客挂画的钉子还是个小洞？她由房客想到搬家，继而想到人生无常，想到莎士比亚，渐渐进入无意识深层，浮想联翩，神思飞扬。最后女仆回来才发现，斑点原来是一只蜗牛。这篇小说非常典型地体现了意识流小说那种打乱时间推移、带有很大随意性和跳跃性的叙述手法。

《约翰·克利斯朵夫》

〔法〕罗曼·罗兰　著

关于作者

罗曼·罗兰（1866—1944），20岁时进入巴黎高等师范学校，从这所著名的学府毕业后，又进一步深造，最终得以进入巴黎高等师范学校和巴黎大学任教，讲授艺术史。

罗兰的初期创作活动集中于历史剧的创作。他先后写了四部剧本，原想建立起一种不是供少数人消遣而是为群众提供精神食粮的“人民戏剧”，并为此写了一系列论文，但是他的努力受到了资产阶级的指责，这使他感到被利己主义腐蚀着的资产阶级社会空气的龌龊。

“让我们把窗子打开！让我们把自由空气放进来！让我们呼吸英雄的气息！”他这样大声疾呼着。在这种动机指导下，他写成了关于贝多芬、米开朗琪罗和托尔斯泰的三部伟人史。与此同时，他创作了第一部长篇小说《约翰·克利斯朵夫》，并凭借该书获得1915年诺贝尔文学奖。

1931年，他发表了《与过去告别》，表示自己决心站到斯大林领导的“苏维埃社会主义共和国联盟的队伍里来”，跟新生的力量一起投入战斗。之后，他积极投入进步的政治活动，出任国际反法西斯委员会主席，以巨大的创作热情从事写作，为人类进步事业作出了一定的贡献。

荐读理由

《约翰·克利斯朵夫》——这部被高尔基称为“长篇叙事诗”的作品，堪称20世纪最伟大的小说之一。

这是一个关于德国音乐天才与自身、与艺术以及与社会之间的斗争的故事。主人公约翰·克利斯朵夫是一个充满矛盾和不协调的性格、一位满怀生命热情却又遭到敌对世界误解的极其诚恳的艺术家。该书叙述了主人公如何反抗虚伪轻浮的社会，从而在与社会反动势力的斗争中升华自己、完善自己的历程。

整部作品共十卷，在印行定本的时候，作者以艺术的、内在的因素为先后顺序把它们重新编排为四册，相当于交响乐的四个乐章：

第一册（黎明，清晨，少年）包括克利斯朵夫少年时代的生活，描写他的感官与感情的觉醒，在家庭与故乡那个小天地中的生活——直到经过一个考验为止，在那个考验中他受了重大的创伤，可是却对自己的使命突然得到了启示，知道英勇的受难与战斗便是他的命运。

第二册（反抗，节场）所写的是克利斯朵夫像年轻的西格弗里德一样，天真、专横、过激，横冲直撞地去征讨当时的社会与艺术的谎言，挥舞着堂吉诃德式的长矛，去攻击骡夫、小吏、磨坊的风轮和德法两国的节场。

第三册（安多纳德，户内，女朋友们）和上一册的热情与憎恨形成对比，这里是一派温和恬静的气氛，咏叹友谊，也是纯洁的爱情的悲歌。

第四册（燃烧的荆棘，复旦）写的是生命中途的大难关，是“怀疑”与破坏性极强的“情欲”的狂飙，是内心的急风暴雨，差不多一切都要被摧毁了，但结果仍趋于清明高远之境，透出另一世界的黎明的曙光。

无怪乎有人称《约翰·克利斯朵夫》是一部气势磅礴的史诗。该书描述了一颗坚强刚毅的心是如何战胜自己心灵深处的怯懦卑鄙的阴暗面，由幼稚走向成熟，它是描述心灵历程的史诗。

《约翰·克利斯朵夫》又是一部音乐的史诗。作者用他对音乐精神的深刻理解，描述了病态堕落的艺术与健康奋进的音乐之间的斗争，歌颂了一种充满生命力的音乐理念。同时，该书又通过音乐折射了不同民族精神的融合与冲击，把20世纪初那一代人的奋斗与激情，用宏大优美的艺术手法表现得淋漓尽致，是一个时代精神的真实写照。

这部书歌颂了人类的精神生活上的经历，它不仅仅是写克利斯朵夫一个人的故事，它也是千千万万人的心灵历程的写照，是正直的英雄的描述。它赞扬着这样一种精神：光明最终将战胜黑暗，尽管其间要经过众多曲折，但光明必将胜利。

《约翰·克利斯朵夫》牢固地奠定了罗曼·罗兰在20世纪早期文坛的声望。有趣的是，他在这部作品中预见了一场毁灭整个欧洲的战争的来临，作品完成不久，这样的战争就爆发了。此时，他写了一系列文章反对第一次世界大战，特别是1915年的小册子《战斗之上》呼吁作战国的知识分子去争取和平。这引起法国各界对他文坛地位的强烈质疑。法国评论家认为他只是智商高的骂街文人，这成为他与法国青年人之间永远难以愈合的裂痕。

当你见到克利斯朵夫的面容之日，

是你将死而不死于恶死之日。

借用这两句话，罗兰表示他内心希望约翰·克利斯朵夫对于读者所产生的作用能够和对于作者所产生的作用一样，即在人生的考验中成为一个良伴和向导。正如作者所期望的那样，“但愿克利斯朵夫成为一个坚强而忠实的朋友，使大家心中都有一股生与爱的欢乐，使大家能不顾一切地去生活，去爱”！

先睹为快

阴影消散，朝阳上升。克利斯朵夫在白天的迷宫中又找到了他的路径。

清晨……父母睡着。他仰卧在小床上，望着在天花板上跳舞的光线，真是其味无穷的娱乐。一忽儿，他高声笑了，那是令人开怀的儿童的憨笑。母亲探出身来问：“笑什么呀，小疯子？”于是他笑得更厉害了，也许是因为有人听他笑而强笑。妈妈沉下脸来把手指放在嘴上，叫他别吵醒了爸爸；但她困倦的眼睛也不由自主地跟着笑。他们俩窃窃私语……父亲突然气冲冲地咕噜了一声，把他们都吓了一跳。妈妈赶紧转过背去像做错了事的小姑娘，假装睡着。克利斯朵夫钻进被窝屏着气。……死一般的静寂。

过了一会儿，小小的脸又从被窝里探出来。屋顶上的定风针吱呀吱呀地在那儿打转。水斗在那儿滴滴答答。早祷的钟声响了。吹着东风的时候还有对岸村落里的钟声遥遥呼应。成群的麻雀，蹲在满绕常春藤的墙上聒噪，像一群玩耍的孩子，其中必有三四个声音，而且老是那三四个，吵得比其余的更厉害。一只鸽子在烟筒顶上咯咯地叫。孩子听着这种声音出神了，轻轻地哼着唱着，不知不觉哼得高一些，更高了一些，终于直着嗓子大叫，惹得父亲气起来，嚷着：“你这驴子老是不肯安静！等着罢，让我来拧你的耳朵！”于是他又躲在被窝里，不知道该笑还是该哭。他吓坏了，受了委屈；同时想到人家把他比作驴子又禁不住要笑出来。他在被窝底下学着驴鸣。这一下可挨了打。他迸出全身的眼泪来哭。他做了些什么事呢？不过是想笑想动！可是不准动。他们怎么能老是睡觉呢？什么时候才能起来呢？

有一天他忍不住了。他听见街上好像有只猫，有条狗，一些奇怪的事。他从床上溜下来，光着小脚摇摇晃晃地在地砖上走过，想下楼去瞧一瞧；可是房门关着。他爬上椅子开门，连人带椅地滚了下来，跌得很痛，哇的一声叫起来；结果还挨了一顿打。他老是挨打的！……

延展阅读

《名人传》

《名人传》是罗曼·罗兰所著的《贝多芬传》《米开朗琪罗传》和《托尔斯泰传》的合称。本书的三位传主都是人类历史上极富天才而创建至伟的人物，他们的人生丰富多彩，他们的作品精深宏博，他们的影响历经世代而不衰，罗曼·罗兰紧紧把握住这三位在不同领域的艺术家的共同之处，着力刻画他们在忧患困顿的人生征途上历尽苦难而不改初衷的心路历程，凸现他们崇高的人格、博爱的情感和广阔的胸襟，从而为我们谱写了另一首“英雄交响曲”。

《魔山》

〔德〕托马斯·曼　著

关于作者

托马斯·曼（1875—1955），德国著名作家，批判现实主义文学的代表人物，进步的人道主义者。出生于德国吕贝克城的一个大商人家庭，父亲去世后，家道中落，中学毕业就到慕尼黑一家保险公司去当见习生，并开始写作。1895—1897 年曾与其兄亨利希·曼一同侨居意大利，兄弟二人都成为著名作家，可谓“文坛双璧”。1901 年，托马斯·曼发表代表作《布登勃洛克一家》，并因此小说于 1929 年获得诺贝尔文学奖。

托马斯·曼一生经历了两次世界大战，其世界观和创作思想也随着时代的变迁而不断地发生变化。第一次世界大战时期，他的思想曾一度陷入危机，对这场战争的性质认识不清，持民族主义立场，要保卫所谓“德意志精神文化”，甚至还著文反对他哥哥对战争发动者的谴责。希特勒上台以后，他的观点发生转变，公开表示了反对态度，因而被迫流亡瑞士。第二次世界大战前夕，他曾抱着对美国“自由”“民主”的幻想迁居美国，1952 年又因这种幻想的破灭而回到瑞士定居。

他的创作生涯长达60年，除《布登勃洛克一家》外，其他重要的作品还有《魔山》《约瑟夫和他的兄弟们》《浮士德博士》等。托马斯·曼还写了一些作家专著、文艺评论、自传性文章和政论文章。其作品结构严谨，描写细腻，笔调幽默，富有讽刺意味。

在他的小说中，资本主义社会暴露出种种无法医治的病症，已经走到了尽头，因此他把自己的小说称为“尽头的书”。他的思想主要源于德国十八九世纪进步的人道主义，并一生以维护这种人道主义传统为己任。在艺术上，他一方面继承了德国古典作家的优秀传统，同时又吸收了现代派的手法。他的小说结构严谨但写法上不拘一格，文字幽默且富有哲理，感情细腻而又奔放，尤以深刻的心理分析和多姿多彩的景物描写见长。托马斯·曼缔造了20世纪上半叶德语文学史上堪与歌德、席勒时代的“狂飙突进”运动相媲美的新高峰，被评为德国有史以来“第一个长篇小说大师”“德语现代文学的火车头”，真正赢得了崇高而持久的国际声誉，实现了德语文学发展史上的一个巨大突破，开创了一代风气。

荐读理由

《魔山》是托马斯·曼的一部重要作品，是一部70多万字的大部头著作。

小说叙述了发生在瑞士阿尔卑斯山达沃斯村一所结核病疗养院里的故事。主人公是刚刚毕业的大学生汉斯·卡斯托普，他到疗养院来探望他的表兄，不料自己也染上了肺病，只好留下治疗。从1907年到1914年，汉斯一住就是7年。疗养院里的人来自四面八方，性格迥然，思想各异。其中有相信理性的意大利人文主义者，有鼓吹禁欲主义的耶稣会传教士，有热衷于精神分析的医生……他们都试图用自己的思想影响汉斯。汉斯是个有理想的青年，可是同这些人交往后，思想变得混乱，精神变得消沉。疗养院变成了一座“魔山”，使汉斯整天昏昏沉沉，对时间的流逝毫无觉察。转眼7年已过，世界大战的炮火把他震醒。汉斯最后领悟到，人为了善和爱就不应该让死亡统治自己。他终于离开了疗养院这座魔山，穿上军装，走上硝烟弥漫的战场。

这是一部德国传统的“教育小说”，同时又是一部“时代小说”，它以1904年至1914年为背景，描写了20世纪初期流行的各种思潮。疗养院病人在茶余饭后所进行的范围广泛的辩论，反映了作者对第一次世界大战前欧洲社会的分析与思考。小说着重探索主人公的性格和内心世界，同时借助于一个哲学寓言，揭示了现代欧洲的物质和精神弊病。除去生与死的核心主题外，小说对于“时间”这一构成生命的重要因素作了精彩、深入、全面的思考。

《魔山》呈现出场景广阔、气势酣畅、交响雄浑的特点，用作者自己的话说：“这部小说对我来说是一部交响乐……谁第一遍读《魔山》，我就奉劝他再读第二遍。”美国著名作家辛克莱·刘易斯也说：“《魔山》是整个欧洲生活的精髓，这一点，《魔山》与歌德的《浮士德》极为类似。”《纽约时报》评论其为“20世纪最伟大的长篇哲理小说，堪称德语文学，乃至世界文学中率先熔现实主义和现代主义于一炉的典范”。

先睹为快

时间是什么？是一个谜——看不见摸不着，却又威力无比，是现象世界存在的一个条件，是一种运动，一种与物体的空间存在和运动紧紧结合在一起的运动。那么，没有运动，就没有时间？没有时间，也没有运动？只管问吧！时间是空间的一种功能？抑或相反？抑或两者原本是一回事？这可走得太远了！时间在行动，具有活动性，能够“产生效果”。什么样的效果？变异！这时不再是那时，此地不再是彼地，因为在它们中间有了运动。然而，由于人们用来计量时间的运动又是循环往复的、自我封闭的，这样的运动和变异差不多同样可以称为静止不动；因为那时不断地在这时重现，彼地不断地在此地重现。再者，人们不管怎么拼命动脑子，也想象不出一个有尽的时间和有限的空间，便只好下决心将时间和空间都“想成”是永恒的和无穷的——人们显然认为，这么想尽管并不真的很好，却也差强人意。可是，确定了时间和空间的永恒与无穷，是否意味着在逻辑和计量上否定一切有限和有穷尽呢？相对而言把它们贬低成了零呢？在永恒中可能有先后吗？在无穷中可能有并存吗？就算不得不承认永恒和无限这个前提，那么距离、运动、变化乃至仅仅是宇宙中有限物体的存在等等概念，又如何才能与之协调起来呢？诸如此类的问题，你可以一个劲儿地问下去！

汉斯·卡斯托普也正为类似的问题绞尽脑汁；还在上山之初，他的脑子便已处于一种亢奋状态，对这些玄妙的问题似乎格外敏感，一度非常爱发牢骚和钻牛角尖。……

至于那积雪很深的冬天的山谷，汉斯·卡斯托普同样也躺在他舒舒服服的靠椅上，向它提出了他那些超验玄虚的问题；只不过它的山坳、山色、山脊连同褐绿与浅红混杂在一起的重重森林，都默默无声地立在时间里，让世间的静静流逝的时间包裹着，缠绕着，在深蓝色的天穹下时而闪闪发光，时而云雾弥漫，时而让落日映得通红，时而让月华照得发出蓝幽幽的光，如同金刚石一般——不过一切全在雪中，从长长的然而又是倏忽即逝的六个月以来就是如此，以致所有的疗养客都声称，他们不能再看雪，已经对雪产生了反感，因为夏天就已经满足了他们的要求；而眼下日日夜夜还是只看见雪，雪堆、雪山、雪原，已经非人所能忍受，已经窒息着精神与心灵。于是，人人都戴上了有色眼镜，绿的、黄的、红的，与其说是保护眼睛，不如说是保护心脏。

延展阅读

《布登勃洛克一家》

这是托马斯·曼的成名之作，作者凭此获得诺贝尔文学奖。小说以编年史的方式，描写了吕贝克城望族布登勃洛克一家四代人从 1835 年到 1877 年间的命运，副标题“一个家族的没落”点出了“崩溃”的主题，通过布登勃洛克一家在垄断资产阶级家族的排挤、打击下逐渐衰落的历史描写，详细地揭示了资本主义旧的刻意盘剥和新的掠夺兼并方式的激烈竞争和历史成败，成为德国 19 世纪后半期社会发展的艺术缩影。有人说这部小说是德国资产阶级的“一部灵魂史”和“德国的《红楼梦》”。

《铁皮鼓》

〔德〕君特·格拉斯　著

关于作者

1999年12月10日下午，在斯德哥尔摩的瑞典皇家科学院礼堂里，72岁的德国作家君特·格拉斯从瑞典国王卡尔十六世古斯塔夫手中接过了本年度诺贝尔文学奖的获奖证书。获奖评语是："他的作品中充满离奇，对二战前后德国那段风云变幻的历史和光怪陆离的众生相作了惊世骇俗的讽刺。"他成为继1972年海因里希·伯尔之后获此殊荣的又一位德国文学家。瑞典文学院称格拉斯的文学作品"打破了德国历史背负多年的禁锢，以嬉戏的黑色寓言描绘了历史被遗忘的一面"。

君特·格拉斯1927年生于但泽（今波兰的格但斯克），这是德国和波兰交界处的兵家重镇，父母一方是德意志人，一方是波兰人。爱好戏剧和读书的母亲使格拉斯从小就受到文学艺术的熏陶。二战期间，17岁的格拉斯被纳粹征兵入伍，1945年负伤住院，战争结束时落入美军战俘营。1946年从美军战俘营获释后当过农业工人、钾盐矿矿工、石匠艺徒，20世纪50年代中期旅居巴黎从事文学创作。在谈起从事创作的初衷时，格拉斯曾说："促使我创作的最重要原因，一是儿时母亲讲述的故事，二是宁静的家庭生活因战争而打破。”他的出生地、血统、早年经历和从军生涯，都使他日后的写作无法绕开纳粹统治的那段历史。他认为，文学的本质是回忆，未来只有通过回忆才能变得清晰。所以他多次声明，他是针对流逝的时间写作的；通过叙述抵抗遗忘，自觉承担起历史责任，这既是每一个德国人，也是每一个有良知的作家的权利与义务。

格拉斯的创作活动从诗歌开始，但最主要的成就在小说，1959 年问世的长篇小说《铁皮鼓》使他获得世界声誉，此外还有《猫与鼠》《狗年月》，与《铁皮鼓》合称为“但泽三部曲”，成为一幅 20 世纪 20 年代至 50 年代描绘德国社会生活的画卷。长篇小说《蝶鱼》和《母老鼠》都继续使用了怪诞讽刺的手法，将现实、幻想、童话、传说融为一体。《蜗牛日记》则为一部纪实体的文学作品。

评论界将君特·格拉斯与海因里希·伯尔并称为战后前联邦德国文坛双璧。格拉斯一生创作了大量的小说、诗歌与剧作，被公认为是“具有政治良心和社会责任感的作家”。在摘取诺贝尔文学奖的桂冠之前，格拉斯曾获得过数不清的文学奖项，其中包括德语文学最高奖项——托马斯·曼奖，并被哈佛大学等多所世界知名大学授予名誉博士学位。

荐读理由

君特·格拉斯的《铁皮鼓》体现了德意志联邦共和国初期文学创作的成就，已经无可争辩地进入了 20 世纪世界文学名著之列。

《铁皮鼓》采用主人公奥斯卡·马策拉特第一人称倒叙手法，追溯了 1924 年至 1954 年的德国历史，再现了纳粹统治时期但泽以及战后联邦德国的社会生活。奥斯卡的外祖母坐在土豆地里用肥大的裙子帮一个逃犯躲过了追捕，这个逃犯后来成为他的外祖父。他的母亲与表舅私通生下了他。据称，他在娘胎里就会思考，一出生就会说话。3 岁那年，母亲送给他一只铁皮鼓，从这时起他为了避免加入成人世界，故意从楼梯上摔下来，成为一个不再发育的侏儒。从此在他的视角里，社会和周围的人都是怪异和疯狂的。他整天敲打一只铁皮鼓，以发泄对畸形的社会和人世间的愤慨。父亲或老师惹了他，他会大声尖叫，震得窗玻璃和老师的镜片稀里哗啦地变成碎片；他还以此来“扰乱”社会秩序，给纳粹分子集会造成麻烦。后来由于奥斯卡的母亲和舅舅去世，邻居女孩玛丽亚来照顾他，两人发生了性关系，怀孕后玛丽亚却嫁给了他的父亲，生下了库尔特。恋爱失败的奥斯卡随侏儒杂技团赴前线慰问德军，三年后回到家中，苏军攻占了柏林，父亲吞下纳粹党徽身亡。埋葬父亲时奥斯卡丢掉了铁皮鼓，同时亲生儿子库尔特用石子击中了他的后脑勺，他倒在坟坑中，流血不止；不过他就此开始长个儿，尖叫使玻璃破碎的特异功能也随之消失……

《铁皮鼓》继承了 17 世纪的流浪汉小说的传统，通过主人公的流浪轨迹展现了 20 世纪上半叶德意志社会广阔的生活画面，对德意志民族的市侩心理、市侩行为给予辛辣的讽刺，是一部现代意义的流浪汉小说。这部作品在艺术上的一大特点便是其荒诞性和诸多现代主义创作技巧的运用。自述者大吹大擂，声称自己在娘胎里就会思考，随意生长或停止生长，而且几乎是个天生的鼓手。在他的眼里，整个世界都是极其丑陋肮脏的，他的具有远程效果的歌声和出神入化的鼓声则是唯一神圣的东西。由于他特殊的局外人身份，躲藏在人们注意不到的角落，所以才能冷眼旁观人生，讥讽嘲骂，无所不能。

1959 年，《铁皮鼓》正式出版，评论界对它倍加赞誉，称之为联邦德国 50 年代小说艺术的一个高峰。25 年内共印了 300 多万册，到 1963 年已有 11 种语言的译本问世。1980 年，被搬上银幕的《铁皮鼓》在美国好莱坞电影节获外国影片奥斯卡奖，电影和小说英译本在美国走红一时。从 20 世纪 80 年代末起，《铁皮鼓》又在东欧和俄国经历了一次复兴。这都表明了这部小说的生命力。

先睹为快

有什么东西在电线杆之间移动。我的外祖母闭上嘴巴，抿紧嘴唇，眯缝着眼睛，咀嚼土豆。有东西在电线杆之间移动。有东西在那里跳动。三个男人在电线杆之间跳动，三个男人向烟囱跳去，随后在烟囱前面转着圈儿；一个人回到原处，重新起跳，这个人看来又矮又壮，他跳着过了砖窑；另外两个，又瘦又高，紧跟在他背后过了砖窑，又回到电线杆中间；那个矮而壮的，拐来拐去，显得比瘦而高的两个更焦急更匆忙；他们两个不得不又向烟囱跳去，因为矮而壮的那个已经跳了过去，他们刚开始跳的时候，他已经同他们两个相隔有一个拇指宽的距离了；他们突然消失，看样子像是失去了兴头；而那个矮的，在从烟囱跳开去的中途，也隐没在地平线后面了。

现在看不见他们了，这可能是幕间休息，或者是在换戏装，要不他们就是去打砖坯，领报酬了。

我的外祖母正要利用这个间歇去叉第二个土豆，却叉了一个空。因为那个看上去又矮又壮的人，还是穿着原来的服装，爬上了地平线。那似乎是一道木栅栏，他似乎把那两个跟在他背后跳跃的人甩在栅栏后面，留在砖堆间，或者留在通往布伦陶的公路上了。尽管如此，他仍是急匆匆地，想要跳得比电线杆更快。他以慢动作的大跳越过田地；他在烂泥地里跳动，泥块从鞋底上甩出，尽管他一跳很远，但仍像在烂泥地里爬行。有时他仿佛黏在泥里，随后又停留在空中静止不动，在不高但距离颇远的跳跃过程中，擦一擦他额头上的汗，接着两条腿又黏在那片新犁过的地里。这片地在五摩尔根土豆地旁边，一直延伸到田间窄道。

现在他们三个都走了，我的外祖母可以放心去叉那个快凉了的土豆。她匆匆吹掉表皮的灰和土，把土豆整个地塞进嘴里，一边想着——如果她在想些什么的话——他们可能是砖窑上的人，一边咀嚼着，口腔做着圆周运动。这时，一个人从窄道上跳了出来，黑色小胡子上的眼睛发狂似的四下窥探，两下子跳到火堆旁，同时站到了火堆前、火堆后、火堆旁，咒骂着，战战兢兢，走投无路，退回去已经不行，因为那两个高而瘦的跟着在窄道上追来了。他拍打着自己，拍打膝盖，头上的眼睛像要瞪出来似的，额上汗珠直冒。他大胆地爬近，气喘吁吁地，小胡子颤动着，一直爬到靴底前；他爬到我外祖母身边，像一头矮胖的小动物，瞧着我的外祖母，瞧得她不得不叹气，不能再嚼嘴里的土豆，脚尖翘起，靴底与地面成了斜角。她不再去想砖窑、砖堆、烧砖的、打砖坯的，而是撩起裙子，不，撩起四条裙子，同时高高撩起，让这个不是砖窑上的矮而壮的人能够钻到底下去，连同他的黑色小胡子一齐钻进去。他看上去不再像一头小动物，既不是从拉姆考也不是从菲尔埃克来的。他怀着恐惧钻到了裙子底下，不再拍打膝盖，既不矮也不胖了。尽管如此，还是找到了容身之地，他忘掉了喘息、颤抖和拍打膝盖的手：此时，一片寂静，好似创世的第一天，也像世界末日，微风在火堆里低吟，电线杆无声地报数，砖窑的烟囱立正。她，我的外祖母，把最外面一条裙子抚平，明智地遮住第二条，她几乎感觉不到第四条裙子下面的他，也不让第三条裙子知道有什么东西使她的肌肤觉得新奇。是的，这是新奇的，可是上面一条裙子被明智地抚平了，第二和第三条裙子也被蒙在鼓里。她从热灰里扒出两三个土豆，从右胳膊肘边上的篮子里拿出四个生的，一个接一个地捅进热灰里去，用更多的灰把它们埋上，拨弄着，直到冒出了浓烟——她还能做什么别的呢？

延展阅读

作者还有下列精品：

《猫与鼠》

“但泽三部曲”之一。叙述了在纳粹统治时期，但泽的一个循规蹈矩的中学生约阿希姆·马尔克，受英雄崇拜宣传的毒害走上毁灭道路的故事。这是继《铁皮鼓》之后，格拉斯最有影响的一本书。作品出版不久，引发了一场“艺术和色情”的争论，攻击者认为《猫与鼠》书中描写的男女淫乱等在“道德方面毒害儿童和青少年”，格拉斯专门聘请了五位专家，对《猫与鼠》进行审读，结果以格拉斯胜利结束。

《狗年月》

“但泽三部曲”之一。叙述了马特恩和阿姆泽尔这一对性格迥异的伙伴的坎坷经历。小说以大量篇幅对四代狗都作了详细描述，尤其是对牧羊犬“亲王”（普鲁托）的描写，落墨更多，因为牧羊犬“亲王”成了元首的宠物，同法西斯的命运紧紧相连。小说描绘了一幅从希特勒上台前夕到战后初期德国历史的画卷，揭露了法西斯对人们在肉体上的折磨和心灵上的摧残。

《动物农场》

〔英〕乔治·奥威尔 著

关于作者

乔治·奥威尔（1903—1950），本名埃里克·阿瑟·布莱尔，奥威尔是其笔名。他出生在印度，幼年时被送回英国接受教育。1922 年至 1927 年，奥威尔在驻缅甸的印度皇家警察部队服役，随后返回欧洲大陆，先后在巴黎和伦敦干苦力，1933 年他以乔治·奥威尔的笔名发表了处女作《巴黎伦敦落魄记》，即以这段时期的经历为原型。西班牙内战爆发后，他自愿参加了政府军的反法西斯战争，在战斗中身负重伤。二战期间，奥威尔先后在英国广播公司印度部和工党左翼《论坛报》工作，成为多产的新闻记者和文艺评论作家。

1945 年，他的政治讽刺小说《动物农场》在英国和整个西方获得很大成功，1949 年又完成小说《一九八四》。他被认为是英国当代难得的作家，可惜 47 岁就英年早逝，令人惋惜。

作为一位悲观的民主社会主义者，奥威尔具有敏锐的政治洞察力和强烈的社会责任感，他以犀利的文笔审视和记录着他所生活的那个时代，被称为“一代人的冷峻良知”。他极端厌恶极权政治，这使得他的主要小说具有明显的政治性，有时甚至有超越其文学性的趋向。奥威尔对人类命运的关怀远胜于对个人艺术成就的关怀，这样的作家是很稀有的。他在《我为什么写作》中曾说："我的出发点总是由于我有一种倾向性，一种对社会不公的强烈意识。我坐下来写一本书的时候，我并没有对自己说，'我要生产一部艺术作品'。我所以写一本书，是因为我认为有一个谎言要揭露，有一个事实要引起大家的注意……"有评论家说："多一个人看奥威尔，就多了一份自由的保障。"

奥威尔的小说语言犀利而深刻，而且创造了很多新词汇。"老大哥""双重思想""新话"等词汇都已收入权威的英语词典，甚至由他的姓衍生的"奥威尔式""奥威尔主义"等词汇都不断出现在报道国际新闻的记者笔下，足见其作品在英语国家影响深远。

荐读理由

《动物农场》一书是奥威尔最优秀的作品之一，是一则入木三分的政治讽喻寓言。奥威尔撰写这个故事是以苏联斯大林当政时期发生的一些事为蓝本的。20 世纪二三十年代，当西方许多左翼知识分子对苏联抱以希望时，奥威尔奔赴西班牙参加反法西斯斗争，他通过自身经历以及对苏联的大清洗等一系列事件的了解，对斯大林统治下的苏联本质有了自己的判断。为了揭露当时的"苏联神话"，作者写下了脍炙人口的讽喻小说《动物农场》。由于政治因素，这本书的出版起初遭到挫折，但终于在 1945 年冷战开始时面世并很快成为畅销书。

《动物农场》用寓言形式讲了一个英国农场的动物造反的故事。这本书成为奥威尔个人写作史上的一座里程碑，标志着他的文字从单纯描写底层社会的生活，转向了捍卫真正的社会民主主义。

小说通过农场中的一群动物追求平等、建立政权以及这个政权逐渐发展成为极权政治的过程，对极权政治进行了深刻的讽刺。莫纳农场的动物认为被人类管得太痛苦了，于是团结一致对抗人类，在革命成功后建立了一个由动物自治的农庄。农庄的信条之一是“所有动物一律平等”。但是不久之后，猪成为新的统治阶级，不劳而获，贪得无厌，成为比人类东家更加独裁和极权的统治者。这些猪把旧时代的“人类管制动物”变成了新时代的“动物欺负动物”。奥威尔在小说中借着猪的口说出“所有动物皆平等，但是一些动物比其他动物更平等”的荒谬名句。通过这一名句说明，众生皆平等的社会不可能存在，因为总有些人迟早要出任领袖去领导、管理或压制他人。其实《动物农场》讲的正是一个革命异化的历程，叫人民提高警惕，防止在革命的名义下出现极权主义。

小说语言简练、幽默、机智，继承了以狄更斯等人为代表的英国讽刺文学传统，充分显示了奥威尔对生活的感觉、洞察和理解能力。

先睹为快

吃过早饭后，雪球和拿破仑重又把大家召集到一起。

“同志们，”雪球说，“现在才六点半钟，咱们有一整天的时间呢。从今天起咱们开始割草。但是在此之前，有一件事须要首先占用咱们一点儿时间。”

这时几口猪才向大家透露，在过去的三个月里，他们靠自学已经学会识字和书写了。他们用的是一本琼斯先生的孩子们用过后扔在垃圾堆里的拼音课本。拿破仑派别的动物取来了几桶黑漆和白漆，带着大家走到通往大路的五道栏木大门。接着，雪球（三头猪中他写字写得最好）用蹄子上的两个趾头夹住一支大笔，把写在大门最上一根横木上的“庄园农场”四个字涂掉，改写成“动物农场”。从今以后，这就是他们农场的名字了。题完了场名以后，他们又回到农场里的栏圈，雪球和拿破仑叫动物们搬来一架梯子，靠着大谷仓一端的山墙竖起来。猪向动物们解释说，通过最近三个月的学习，他们已经把动物主义的宗旨精简为七条戒律。现在他们就把这七条戒律写在墙上。这样这七条戒律就成为不可更改的法律，动物农场的全体动物以后要永远遵守。叫一头猪平稳地站在梯子上可不是一件容易事，雪球费尽力气才爬上梯子。尖嗓站在低几磴的地方提着油漆桶，雪球开始写字。这七条戒律是用白漆在涂着柏油的墙上用大字书写的，从三十码远以外的地方都能看得一清二楚。

七戒

1. 凡用两条腿走路的都是敌人。
2. 凡用四条腿走路或者有翅膀的都是朋友。
3. 一切动物都不许穿衣服。
4. 一切动物都不许睡床铺。
5. 一切动物都不许喝酒。
6. 一切动物都不许杀害其他动物。
7. 所有动物都是平等的。

字写得非常整齐，除了“朋友”一字有两个字母拼颠倒、几个S写反了以外，其他拼写都没有错误。雪球为其他动物高声朗读了一遍。大家都不断点头，一致拥护。一些比较聪明的立刻就开始背诵起来。

“同志们，”雪球扔下大笔说，“现在咱们上草场去吧。咱们一定要维护动物的名誉，要比琼斯同他的工人收割得更快。”

三头母牛早已经显得烦躁不安了，这时开始大声哞哞叫起来。原来已经有一天一夜没人挤奶，他们的乳房简直快胀裂了。小猪想了想，就让动物取来奶桶，相当成功地给奶牛挤了奶；他们的蹄子干这个活儿是很合适的。没过一会儿就挤了五桶冒着沫的浓浓的鲜牛奶，许多动物都很感兴趣地看着这几桶奶。

“这些牛奶怎么办？”有的动物问。

“过去琼斯有时候在我们的饲料里拌些牛奶。”

“先别管这些了，同志们。”拿破仑站在奶桶前边吼道，“牛奶会照管好的。收割牧草的事更重要。雪球同志给大家带队。我过后几分钟就去。前进，同志们！牧草等着收割呢！”

于是动物们成群结队走向草场，开始收割。等他们晚上回来的时候，发现牛奶已经不见踪影了。

延展阅读

《一九八四》

这是作者的另一部精品。

作品写于1949年，是一部著名的“反乌托邦”式小说。小说中假设了一个名叫大洋国的国家在1984年的社会状态，在这里，思想警察的飞机在上空盘旋，人们的一举一动都暴露在国家集权的监视下。在这个社会中思想自由是一种死罪，独立自由的个人被消灭干净，每个人的思想都受到严密的控制，掌握权力的人们以追逐权力为终极目标并对权力顶礼膜拜。此书与《动物农场》是作者的传世之作，堪称世界文坛上最著名的政治讽喻小说。

《蝇王》

《蝇王》的作者是英国作家、诺贝尔文学奖获得者威廉·戈尔丁，这是一本靠丰富的想象创作的寓言小说，体现对社会文明和人类思想状态的反思。一群来自未来文明社会的孩子因故流落到荒岛上，起初孩子们齐心协力，后来由于害怕所谓的“野兽”而分裂成两派，相互追逐残杀，倒退到野蛮时代。作者通过这个现代寓言，试图说明人的天性中有着潜在的不可克服的邪恶意识，这种意识会不断膨胀，在缺乏约束的情况下产生巨大的破坏力。威廉·戈尔丁是受二战影响的作家中的典型代表之一，他们亲身经历过战争，战争结束后心中充满了失望与沮丧，他们对病态世界中人性的畸形变化感触深刻，他们对人的原罪本性有着冷静决绝的判断。在该书的故事中，作者设置了人的原善与原恶、人性与兽性、理性与非理性、文明与野蛮等一系列矛盾冲突，展现出文明、理性是多么脆弱，民主法治秩序是多么不堪一击。

《查特莱夫人的情人》

〔英〕劳伦斯 著

关于作者

在英国，对第一次世界大战前后的病态社会和病态心理刻画入微的少数作家当中，有一个颇受争议的名字：戴维德·赫伯特·劳伦斯(1885—1930)。

劳伦斯1885年出生于英国中部诺丁汉郡一个矿工家庭。他的父亲朴实直爽，性情粗暴，母亲受过良好教育，对自己的婚姻不满，因此夫妻经常发生矛盾冲突。母亲将全部感情都倾注在儿子身上。这种家庭环境在很长时间里影响着劳伦斯的情感与心理，并影响了他的写作。他不满于英国社会现实和西方工业文明对人性的压抑，曾多次企图建立理想社会，但终归失败。然而他不屈服，把所追求的理想以及一生探索之所得都诉诸文学创作，为后人留下了宝贵的精神财富。

他的作品包括10部长篇小说、40余部中短篇小说、近千首诗歌、数种剧本，以及大量的散文、游记和文学批评文章，但成就最高的是小说。他凭借自己的第一部小说《白孔雀》初露头角。1913年，小说《儿子和情人》问世，一举成名，广受好评。1915年，他的小说《虹》

出版后，因涉及性描写，被认为有碍道德而遭到查禁。劳伦斯不甘屈服，于1916年写成《恋爱中的女人》，但直到1920年才正式出版。《查特莱夫人的情人》1928年出版后遭到查禁，英国官方直到1960年才撤销对该书的禁令。

劳伦斯可谓是20世纪英国文学史上最有创作个性、最受争议的作家，主要是由于他对性所作的露骨的描写。劳伦斯的小说运用弗洛伊德的精神分析学说，对家庭、婚姻和性进行了细致入微的探索，把情爱作为人的本能加以深入描写，一度引发极大的轰动与争议，被认为有伤风化，“是自然主义、色情主义和生殖崇拜的糟粕”，屡次遭禁。虽然劳伦斯的作品备受争议，但也由于其大胆描写和剖析了性心理而名震国际文坛。作品涉及以前无人涉及的领域，描写人物心理、情绪和思想状况都极其细致深刻。

作为一名勇于探索的作家，劳伦斯被誉为英国文学史上一位具有重要意义的文学大师是当之无愧的。

荐读理由

《查特莱夫人的情人》是英国作家劳伦斯众多文学作品中最有影响、最受争议的一部小说，是他在疾病缠身、生活贫困的遭遇中克服重重困难完成的力作，也是作者的最后一部长篇小说。这部小说曾被禁长达30年，正如它在世界各地首次出版的遭遇一样，20世纪80年代中后期，小说的中译本也被查禁。

小说的主题一如既往，仍旧是表现男女两性关系，反映了作者希望通过和谐、协调的两性关系使个人和社会获得新生的理想。小说主要描写的是英国贵族克利福德·查特莱的妻子康妮和庄园工人梅勒斯之间充满生命激情的爱情故事。克利福德·查特莱在战争中身负重伤，下身瘫痪，性功能丧失，导致他感情的枯竭和性格的刁钻自私。他的妻子康妮生命力旺盛，渴望肉体与灵魂合一的生活，她备受煎熬，感到自己的生命在萎缩，肉体在干瘪。终于她对性爱和肉体的渴求被丈夫雇用的猎场狩猎人梅勒斯唤醒了。他们的性爱代表了真实的生命追求对虚假的、残疾的现代文明生活的反叛。后来康妮怀孕了，她与梅勒斯的私情也被揭发，两人不得不出走，并在伦敦相会，决心开始新生活。在小说中，劳伦斯以优美的抒情笔调，把康妮和梅勒斯的性关系、性生活写得健全、庄重，乃至神圣，是一种人类最伟大、最自然的生活内容。

郁达夫在1934年写的一篇介绍本书的文章中指出："本来是以极端写实著名的劳伦斯，在这一本书里，更把他的技巧用尽了，描写性交的场面，一层深似一层，一次细过一次，非但动作对话，写得无微不至，而且在极粗的地方，恰恰和极细的心理描写，能够连接得起来。尤其要使人佩服的，是他用字句的巧妙。所有的俗字，所有的男女人身上各部分的名词，他都写了进去，但能使读者不觉得猥亵，不感到他是在故意挑拨劣情。"也许这个世界上只有劳伦斯会这样，以宗教般的热忱赞美人间的性爱，以细腻微妙的笔触描绘两性关系中美妙的境界，而那伴随着炽烈的性爱体验的，是对历史、政治、宗教、经济等社会问题的严肃思考。他认为，资本主义工业化和机械文明越发达，对人性的扼杀就越残酷。在这部小说中，他试图以两性关系在感情和肉体上的双重结合来表现人被现代文明扼杀的天性，来再造原始的、纯自然的、充满活力的生命个体，进而使英国社会再获生机。

小说的语言同样是一种美的崇拜，充满柔情的生命力。对于自然景物，劳伦斯总是以一种充满爱怜的笔力，细细地描摹一草一木的神韵，温柔的外表下掩藏的却是积极的生命意志。这种语言风格与作品的主旨是一致的。

先睹为快

然而，康妮意识到一种日渐强烈的不安。由于她与世隔绝，所以不安的感觉就疯狂地占据了她的全部身心。当她不愿动弹的时候，不安便牵动她四肢；当她想舒舒服服放松一会儿的时候，不安便挺直她的脊柱。它在她身体里跳动，在子宫里，直到她觉得自己必须跳进水里去，游泳逃离开它，逃离这种疯狂的不安。它使她心脏无缘由地狂跳。她衣带渐宽。

正是这种不安。她常常丢下克利福德，跑过猎园，趴在蕨草丛中。躲开大宅……她必须躲开大宅，躲开所有的人。树林是她的一个避难所，一个庇护地。

但是树林并不真是她的避难所和庇护地，因为她与它没有关系。它只是她可以避开其他人的一个去处罢了。她从未真正触到它的精神实质……如果它真有精神实质的话。

她隐隐地知道，从某种意义上讲，自己是在崩溃。她隐隐地知道，自己与世隔绝：与那个实实在在充满活力的世界失去了联系。

想到那强有力的，不可抗拒的进入，那样奇异，那样可怕，她再次颤抖起来。也许他会像一柄利剑，径直刺进她温柔展开着的身体，令她一剑毙命。她在一阵骤然的恐怖之中，紧紧地抱着他。但是，他的进入却是奇异的缓慢平和，润物细无声，温情之中，有一种混沌和原始，宛如创世之初。她心中的恐惧消退了，又敢于心神荡漾了，毫无顾忌。她放胆尽情驰骋，彻底放纵，投身于这洪波之中。

她仿佛是大海，海中只有那幽暗的波涛，澎湃上升，澎湃上升，形成一个巨浪，于是慢慢地，整个幽暗都动了起来，她是那翻动着黑暗海水的海洋。在她下面，在里面深深的地方，肉体慢慢分开，波涛长长涌入，左右荡漾，悠悠地，一波波越荡越远，直抵她最敏感之处，在那一下下温柔探索的着力部位，深深的海底继续分开，那探索越探越深，越探越深；她也越来越深，越来越深地暴露着，更为沉重的波涛涌向了海岸，把她暴露出来，探索一下紧似一下，探摸着那只可意会不可言传的东西，她自己也像波涛一般，越荡越远，离开了肉体，把肉体丢在一种突然而至的温柔、战栗的痉挛之中，她整个生命中的最美妙处触了电，她知道自己触了电，飘飘欲仙，方死方生，她消失了，她出生了：一个女人。

啊！太爽了，太爽了！在那波涛的退落之中，她体会到了个中的全部痛快淋漓。现在她整个身体，都深情地紧依着这个不知何方神圣的男人，盲目地依恋着……当他离开她身体时，她不自觉地发出一声纯属失落的喊叫，她试图让它重归爱巢。刚才它是那样的完美！她太喜欢它了！

只有这时她才意识到这命根子有多小，花蕾般的含蓄与温柔，她不禁又轻轻发出一声惊异的尖叫，她那女人之心，为这曾如此雄壮现在却柔软如棉的东西惊叹不已。

延展阅读

作者还有下列精品：

《儿子和情人》

本书是劳伦斯的成名作，带有自传色彩。书中通过对母子情与恋人情的细腻刻画，对家庭关系作了深刻的探索。保罗的父亲是个性情暴躁的矿工，与他的母亲性情不和。母亲与父亲的距离越来越远，母亲把所有的爱倾注在儿子身上。儿子对母亲也萌发了异乎常态的爱，保罗在母亲身上获得了在恋人身上无法获得的感情追求。母亲死后，他的感情才得以复苏。这部小说深受弗洛伊德“恋母情结”的影响。

《虹》

这是劳伦斯的作品中篇幅最长的一部长篇小说。小说通过描写劳伦斯家乡诺丁汉郡自耕农布兰温一家三代人的恋爱婚姻故事和感情纠葛，表现了作者对两性关系的探索和对完美自然、和谐家庭关系的追寻。

《恋爱中的女人》

此小说被称为《虹》的姊妹篇。书中主要人物的名字与《虹》中相同，表面上看来，它是延续了《虹》中布兰温家族第三代的故事，但二者并无内在联系。通过两姐妹和两个青年人之间的情感经历和恋爱体会探索了有关恋爱的心理问题。

《刀锋》

〔英〕毛姆 著

关于作者

英国作家毛姆（1874—1965）的一生可谓丰富多彩。他毕业于德国海德堡大学，在伦敦取得外科医师资格，后来弃医从文，从事小说、戏剧创作，同时还在英国情报处从事间谍活动，集小说家、戏剧家、医师、间谍等多重身份于一身。他酷爱旅游，足迹遍及欧美、东南亚、中国以及南太平洋诸国；他活到90多岁，人生经历丰富，亲身经历了两次世界大战。这些都使他成为英国文坛上一个与众不同的人物。

为期5年的习医生涯，不仅使他有机会了解到底层人民的生活状况，而且使他学会用解剖刀一样冷峻、犀利的目光来剖视人生和社会。后来他弃医从文，转向戏剧创作，获得成功，成为红极一时的剧作家，伦敦舞台竟同时上演他的4个剧本。他的第10个剧本《弗雷德里克夫人》连续上演达一年之久。这种空前的盛况，据说只有著名剧作家萧伯纳才能与之媲美，同时，他又是20世纪英国最重要的小说家之一。在创作中，他力求排除浪漫主义的想象、夸张和抒情，以朴实清新、意味隽永的文笔著称。他一生写作了30多部戏剧、150多部短篇小说、

20 部长篇小说、15 本作家笔记，其中有 80 多篇小说被拍成电影、电视剧。毛姆的作品除在英美畅销外，还被译成多种外文，他的作品像他的名字一样在世界各地广泛流传，不同版本的传记作品也屡见不鲜。

毛姆晚年享有很高的声誉，英国牛津大学和法国图鲁兹大学分别授予他颇为显赫的“荣誉团骑士”称号。英国著名的嘉里克文学俱乐部曾特地设宴庆贺他的 80 寿辰；在英国文学史上受到这种礼遇的，只有狄更斯、萨克雷、特罗洛普三位作家。1961 年，他的母校德国海德堡大学，授予他名誉校董称号。1965 年 12 月 15 日，毛姆在法国里维埃拉去世，享年 91 岁，骨灰安葬在坎特伯雷皇家公学内。美国著名的耶鲁大学为他建立了档案馆以资纪念。

荐读理由

《刀锋》写于作者旅居美国的时候，当时他已到古稀之年。这部小说带着老年人深沉、平静、舒缓的思考讲述了一个青年人探求人生哲理的故事，揭示精神与实利主义之间的矛盾冲突。

这部作品讲述的是一战后一群上层阶级的美国人在欧洲发生的故事，地点多在巴黎。主人公拉里是一战时的飞行员，他的好友是一个生龙活虎、置生死于度外、喜欢空中飞行感觉的年轻人，为了救拉里而牺牲了年仅 23 岁的生命。拉里感到惭愧而又迷茫，他不懂得世界上为什么会有恶与不幸，也不知道人为什么要活着，更不知道人生的意义在哪里。为了寻找生命的终极，拉里踏上了漫长的思想之路。他来到巴黎攻读哲学，来到伯恩的寺院研究基督教，来到西班牙探索艺术，最后在印度找到了悟出人生的吠陀经哲学。拉里返回美国后把财产分给亲友，自己当了一个出租车司机，以终天年。

小说出版后，反响强烈，特别受到当时置身于战火的英美现役军人的欢迎。《刀锋》一书也影响了二战之后很多人的价值观和人生追求。小说发表后之所以能畅销美国，流行世界，首先是因为《刀锋》紧密地适应了战后社会的普遍心理，特别是青年的迷惘、忧郁、恐惧的情绪。经过世界大战的猛烈冲击以及后来的侵越战争的震动，美国的年轻人对现实产生了深刻的怀疑。为了表达自己的不满，他们有意做出许多怪诞的举动，出现了所谓反文化的现象；他们迫切感到要寻找新的信仰，却又不知信仰在何方。资本主义的物质繁荣并不能填补人们的精神空虚，更不能为他们提供生活的理想。出于对西方社会幻想的破灭，不少人转而求助于东方宗教的神秘主义。《刀锋》中拉里的寻求与探索，恰与战后青年的心理状态不谋而合。

作者成功地塑造了一个执着探求真理的拉里的形象。“一把刀的锋刃很不容易越过，因此智者说得救之道是困难的。”拉里就是“刀锋”般的人物。他的人生，始终是一种锐意精进的姿态，哪怕因此而辜负爱人的期盼、朋友的支援，也要不断地进行着人生场景的转换。拉里是真正刀锋上的行者，不耽世俗、不求喝彩，不用无情地斗争，而是用深沉的蕴蓄和坦然的独往，炼成了另一种“钢铁”，在人类社会必不可少的锋刃上，闪着凛冽耀眼的光。他舍弃了来自世俗生活的全部诱惑，舍弃了金钱、名誉、爱情、婚姻，成为一名合格的刀锋上的行者。

毛姆的语言并不美，没有太多的华丽辞藻，文字不奢华也不庄重，也没有壮观的场面、精雕细刻的人物修饰，甚至只是在顺着自己的思路讲故事，有时干脆让故事里的人来讲述自己的故事。但读《刀锋》，就像是在说家常话，行文风趣流畅，给人很亲切的感觉。

总而言之，《刀锋》是一本不同寻常的书，一本非常好看同时又非常引人深思的书，一本直到今天都值得我们去用心阅读的书。

先睹为快

我以前写小说从没有像写这一本更感到惶惑过。我把它叫做小说，只是因为除了小说以外，想不出能叫什么。故事是几乎没有可述的，结局既不是死，也不是结婚。死是一切的了结，所以是一个故事的总收场，但是，用结婚来结束也很合适；那些世俗的所谓大团圆，自命风雅的人也犯不着加以鄙弃。普通人有一种本能，总相信这么一来，一切该交代的都交代了。男的女的，不论经过怎样的悲欢离合，终于被撮合在一起，两性的生物功能已经完成，兴趣也就转移到未来的一代上去。可是，我写到末尾，还是使读者摸不着边际。我这本书只是追叙我过去认识的一个人，这人虽然和我非常接近，却要隔开很长的时间才碰一次面；他中间的经历我几乎毫无所知。要我杜撰些情节来补足这些脱漏，使故事读起来更加连贯，固然可以，可是，我无意于这样做。我只打算把自己知道的事情记下来而已。

如果一个至善和万能的上帝创造了世界，为什么他又创造恶呢？神父们说，这是为了使人克服自己恶的本性，抵拒诱惑，把痛苦和忧患作为上帝用以洗刷自己的考验来接受，使自己终于配得上享受上帝的恩典。这就像派个人送封信到某地去，然后在他必经之路上造一个迷阵，使他不容易通过，又挖一条壕沟，使他要游泳过去，最后又造一道城墙使他攀缘过去。我不相信全能的上帝会没有常识。我不懂得为什么你们不能设想一个并没有创造世界的上帝，而是尽力而为的上帝，比人类好得多，聪明得多，伟大得多，在和一个不是由他创造的恶斗争，而且说不定最后会战胜恶。但是话又说回来了，我也说不出为什么你们应当信仰这样一个上帝。

延展阅读

作者还有下列精品：

《人生的枷锁》

本书是毛姆的一部具有明显自传色彩的小说，构思达十年之久。书中主人公菲利普·凯里从小父母双亡，又先天跛足，在寄宿学校受尽欺侮。进入社会以后，他艰苦研读，真诚探索人生，却被一个虚荣平庸的女招待弄得如坠五里云雾。历尽世态炎凉后他终于认识到：生活就像一条波斯地毯。虽说色彩斑斓，使人眼花缭乱，实质上却毫无意义。菲利普终于卸除了情欲的人生枷琐，悟透了人生，进入了心清神净的境界。小说通过描写主人公的曲折遭遇，揭露了社会从精神到物质上对人的折磨和奴役。

《月亮和六便士》

本书是毛姆的代表作，作品以法国画家高更的生平为原型，描述了艺术家特里克兰德厌倦了文明社会，尽管已过40岁，但他发现自己的心灵对艺术的真诚追求胜过了人生的一切欲求，于是他抛弃了舒适优裕的环境、体面的家庭，远涉重洋，孤身到南太平洋中的塔希提岛上，与岛上的土著居民过起了淳朴原始的生活。新的生活激发了他的创作冲动，也使他的艺术才华有了一个质的飞跃。毛姆在小说中深入探讨了艺术的产生与本质、个性与天才的关系、艺术家与社会的矛盾等引人深思的问题。小说所揭示的逃避世俗束缚、寻找心灵家园的主题，与西方许多人的追求相吻合，因此成为20世纪的流行小说。

《静静的顿河》

〔苏联〕肖洛霍夫　著

关于作者

一个只受过四年小学教育的人，却成为举世闻名的大作家，并且获得诺贝尔文学奖。他，就是苏联现代著名的小说家肖洛霍夫。

肖洛霍夫（1904—1984），出生在顿河的一个小镇，父亲是一个磨坊主，业余好读书，阅读父亲订阅的文艺报刊和书籍培养了他自幼对文学的爱好。1918 年国内战争爆发，德国干涉军侵入顿河地区，少年的肖洛霍夫目睹了 1919 年顿河地区的哥萨克暴动。苏维埃政权建立后，他积极投身于各种社会活动，担任办事员和扫盲教师，参加武装征粮队等。1922 年来到莫斯科，1925 年回到故乡潜心写作。顿河哥萨克地区多彩的生活给予了他取之不尽的创作素材。肖洛霍夫的笔始终与顿河哥萨克的命运相连。他的作品反映了处于历史转折时期的哥萨克人民的生活变迁，塑造了许多个性鲜明的哥萨克形象，并开创了独特的悲剧史诗的艺术风格，以至于人们把这位大作家称为“顿河哥萨克”。

1926 年，他开始着手《静静的顿河》的写作，并于 1928 年出版第一部。1940 年，长篇小说《静静的顿河》完成，引起了极大的反响。在创作《静静的顿河》期间，肖洛霍夫又完成了反映农业集体化运动的长篇小说《被开垦的处女地》。第二次世界大战期间，肖洛霍夫以记者身份奔赴前线，创作了不少充满爱国主义精神的短篇小说、通讯特写和政论文章。1957 年，他发表短篇小说《一个人的遭遇》，在国内外产生了很大的影响，被称为当代苏联军事文学新浪潮的开篇之作。

肖洛霍夫于 1930 年加入苏联共产党，1934 年担任苏联作家协会理事，并担任作家协会书记多年。他从 1937 年起当选为历届最高苏维埃代表，1961 年以后当选为苏共历届中央委员。他多次获得列宁勋章。1965 年，肖洛霍夫因其“在描写俄国人民生活各历史阶段的顿河史诗中所表现出来的艺术力量和正直品格”而获得诺贝尔文学奖。他的作品迄今已被译成 80 多种语言，在全世界拥有广泛的读者。2004 年是肖洛霍夫 100 周年诞辰，为了纪念这位伟大的作家，联合国教科文组织将 2005 年命名为“肖洛霍夫年”。

荐读理由

《静静的顿河》这部“史诗性的巨著”是肖洛霍夫的一部力作。本书是世界文学中鸿篇巨制式的长篇小说中非常优秀的一部，与托尔斯泰的《战争与和平》堪称战争题材长篇小说的双璧。

小说以主人公葛利高里的经历为线索，展示了 1912 年至 1922 年间顿河和哥萨克民族艰难曲折的历程。葛利高里是一个标准的哥萨克模范青年，相貌英俊、热情勇敢、坦率真诚，同时又有哥萨克私有者的全部弱点和极大的动摇性。葛利高里与邻村人的妻子阿克西妮娅相爱，父亲得知后强迫他与富户女儿娜塔莉亚成了亲，但不久后他还是与情人私奔了。一战爆发后，他应征入伍，勇敢作战，获军功勋章。十月革命后，他参加了红军，但他对革命缺乏认识，信念并不坚定。以后他在红军和白军两个阵营徘徊，两次加入红军，又三次投身反革命叛乱。1922 年回到家乡，为逃避村革命委员会对他反革命罪行的追究，他带着情人阿克西妮娅再次远走他乡。半路遇到苏维埃征粮队的袭击，阿克西妮娅被打死，葛利高里像幽灵一样在森林、村野游荡。大赦消息传来，他回到故乡，把武器扔进顿河。他抛弃了政治的信仰，转而信仰超越一切个人的、最直接的、最自然的人的利益：爱情、故园和家庭。

1928 年，当该书第一部出版时，肖洛霍夫年仅 23 岁，有人怀疑一个 20 多岁的年轻人是否有书中体现的那种深厚的生活阅历和文学功底，认为这是他剽窃之作。这部公案起起伏伏延续多年，直到 1999 年人们发现了肖洛霍夫的手稿，才证实这确实是肖洛霍夫原作。

小说发表后曾被不少苏联文艺评论家批判，作者甚至被指为“异见分子”“布尔乔亚的同路人”，宣扬“富农思想”。但因为这部小说在苏联文学史上，别开生面地反映了广阔的历史画面，生动真实地表现了 1912 年至 1929 年间两次革命（二月革命、十月革命）和两次战争（第一次世界大战、国内战争）中的重大历史事件和顿河哥萨克在这十年中的动荡生活，广泛地反映了哥萨克独特的风土人情和哥萨克在复杂的历史转折关头所经历的曲折道路，所以它仍然获得了广泛的声誉，受到国内外的瞩目，被人称作“令人惊奇的佳作”，被认为“苏联文学还没有遇到同它相比的小说”，并于 1941 年获得斯大林奖金。

《静静的顿河》结构庞大复杂，但大而严谨，杂而不乱。作者在文中穿插两条线索——社会生活和私人生活，交织进行，由点到面，逐渐扩展，给读者展示了一幅广阔的画面：既有云谲波诡的政治风云，又有金戈铁马的战争场面，还有诗情画意的哥萨克人的劳动场面以及温柔细腻、儿女情长的爱情纠葛，中间不时穿插一些哥萨克古歌，给小说平添了浓郁的诗情。作者用大量篇幅描绘了顿河流域哥萨克人的生活、劳动、婚恋与习俗，以及这一流域的自然风光、历史场面等，也成就了这部小说经久不衰的艺术魅力。

先睹为快

葛利高里用笨重的生皮靴子踩在她那开着金黄色花的、成熟了的爱情上；把它烧成了灰烬，糟蹋够了——扬长而去。

阿克西妮娅从麦列霍夫家的向日葵园里回来以后，她的心就像被人遗忘了的、长满了胭脂菜和艾蒿的场院一样，变得空虚而又荒凉。

她走着，嘴里嚼着头巾的尖角，哭叫声在喉咙里直往上冲。一进门，就倒在地板上，眼泪、痛苦涌进头脑里的一片黑洞洞的空虚，憋得她喘不过气来……后来这些都过去了；只有心灵深处好像有什么锋利的东西在隐隐地刺她，折磨着她。

被牲口踩倒的麦子又立起来了。雨露阳光，使踩倒在地上的麦茎又挺立起来；起初，就像一个被不能胜任的重负压得弯着身子的人一样，后来就挺直身子，抬起头来，白昼又照样照耀着它，风又照样吹得它摇曳多姿了……

夜里，阿克西妮娅一面狂热地抚爱着丈夫，一面却在思念着另一个人，憎恨和热爱交织在心头。这个女人的脑子里又产生了重操旧业、进行新的犯罪的念头：她决心把葛利高里从幸福的、既未受过苦又未尝过爱情欢乐的娜塔莉亚·科尔舒诺娃手里夺回来。每天夜里她想出一大堆主意，在黑暗中眨着干枯的眼睛。司捷潘睡熟了，他那好看的脑袋沉重地压在她的右臂上，卷曲的长额发歪到了一边。他半张着嘴呼吸，一只黑手放在妻子的胸膛上，干活磨得粗糙的铁一样硬的手指头在抖动。阿克西妮娅想着，盘算着，不断地改变着主意。只有一点是毫不动摇地决定了的：那就是要把葛利高里从一切人的手里夺回来，像从前一样，用爱情把他浸起来，占有他。

在心灵深处，仿佛有什么尖利的、像没有拔出来的黄蜂刺，扎得她像挑脓一样疼痛难忍。

这是夜里，可是白天，阿克西妮娅却把全部思绪沉没到照料家业和忙乱中去了。有时，在什么地方碰上葛利高里，她总是脸色苍白，扭着那夜夜思念他的、丰美的身段走过去，诱惑、卖弄地直盯着他那野气十足的黑眼睛。

葛利高里每次跟她碰面以后，就会产生一种刺心的相思。他无缘无故地发脾气，向杜妮亚什卡，向母亲发脾气，常常拿起马刀，跑到后院，去砍插到地里的粗树枝，累得汗流满面，脸上凸起的肌肉在不停地颤动。一星期的工夫，竟砍了一大堆。潘苔莱·普罗珂菲耶维奇闪动着耳环和黄色的白眼珠，骂道：

"混账东西，你砍的足够编两道篱笆啦！瞧，原来是砍木头的能手，真是他妈的怪物。等去砍树枝的时候，有你砍的……等着吧，小伙子，等你去服役的时候，会让你砍个够！……在那里，你们这号人，很快就会叫你们服服帖帖……"

延展阅读

作者还有下列精品：

《被开垦的处女地》

这部作品通过顿河草原上一个小村庄在社会主义改造中进行的急风暴雨般的历史变革，反映了20世纪30年代苏联农业集体化的过程，揭示出贫农、中农、富农、白军分子之间不可调和的斗争，以及人民内部的矛盾冲突。

《一个人的遭遇》

小说讲述了一个普通战士索科洛夫在卫国战争中的经历，体现了作家对于战争和既往历史的思考。他经受了集中营的生活考验和亲人相继死亡的痛苦，战争夺去了他的一切，给他的精神和肉体留下了巨大的创伤。他的痛苦经历体现了千万苏联人民在战争中的共同遭遇，概括了一代人的命运。

《变形记》

〔奥〕卡夫卡　著

关于作者

今天，卡夫卡（1883—1924）对读者来说已不再是一个生疏的名字了，他被公认为西方现代主义文学奠基者之一，对20世纪的文学产生了深远影响。但这位作家在生前却鲜为人知，他带着深深的遗憾过早地离开了人世，临死之时甚至嘱托好友马克斯·勃罗德将其著作销毁。多亏勃罗德“违背”他的遗嘱，不遗余力地整理出版他的著作，他的价值才被后世发现。

卡夫卡出生于奥地利一个犹太商人家庭，他的父亲性情强悍，专制有如暴君。身体羸弱多病、性情敏感懦弱的他从小在父亲的威权下生活，成了一个孤独、忧郁、自闭的孩子。他中学毕业后开始学习自己热爱的文学，但迫于父亲的压力，改学法律，获得法学博士学位。毕业后一直在一家保险公司任职，直到1922年病退为止。他酷爱文学，对他来说，文学是宗教，写作是祈祷。文学是他理解生活、探索自我的手段。他白天为谋生而劳碌，晚上彻夜不眠，埋头写作，为文学奉献出整个身心。在他生命短暂的41个年头中，留下了将近300万字的著作。

犹太民族的漂泊感、家庭环境的影响、所学非所爱与所做非所爱以及婚恋上的坎坷，使他成了集天下痛苦于一身的人。此外，艺术家的敏感与精神状态的不够稳定也使他对生活中的不幸、孤独、疏离都体察得特别细腻，特别深刻。因此也影响了他的作品的风格。在他的作品中，展现了一个独特的世界，合乎理性却又反常；反常的情境又通过合乎理性的方式表现出来。现实与梦幻、理性与荒诞交织，造成一种扑朔迷离甚至阴森恐怖的感觉。他作品中的人物都是些奇形怪状的人物甚至动物，他们的精神十分孤独，又渴望加入公众生活，为此进行了艰苦的探索和斗争，却均以失败告终，世界仍在远处显示着它那神秘、冷漠的面孔。一位西方批评家说，卡夫卡的作品“最基本的经验就是孤独。他的人物总是孤立无援地处在一个冷酷无情的社会里；他们的悲惨境地是‘人’囚禁在一个无法上诉的世界的象征”。

二战以来，他那病态敏感的生命意识和超前、独特的艺术手法越来越为人们所推崇，甚至在文学界形成了“卡夫卡热”。许多现代主义文学流派如“荒诞派戏剧”、法国的“新小说”等都把卡夫卡奉为自己的鼻祖。

荐读理由

中篇小说《变形记》是卡夫卡的成名作和代表作。小说通过格里高尔由人变形成虫凄然死去的悲惨故事，揭示了西方社会人性异化、人无法掌握自身命运、生活在恐惧与孤独中的生活本质。

小说的主人公是一家公司的推销员，维持着家庭的生计。一天早晨醒来，他突然发现自己变成了一只长着许多细腿的大甲虫，从此厄运便降临了。形体的蜕变使他逐渐失去了人的习惯，整天在天花板上和墙壁上爬来爬去，喜欢吃腐烂的东西。父亲仇视他，母亲备感悲伤，看见他就吓得晕过去，妹妹对他由最初的怜悯渐渐变成厌倦。为了维持生计，家人出租他们的房屋，以增加收益。一天，格里高尔被妹妹的小提琴声吸引，暴露在房客面前，房客见此情景吵着要退租，妹妹也表示无法忍受，父亲用苹果砸伤了他，全家乱成一团。格里高尔在肉体和精神的双重打击下终于死去。他去世了，全家如释重负。第二天，他的父母和妹妹离开公寓，乘电车到郊外度假，在车上，他们“舒服地靠在椅背上谈起了将来的前途”。

小说用许多笔墨写了变形后的格里高尔被遗弃的境遇和他悲哀凄苦的心灵世界。德国文艺批评家龚特尔·安德尔评论道：“由于沉重的肉体和精神上的压迫，使人失去了自己的本质，异化为非人。它描述了人与人之间的这种孤独感与陌生感，即人与人之间，竞争激化、感情淡化、关系恶化，也就是说这种关系既荒谬又难以沟通。推销员一觉醒来发现自己变成甲虫，尽管它还有人的情感与心理，但虫的外形使他逐渐化为异类，变形后被世界遗弃使他的心境极度悲凉。三次努力试图与亲人以及外界交流失败后，等待他的只有死亡。”

小说运用神话象征的模式表现了一个真实而荒诞的世界。“真实”是因为它平静地描写了主人公变形前的具体生活细节，以及变形后的逼真的心理流程，让人感觉置身于一个真实的人的世界，小说才是真实的。我们从中能理解格里高尔的痛苦，也能理解他家人的焦虑，因为他们的情感世界正是芸芸众生的情感世界。“荒诞”是因为故事框架——人变成虫的逻辑结构本身是非真实的，它只是用来寄寓人在哲理意义上的生存状态。作者不是让人们去接受人变成虫这一客观存在的事实，而是去体察和领悟其超现实的精神状态和深层心理情感，去寻求荒诞中的本质。人变成甲虫是人类精神世界招致扭曲、异化的象征，是人与人之间的隔膜状态及其由隔膜所造成的孤独、绝望情感的折射。虚幻中蕴涵着现实，现实表象中充满了荒谬，现实与荒谬有机地融为一体，体现了“卡夫卡式”创作的主要艺术特色。

先睹为快

她们休息了没多久就已经往里走来了；葛蕾特用胳膊围住她母亲，简直是在抱着她。“那么，我们现在再搬什么呢？”葛蕾特说，向周围扫了一眼，她的眼睛遇上了格里高尔从墙上射来的眼光。大概因为母亲也在场的缘故，她保持住了镇静，她向母亲低下头去，免得母亲的眼睛抬起来，说道：“走吧，我们要不要再回起居室去待一会儿？”她的意图格里高尔非常清楚：她是想把母亲安置到安全的地方，然后再把他从墙上赶下来。好吧，让她来试试看吧！他抓紧了他的图片绝不退让。他还想对准葛蕾特的脸飞扑过去呢。

可是葛蕾特的话却已经使母亲感到不安了，她向旁边跨了一步，看到了印花墙纸上那一大团棕色的东西，她还没有真的理会到她看见的正是格里高尔，就用嘶哑的声音大叫起来：“啊，上帝，啊，上帝！”接着就双手一摊倒在沙发上，仿佛听天由命似的，一动也不动了。“唉，格里高尔！”他妹妹喊道，对他又是挥拳又是瞪眼。自从变形以来这还是她第一次直接对他说话。她跑到隔壁房间去拿什么香精来使母亲从昏厥中苏醒过来。格里高尔也想帮忙——要救那张图片以后还有时间——可是他已经紧紧地粘在玻璃上，不得不使点劲儿才能够让身子移动；接着他就跟在妹妹后面奔进房间，好像他与过去一样，真能给她什么帮助似的。可是他马上就发现，自己只能无可奈何地站在她后面。妹妹正在许许多多小瓶子堆里找来找去，等她回过身来一看到他，真的又吃了一惊；一只瓶子掉到地板上，打碎了；一块玻璃片划破了格里高尔的脸，不知什么腐蚀性的药水溅到了他身上；葛蕾特才愣住一小会儿，就马上抱起所有拿得了的瓶子跑到母亲那儿去了；她用脚砰地把门关上。格里高尔如今和母亲隔开了，她就是因为他，也许快要死了。他不敢开门，生怕吓跑了不得不留下来照顾母亲的妹妹。目前，除了等待，他没有别的事可做；他被自我谴责和忧虑折磨着，就在墙壁、家具和天花板上到处乱爬起来，最后，在绝望中，他觉得整个房间竟在他四周旋转，就掉了下来，跌落在大桌子的正中央。

延展阅读

作者还有下列精品：

《诉讼》

银行职员约瑟夫·K一天早上醒来忽然发现房间里来了两个黑衣人，宣布他为罪犯。但他的行动仍然是自由的，还是照样上班、生活。然而他内心的罪恶感与日俱增，渗透了整个灵魂。渐渐地，他从自感无罪、竭力洗清罪名，到自觉有罪、甘愿心安理得服从审判。最后，两个黑衣人再次出现，在一个荒废的采石场把他刺死。

《城堡》

主人公K是城堡的土地测量员，以去城堡述职为由前去办理户口。城堡就矗立在不远的山冈上，但怎么也无法进入。城堡主人C伯爵人尽皆知，却谁也没见过。K经过一系列艰难的探索奋斗，最终还是没有进入城堡。这里的“城堡”从社会学角度解释，可以说是一部庞大的官僚机器，从哲学角度解释，也可以看做一个异化的世界。

《尤利西斯》

〔爱尔兰〕詹姆斯·乔伊斯　著

关于作者

如果说20世纪的现代主义绘画和音乐是毕加索和瓦格纳的时代，那么文学中的现代主义是属于詹姆斯·乔伊斯的时代。这位爱尔兰天才艺术家，在现代主义文学思潮中起着中流砥柱的作用。

詹姆斯·乔伊斯（1882—1941），出生于爱尔兰的一个中产阶级家庭，中学在都柏林的一所耶稣学校就读，1898年进入都柏林大学，攻读哲学和语言，对戏剧也很有兴趣，喜欢易卜生和托尔斯泰的作品。大学毕业后，他厌恶首都庸俗无聊的市民生活，于1904年“自愿流亡”欧洲各地，中间仅仅点缀着短期的回乡探亲，1911年后便再也不曾踏上爱尔兰的土地。他一生颠沛流离，又饱受眼疾折磨，到晚年几乎完全失明，但他对文学矢志不渝，勤奋写作，终成一代巨匠。1941年，这位意识流小说大师在瑞士苏黎世病逝。

乔伊斯在中学时代就表现出极高的艺术天赋，18岁时他在《双月评论》上发表有关易卜生戏剧的评论文章，得到易卜生本人的来信赞赏，这给予乔伊斯极大的鼓舞，决心像他崇拜的导师那样无视公认的艺术准则和社会习俗，而在自我英雄主义光辉照耀下前进。乔伊斯写过诗和剧本，但主要作品是小说，虽然数量不多，却每一篇都是精心之作，而且每一部新作都是对小说艺术的探索。1914 年是他创作生涯中具有里程碑意义的一年，他出版了短篇小说集《都柏林人》，并在名为《斯蒂芬英雄》的书稿上加工完成了《青年艺术家的肖像》，同时又开始《尤利西斯》的构思创作。最后一部小说《芬尼根的觉醒》花费了乔伊斯 17 年的时间。他一生创作的小说总共才 4 本，但每一本都是他跋涉艺术殿堂不屈不挠的探索，标志着他超越自我的艰辛尝试。

乔伊斯最重要的贡献是在现代主义文学史上堪称典范的意识流小说。他深受柏格森和弗洛伊德学说的影响，其作品不追求引人入胜的情节，而是致力于描写人物复杂的精神世界，且以成功地运用“意识流”和象征手法著称。

乔伊斯是 20 世纪西方最重要、最有影响也是引发争论最多的小说家之一。他的创作经历了从《都柏林人》的现实主义、《尤利西斯》的现代主义到《芬尼根的觉醒》的后现代主义阶段。近一个世纪以来，围绕他的争论一直没有停止过，但没有一个论者能否认他对西方现代主义文学的巨大影响。

荐读理由

《尤利西斯》一书酝酿了 10 多年，动手写作又花了 7 年，终于在 1922 年 2 月 2 日乔伊斯生日这天出版。但小说刚刚问世，就被认为语涉淫秽，因此长期被禁止在英美发行，直到 1933 年这部巨著才得以公开与英美读者见面。

小说《尤利西斯》是三个平凡的小人物一生中平凡的一天的记录，主人公为广告经纪人布鲁姆、青年斯蒂芬以及布鲁姆之妻莫莉。这部总字数达 100 万字的小说描绘的仅仅是斯蒂芬和布鲁姆从 1904 年 6 月

16 日早晨 8 点到次日凌晨 2 点这 18 个小时内在都柏林的活动。斯蒂芬在都柏林城外海边的一个塔楼与人对话，并作着内心思考。两小时后他来到任教的中学，校长向他大谈历史，攻击女人，他感到无聊又来到海边遐思，人生、世界、自然、宇宙，目之所见、耳之所闻都引起他丰富的联想和无穷的感叹。广告经纪人布鲁姆生活在异域他乡，倍感孤独，面对成为歌星的妻子莫莉，他诚惶诚恐，忙完了家务琐事就出门了。莫莉收到了经理兼情人的来信，约好下午排练，她与丈夫的关系已名存实亡，因为 11 年前布鲁姆已失去性功能，布鲁姆发现妻子的不忠，心情黯然，自己也只能与一个女人私通情书而想入非非。布鲁姆与斯蒂芬一见如故，请客吃饭、闲逛，深夜回到布鲁姆家，莫莉要向斯蒂芬学意大利语，斯蒂芬答应了，却拒绝留宿过夜并离去。莫莉在床上迷迷糊糊，小说就在莫莉几十页无标点的内心独白中结束。

乔伊斯在本书中将象征主义与自然主义熔于一炉，借用古希腊史诗《奥德赛》的框架，把布鲁姆一天 18 小时在都柏林的游荡比作希腊史诗英雄奥德修斯 10 年的海上漂泊，使《尤利西斯》具有现代史诗的概括性。《尤利西斯》中的三个人物分别有不同的象征意义，布鲁姆代表庸人主义，他的妻子莫莉代表肉欲主义，青年斯蒂芬代表虚无主义。小说通过这三个人一天的生活，把他们的全部历史、全部精神生活和内心世界表现得淋漓尽致。这部小说虽然结构庞大，层次错杂，但构思严密。其语言及思维方式不但和人物特征密切结合，而且深刻地再现了人物的内心世界，能让读者直接感受到人物的思维发展脉搏和意识的自然流程。《尤利西斯》的问世，标志着“意识流”这一创作方法已达到了成熟，也是乔伊斯一生创作的高峰。

德国著名作家托马斯 · 曼给予《尤利西斯》以高度评价，他说：“我认为那篇和弗洛伊德的世界非常接近的小说，使神话笼罩了一层心理学的光泽，隐藏着新的、未来人类的种子和要素。”著名心理学家荣格认为，“《尤利西斯》在对统领至今的那些美和意义的标准的摧毁中，完成了奇迹的创造。它侮辱了我们所有的传统情感，它野蛮地让我们对意义上与内容的期待归于失望”，“《尤利西斯》向我们明示了怎样才能做到尼采所谓的‘亵渎神灵’”。美国批评家弗里德曼则认为，“在某种意义上说，乔伊斯穷尽了意识流技巧，并以《尤利西斯》为意识流传统树立起一座难以企及的独一无二的丰碑”。

《尤利西斯》语言晦涩、艰深，令一般读者望而却步，但这不影响乔伊斯迷们对它的热爱。爱尔兰人民甚至把《尤利西斯》中描写主人公布鲁姆一天全部活动的 6 月 16 日定为“布鲁姆日”，该节日后来成为仅次于国庆日的大节日。每年的这一天，学者们举行各种学术活动，来自世界各地的乔伊斯迷们聚集在都柏林，沿着小说中布鲁姆走过的大街小巷漫游，感受小说中人物的心理状态。

先睹为快

无可避免的视觉认知形态：如果没有其他形态，至少通过视觉认识外界。用我的眼睛进行的思维。我在这里辨识出来的、万物那形形色色的标志：鱼卵与海藻，涨过来的海潮，陈旧的长筒靴。鼻涕青，蓝银色，铁锈色：都是带色的标志。透明性的限度。然而他又加上一句：物体的。那么，这些物体尚未着色之前，他就有所察觉。怎样察觉呢？准是用脑袋撞过。别急。他已歇了顶。而且是个百万富翁，先哲的大师。透明性在其中的限度。为什么说“在其中”呢？透明性，不透明性。倘若你能把五指伸过去，那就是篱笆门，伸不过去就是门扉。闭上眼睛试试看。

斯蒂芬闭上两眼，倾听着自己的靴子踩在海藻和贝壳上的声音。你好歹从中穿行着。是啊，每一次都跨一大步。在极短暂的时间内，穿过极小的一段空间。五，六：持续地。正是这样。这就是无可避免的听觉认知形态。睁开你的眼睛。别，唉！倘若我从濒临大海那峻峭的悬崖之巅栽下去，就会无可避免地在空间并列着往下栽！我在黑暗中呆得蛮惬意。那把梣木刀佩在腰间。用它点着地走：他们就是这么做的。我的两只脚穿着他的靴子，并列着与他的小腿相接。听上去蛮实，一定是巨匠造物主那把木槌的响声。莫非我正沿着沙丘走向永恒不成？喀嚓吱吱，吱吱，吱吱。大海的野生货币。迪希先生全都认得。

来不来沙丘，

母马玛达琳？

瞧，旋律开始了。我听见啦。节奏完全按四音步句的抑扬格在行进。不。在飞奔：母马玛达琳。

延展阅读

《青年艺术家的肖像》

这是作者的另一部精品。

本书是一部自传体小说，主人公斯蒂芬·达德路斯是一位体弱却聪颖的青年艺术家，他一方面对周围的贫困、冷漠、平庸生活非常反感，同时内心的艺术创作力量又驱使他处于一种矛盾的孤独的境遇。这部小说把主人公内心深处的潜意识活动和受压抑的本能冲动发掘出来，使混乱的与清醒的意识交织在一起，构成多层次的意识流。

《老人与海》

〔美〕海明威 著

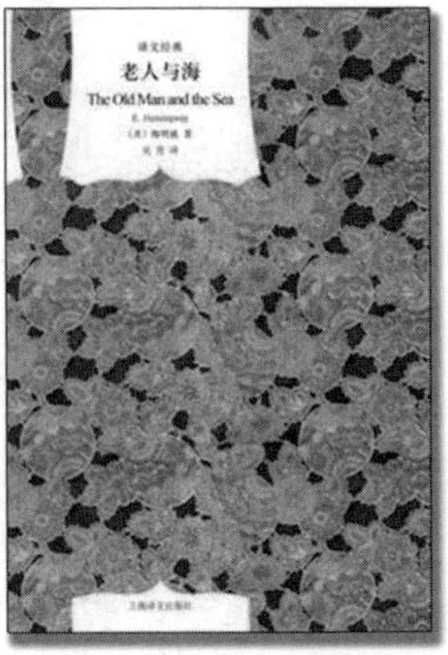

关于作者

海明威（1899—1961）是美国当代著名的小说家和开一代文风的语言大师，他以近乎传奇的个人经历和独特的思想艺术风格而闻名于世。20世纪20年代初，一些第一次世界大战的参战青年经历过残酷的战争后，身心都受到严重创伤，希望通过文学创作修复受伤的自我，他们被称为“迷惘的一代”，而海明威被公认为“迷惘的一代”的杰出代表。他在继承马克·吐温等人的现实主义传统的基础上，形成一种独特的风格。他的创作对20世纪美国文学乃至世界文学均产生了深远的影响。

1899年，海明威出生于美国伊利诺斯州芝加哥郊区的橡树园镇，父亲是一名外科医生，于1928年自杀身亡，不料33年后海明威竟以同样的方式结束了自己的生命。海明威从小喜欢打猎、游泳、拳击、踢球等体育运动，练就了强健的体魄和刚强的性格。“一战”爆发后的1918年，海明威到前线参战，遭遇炮击，全身留下弹伤几百处。战后回国短暂居住后，他来到巴黎，走上文学创作之路。

海明威一生共写了50多篇短篇小说、多部中长篇小说、一个剧本。其作品大多以战争为题材，表现对战争的厌恶、谴责，对战胜死亡的英雄的歌颂，对现实的批判，对人生、社会、战争意义的探讨。作品既表现了冷静、抗争、坚韧、刚毅的硬汉精神，又始终充满迷惘、沉思、彷徨的色彩。

据说，海明威早上起来后第一件事，就是写作。他喜欢在打字机前站着写作，当别人问他为什么要站着写作时，他回答说："我站着写，而且是一只脚站着。我采取这种姿势，使我处于一种紧张状态，迫使我尽可能简短地表达我的思想。""硬汉子"海明威的简洁文风，原来就是这样苦练出来的。人们通常用"冰山风格"描述海明威小说的艺术特征，这源于作家本人提出的所谓"冰山"理论："我总是试图根据冰山的原理去写作：在海洋里冰山移动之所以显得雄伟壮观，是因为露出水面的只有八分之一，而八分之七的部分却藏在水面下。你尽可以省略掉你所知道的任何东西，这只会使你的冰山变得更丰厚起来。"

1954年，海明威因"精通于叙事艺术，突出地表现在他的近著《老人与海》中，同时也由于他在当代风格中所发挥的影响"，获得诺贝尔文学奖。

荐读理由

中篇小说《老人与海》是海明威最重要的代表作。1952年9月，《生活》周刊发表了《老人与海》全文，创下了48小时售出531万份的纪录。这部作品的成功，也是他荣获1954年度诺贝尔文学奖的重要因素之一。

《老人与海》取材于作者早年听说的一个古巴渔夫的故事。小说情节非常简单，写一个老渔夫在海上三天的捕鱼经历。主人公桑提亚哥连续 84 天出海均空手而归。到第 85 天，老人独自扬帆出海，不顾一切地走得很远，他自信可以冲破一连串的坏运气捕到大鱼。他终于如愿以偿，在海上很远的地方钓到一条从来没有见过的大马林鱼。老人在海上和鱼进行了殊死搏斗才把大鱼杀死。当他把战利品捆在船边开始胜利返航的时候，又遭到一群鲨鱼的疯狂进攻。为了保卫自己的劳动成果，老人竭尽全力与鲨鱼群进行了一昼夜的恶战，然而最后靠岸时，只剩下一副巨大的鱼骨。

《老人与海》通过桑提亚哥这个从不向险恶低头的硬汉子形象，表现人的尊严和勇气，在暴力、死亡、失败面前表现人应有的姿态。老人的捕鱼经历上升为对于整个人生的寓言。海洋象征着世界与人生，马林鱼象征人类所想要达到的目标，鲨鱼则代表着与人搏斗的邪恶势力。桑提亚哥名义上是个渔夫，实则是一个抽象化的人，他与马林鱼、鲨鱼的搏斗实际上是与人生搏斗的象征。他虽然失败了，但不失英雄本色，他身上灌注着作者十分重视的一个见解，即在厄运和失败面前，只要毫无畏惧，不怕失败，保持自己的人格尊严，他就是不可战胜的人。正如书中的经典名言所说的："人不是生来要给打败的，你尽可以把他消灭掉，但就是打不败他。"他肉体上可以被打垮，可精神上永远是强者。

桑提亚哥是海明威笔下一系列硬汉形象的发展与升华。他象征着高贵的人类精神，一种永恒的超越时空的存在。海明威将富有生命力的人物形象与朦胧抽象的寓意、将现实生活的诗情画意与丰富深刻的哲理有机融合，从而创造出这位体现着人类尊严、在厄运乃至悲剧性命运的重压下昂首挺立而不弯腰的硬汉子典型。但是应当看到，海明威在小说中所歌颂的毕竟是孤独的个人主义英雄。尽管他在茫茫苦海中英勇无畏，奋力拼搏，但在强大的敌人面前，始终处于孤立无援的境地。作品只能通过对抽象的"硬汉精神"的赞美，给灰暗的主题抹上几分明朗的色彩，却无法从根本上改变桑提亚哥的命运。这是桑提亚哥的悲剧，也是海明威的悲剧。

先睹为快

下一个来到的鲨鱼是一条犁头鲨。它来到的时候就活像一只奔向猪槽的猪，如果一只猪的嘴有它的那么大，大得连你的头也可以伸到它嘴里去的话。老头儿先让它去咬那条死鱼，然后才把绑在桨上的刀扎进它的脑子里去。但是鲨鱼一打滚就往后猛地一挣，那把刀子喀嚓一声折断了。

老头儿只管去掌他的舵，连看也不看那条大鲨鱼，它慢慢地沉到水里去，最初还是原来那么大，然后渐渐小下去，末了只有一丁点儿了。这种情景老头儿一向是要看得入迷的，可是现在他望也不望一眼。

"我还有鱼钩呢，"他说，"但是那没用处。我有两把桨，一个舵把，还有一根短棍。"

他想：这一回它们可把我打败了。我已经上了年纪，不能拿棍子把鲨鱼给打死。但是，只要我有桨，有短棍，有舵把，我一定要想法去揍死它们。

他又把手泡在水里。这时天色渐渐地向晚。除了海和天以外，什么也看不出来。天上的风刮得比先前大了些，他希望马上能够看到陆地。

"你累乏啦，老头儿，"他说，"里里外外都累乏啦。"

直到太阳快落下去的时候，鲨鱼才又向他扑来。

老头儿看见两个褐色的鳍，顺着死鱼在水里造成的那条宽阔的路线游着。它们甚至不去紧跟着鱼的气味，就肩并肩地直朝着小船扑来。

他扭紧了舵，把帆脚绳系好，从船艄下面去拿那根短棍。这是把一个断了的桨锯成二英尺半长左右的一个桨把子。因为那个桨把子有个把手，他用一只手攥起来才觉得方便，他就稳稳地把它攥在右手里，用手掌弯弯地握着，一面望着鲨鱼的来到。两条都是"星鲨"。

他想，我要先让第一条鲨鱼把死鱼咬紧了，然后再朝它的鼻尖儿揍，或者照直朝它的头顶上劈去。

两条鲨鱼一道儿来到跟前，他看见离得最近的一条张开大嘴插进死鱼的银白色的肚皮时，他把短棍高高地举起，使劲捶下，朝鲨鱼的宽大的头顶狠狠地劈去。短棍落下的当儿，他觉得好像碰到了一块坚韧的橡皮，同时他也感觉到打在铁硬的骨头上。鲨鱼从死鱼身上滑下去的时候，他又朝它的鼻尖上狠狠地揍了一棍。

另一条鲨鱼原是忽隐忽现的，这时又张开了大嘴扑上来。当它咬住了死鱼、闭紧了嘴的时候，老头儿看得见从它嘴角上漏出的一块块白花花的鱼肉。他用棍子对准了它打去，只是打中了它的头，鲨鱼朝他望了一望，然后把它咬住的那块肉撕去。当它衔着鱼肉逃走的时候，老头儿又揍了它一棍，但是打中的只是橡皮似的又粗又结实的地方。

“来吧，星鲨，”老头儿说，“再来吧。”

鲨鱼又冲上来，一闭住嘴就给老头儿揍了一棍。他把那根棍子举到不能再高的地方，结结实实地揍了它一下。这一回他觉得他已经打中了脑盖骨，于是又朝同一个部位打去，鲨鱼慢慢吞吞地把一块鱼肉撕掉，然后从死鱼身上滑下去了。

老头儿留意望着那条鲨鱼会不会再回来，可是看不见一条鲨鱼。一会儿他看见一条在水面上打着转儿游来游去。他却没有看到另一条的鳍。

他想，我没指望再把它们弄死了。当年年轻力壮的时候，我会把它们弄死的。可是我已经叫它们受到重伤，两条鲨鱼没有一条会觉得好过。要是我能用一根垒球棒，两只手抱住去打它们，保险会把第一条鲨鱼打死。甚至现在也还是可以的。

延展阅读

《太阳照常升起》

这是使海明威获得声誉的第一部长篇小说。它真实地反映了战后流落欧洲的一批青年迷茫、苦闷的精神状况。女主人公艾希利是个英国人，在战争中失去亲人；男主人公巴恩斯是美国记者，战争中因受伤而失去性爱能力。两人两情相悦但无法结合，不得不分手。为了解脱痛苦，巴恩斯试图以各种方式逃避现实——喝酒，钓鱼，看斗牛，赌纸牌。与他一起的还有一批同样被战争逐出生活常规的伤兵和逃兵，与他干着同样的事，住在巴黎的公寓里鬼混，打发日子。他们“没有一个人是清醒的”，“人人都行为恶劣”。在他们看来，一切都不会改变，人生短暂而宇宙永恒，如同太阳一天天照旧升起。由于小说真实地表现了一战后西方一代青年的迷惘与困惑、幻灭与痛苦，因而成了公认的“迷惘的一代”文学的宣言书。

《永别了，武器》

这是作者的另一部精品。

这是一部以“一战”为背景的爱情小说，具有强烈的反战倾向，反映了当年“迷惘的一代”的精神苦闷。小说主要描写在第一次世界大战中，美国青年军官亨利在意大利前线负伤，住院期间和英国女护士卡萨玲产生爱情。亨利伤愈归队之后，在一次撤退途中被误认为是德国奸细而遭意军逮捕，他在被处决前伺机逃脱，历尽千辛万苦，终于找到卡萨玲，两人一起流亡瑞士。他们渴望和平安静的幸福生活，但卡萨玲却不幸死于难产，把亨利一人留在世间。今后何去何从他不知道，只知道自己跟战争永别了，而前途则一片渺茫。小说辛辣地揭露了狂热的战争宣传，浸润着作者对整个人类文明的悲观失望情绪，那是“迷惘的一代”的心声。

《白鲸记》

《白鲸记》是19世纪美国作家赫尔曼·梅尔维尔创作的小说。虽然与海明威的《老人与海》属于不同的时代，但是这两部小说的题材却非常相似。《白鲸记》讲述的是一位船长追捕一条白鲸最终同归于尽的故事。船长亚哈曾在一次捕鲸过程中被白鲸莫比·迪克咬掉一条腿，他为了复仇，带着船员辗转全世界，整个故事伴随着人与鲸鱼惊心动魄的搏斗、诡谲的海上风浪、偏执狂躁的嘶吼。这部小说在梅尔维尔生前没有引起重视，但却在20世纪几乎与《老人与海》同样的时代声名鹊起。也许刚一诞生时，人们只把它看做海上冒险小说，但当今日人们重新审视它的主题时，却发现它简直就是一座丰富的艺术宝藏。它被冠以游记、航海故事、寓言、捕鲸传说、有关鲸鱼与捕鲸业的百科全书、美国史诗、莎士比亚式的悲剧、抒情散文长诗、塞万提斯式的浪漫体小说等重重桂冠，可以有无数种解读。英国作家毛姆甚至认为其可以列为世界十大文学名著之一，作者的文学史地位更在马克·吐温等人之上。

哲学篇

《理想国》

〔古希腊〕柏拉图　著

关于作者

柏拉图（前427—前347），古希腊伟大哲学家，也是西方哲学乃至整个西方文化最伟大的哲学家和思想家之一，他和老师苏格拉底、学生亚里士多德，并称为古希腊三大哲学家。

柏拉图出身于雅典贵族，青年时师从大哲学家苏格拉底。苏氏死后，他游历四方，后在阿卡德米体育馆附近设立一所学园，并在那里执教40年，直至逝世。柏拉图是西方客观唯心主义的创始人，他的哲学体系博大精深，他提出的哲学问题对后代影响深远。柏拉图是哲学史上第一个有大量著作传世的哲学家，他留下了近30种作品，代表作有《理想国》和《法律篇》等。他创立了“对话体”，其文体之优美亦堪称文学史上的典范。

柏拉图认为，世界由“理念世界”和“现象世界”两部分组成。理念世界是永恒的、不变的、完美的，而现象世界，即人的感官直接接触到的现实世界，是短暂的、变化的、残缺的，现象世界只是理念世界的微弱的影子。由此出发，柏拉图提出了“理念论”和“回忆说”的认识论，并将其作为自己哲学理论的基础。

除了以上哲学体系之外，柏拉图还以“柏拉图式爱情”的概念而闻名。这是一种精神恋爱，追求灵魂交流，排斥肉体性欲。柏拉图认为：当心灵摒绝肉体的兽欲，一心向往着理念世界的真理时，恋人和爱人间才能凭借爱情的理念带来的羽翼，回归理念世界的纯粹和安详。当人被肉欲所左右时，灵魂就会屈从于肉体的欲望，放弃高尚的理念世界，堕落在兽性的发泄中。

柏拉图生活在雅典民主制度由盛而衰的时代，对于雅典城邦制，他一直主张用正确的哲学指导、治理国家，但雅典的现实一次次使他感到失望，在理想和现实的矛盾中，他不得不退而把“哲学王”治理国家的宏伟政治蓝图记录下来，不朽的政治和哲学著作《理想国》就这样诞生了。

荐读理由

《理想国》又译《国家篇》《共和国》，与柏拉图大多数著作一样，用以苏格拉底为主角的对话体写成，共分 10 卷，被称为一部“哲学大全”。这部著作不仅是柏拉图对哲学思想的总结，还探讨了宗教、伦理、政治、教育、文艺等方面的问题，以“理念论”为基础，提出了一套系统的国家治理方案。

柏拉图理想中的国家，是由受过严格哲学教育的“哲学王”为统治阶层，保卫国家的武士阶层为治理人员，他们共同领导下属的平民阶层。柏拉图认为，城邦整体的利益至高无上，一个好的国家应该具备智慧、勇敢、自制、正义四种美德。其中，国家的“正义”由统治阶层制定，统治者甚至可以“为了国家利益用撒谎来对付敌人或者公民”。被统治的全体公民从儿童时代开始就要接受音乐、体育、数学到哲学的终身教育。教育内容须经过严格的选择，荷马、赫西俄德的史诗和悲剧诗，一律不准传入国境，因为它们会毒害青年的心灵。柏拉图毅然把诗人逐出了他心目中的理想国。

在这样的体系中，哲学家作为“爱智慧的人”，热衷于追求真理，拥有知识，具有智慧、正义和善良的美德，是一个国家最高的领导者。只有哲学家拥有对国家“理念”的正确认识，其他人都像在洞穴中背对着洞穴出口，靠着身后火焰映出的图像看世界的人，只看到现象世界，有所蒙蔽。只有哲学家才拥有高超的智慧、真实的知识、完美的德行。因此，“哲学王”拥有绝对最高权力，只有“哲学王”可以拯救城邦和人民。

《理想国》在哲学史乃至整个人类思想史上都产生了广泛和深远的影响。英国哲学家怀特海曾说过：“两千年的西方哲学史都是柏拉图的注脚。”《理想国》不仅是柏拉图对其唯心主义哲学思想最为系统的表述，也是人类思想史上诞生的第一个完整的理想国家方案，成为后代社会政治理想的“乌托邦”方案的滥觞之作。

先睹为快

苏：那么请告诉我：我们不是说痛苦是快乐的对立面吗？

格：当然。

苏：没有一种既不觉得快乐也不觉得痛苦的状态吗？

格：有的。

苏：这不是这两者之间的一种状态，一种中间的，灵魂的两个方面都平静的状态吗？你的理解是不是这样？

格：是这样。

苏：你记不记得人们生病时说的话？

格：什么话？

苏：他们说，没有什么比健康更快乐的了，虽然他们在生病之前并不曾觉得那是最大的快乐。

格：我记得。

苏：你有没有听到过处于极端痛苦中的人说过？他们会说，没有什么比停止痛苦更快乐的了。是吧？

格：听到过。

苏：我想你一定注意到过，在许多诸如此类的情况下，人们在受到痛苦时会把免除和摆脱痛苦称赞为最高的快乐。这个最高的快乐并不是说的什么正面得到的享受。

格：是的。须知在这种情况下平静或许便成了快乐的或可爱的了。

苏：同样，当一个人停止快乐时，快乐的这种平静也会是痛苦的。

格：或许是的。

苏：因此，我们刚才说是两者之中间状态的平静有时也会是既痛苦也快乐。

格：看来是的。

苏：两者皆否的东西真能变成两者皆是吗？

格：我看不行。

苏：快乐和痛苦在心灵中产生都是一种运动。对吗？

格：对的。

苏：我们刚才不是说明了吗？既不痛苦也不快乐是一种心灵的平静，是两者的中间状态。是吗？

格：是的。

苏：因此，没有痛苦便是快乐，没有快乐便是痛苦，这种想法怎么可能正确呢？

格：决不可能正确。

苏：因此，和痛苦对比的快乐以及和快乐对比的痛苦都是平静，不是真实的快乐和痛苦，而只是似乎快乐或痛苦。这些快乐的影像和真正的快乐毫无关系，都只是一种欺骗。

格：无论怎么说，论证可以表明这一点。

苏：因此，请你看看不是痛苦之后的那种快乐，你就可以和仍然缠着你的下列这个想法真正一刀两断了：实质上，快乐就是痛苦的停止，痛苦就是快乐的停止。

格：你叫我往哪里看，你说的是哪种快乐？

苏：这种快乐多得很，尤其是跟嗅觉有联系的那种快乐，如果你高兴注意它们的话。这种快乐先没有痛苦，突然出现，一下子就很强烈；它们停止之后也不留下痛苦。

格：极是。

苏：因此，让我们别相信这种话了：脱离了痛苦就是真正的快乐，没有了快乐就是真正的痛苦。

格：是的，别相信这话。

苏：然而，通过身体传到心灵的那些所谓最大的快乐，大多数属于这一类，是某种意义上的脱离痛苦。

格：是的。

苏：走在这类苦和乐前头的那些由于期待它们而产生的快乐和痛苦不也是这一类吗？

格：是这一类。

苏：那么你知道它们是什么样的，它们最像什么吗？

格：什么？

苏：你是不是认为自然有上、下、中三级？

格：是的。

苏：那么人自下升到中，他不会认为已经升到了上吗？当他站在中向下看他的来处时，他不会因为从未看见过真正的上而认为自己已经在上了吗？

格：我想他不能有别的什么想法。

苏：假设他再向下降，他会认为自己是在向下，他的想法不是对的吗？

格：当然对的。

苏：他之所以发生这一切情况，不都是因为他没有关于真正的上、中、下的经验吗？

格：显然是的。

苏：那么，没有经验过真实的人，他们对快乐，痛苦及这两者之中间状态的看法应该是不正确的，正如他们对许多别的事物的看法不正确那样。因此，当他们遭遇到痛苦时，他们就会认为自己处于痛苦之中，认为他们的痛苦是真实的。他们会深信，从痛苦转变到中间状态就能带来满足和快乐。而事实上，由于没有经验过真正的快乐，他们是错误地对比了痛苦和无痛苦。正如一个从未见过白色的人把灰色和黑色相比那样。你认为这种现象值得奇怪吗？

格：不，我不觉得奇怪。如果情况不是这样，我倒反而会很觉奇怪的。

延展阅读

《法律篇》

这是柏拉图后期的一部作品，分为 12 卷，在《理想国》的基础上，进一步阐释了法律效用的思想。柏拉图从理想出发，推崇“哲学王”的统治，“没有任何法律或条例比知识更有威力”；从现实出发，强调人类必须制定法律且遵守法律，否则他们的生活将如同野蛮的兽类。在“理想国”提供的最完美的国家方案外，柏拉图还从地理环境、疆域大小、人口规模、经济生活、阶级结构、政治制度、法律等细则方面，构建了“第二等好”的城邦方案。值得一提的是，与《理想国》由“哲学王”执政的贤人政体不同，《法律篇》转而主张混合政体，以防止个人专权。《理想国》中划分公民等级是依据先天禀赋的优劣，而《法律篇》则是按照后天财产的多寡来分。可以说，《法律篇》是《理想国》的补充和升华。

《形而上学》

〔古希腊〕亚里士多德 著

关于作者

亚里士多德（前384—前322），古希腊斯吉塔拉人，世界古代史上最伟大的哲学家、科学家和教育家之一。他是柏拉图的学生、亚历山大的老师。公元前335年，他在雅典创办了一所叫吕克昂的学校，因其喜欢在学校里的林荫道上和学生散步、讲课和讨论学问，因此被称为逍遥学派。

作为一位最伟大的、百科全书式的科学家，亚里士多德的学术研究涉及形而上学、心理学、经济学、神学、政治学、修辞学、教育学、诗歌、风俗，以及雅典宪法等众多领域，他流传下来的著作几乎涉及古希腊人已知的所有学科。

在哲学方面，亚里士多德的思想对西方文化的根本倾向及内容均产生了深刻的影响。在上古及中古时期，他的著作被译成拉丁文、叙利亚文、阿拉伯文、意大利文、希伯来文、德文和英文。后来的希腊学者研究及推崇他的著作，拜占庭的学者也是如此。他的思想是中世纪基督教思想和伊斯兰经院派哲学的支柱。

亚里士多德是希腊科学的一个转折点。在他之前，科学家和哲学家都力求提出一个完整的世界体系来解释自然现象。他是最后一个提出完整世界体系的人。在他之后，许多科学家放弃了提出完整体系的企图并转入研究具体问题。

亚里士多德至少撰写了170种著作，其中近50种流传下来。随着亚里士多德的作品不断地被发现，中世纪出现了一个研究亚里士多德主义的新时代，学者们以此作为求得各方真知的基础。亚里士多德在研究方法上，习惯于对过去和同时代的理论持批判态度，提出并探讨理论上的盲点，使用演绎法推理，用三段论的形式论证。

亚里士多德集古代知识于一身，在他死后的几百年中，没有一个人像他那样对知识有过系统考察和全面掌握。他的著作是古代的百科全书，他的思想曾经统治过全欧洲，他被马克思称为“最博学的人”。

荐读理由

如果要提起一本西方思想传统中最重要的经典文本，或者一本奠定西方思想传统的重要著作，那么源头一定要上溯到古希腊，而亚里士多德的《形而上学》就是这样一部展示了人类理性对于事物最普遍的面相和终极原因的探索的伟大著作。

正如很多早期的古代学者一样，亚里士多德的思想的流传离不开弟子及其再传弟子的努力。《形而上学》就是亚里士多德的继承者根据他的笔记整理而成的。该书的本名，如果直译的话，应该是“物理学之后”的意思，因为它在亚里士多德的著作集中排在物理学之后。但是中国的译者，根据其内容，为它赋予了“形而上学”这个典出《周易·易传》“形而上者谓之道”的名字，的确，这本书所讨论的问题，基本上都是重要的哲学问题，如存在的根本原因和本原问题等。

由于是根据笔记整理而成，所以结构有些松散，各卷之间缺少连贯性，但正如中国的先秦诸子百家之书一样，它的字句篇章无不是哲学研究的重要资料，对后世产生着巨大的影响。例如在卷一中，亚里士多德总结了西方哲学的发展史，开篇就以“求知是人类的本性”这句宏大深沉的论断奠定了求知的格调。他认为智慧或真实的知识是关于原因的知识，尤其是关于终极原因的知识，并提出了著名的“四因说”，即事物的存在和变化的主要原因有四种，即形式因、目的因、质料因和动力因。在卷四中，讨论了形而上学的定义，亚里士多德认为形而上学研究的是“作为存在的存在”，考察万物的本原或终极原因。在卷五中，则依次讨论了30个重要的哲学概念：本原、原因、元素、自然、必然、一、存在、实体、相同、对立、在先、潜能、量、质、关系、完满、界限、由于什么、安排、具有、属性、短缺、有着、出于、部分、整体、损害、种、虚假、偶性。而全书最重要的部分还有第七、八、九卷。在第七卷中，他集中讨论的是“实体”的问题，首先，属性所系的个体事物是真实的实体。实体即主体，它不能用作谓语去说明别的范畴。在一切范畴中，实体是基本的范畴，其他的范畴都是以它为基础的。其次，属性隶属于个体，人们对个体事物的把握就是对一般属性的把握，因而一般属性或共相也是实体。在此意义上，事物的本质就是它的实体。

这本书结构虽庞杂，但内容博大精深，这里推荐的译本更是语言精纯锤炼，甚至夹杂着文言和赋一般的语言。也许一开始读者不能立刻领会其中精深的概念，但人们一定会叹服甚至震惊于古代学者那丰富的知识、博大的思想，甚至仅仅因为语言之美而拜倒在它脚下。

先睹为快

有一个与其他任何问题一样重大的疑难常为古今哲学家所忽视，——可灭坏事物与不可灭坏事物原理相同或有异？若说相同，何以有些事物归于灭坏，有些则否，其故何在？希萧特学派和一切神学家的思想颇有自得之意，而未必切中我们的疑难。他们将第一原理寄之于诸神，诞衍于诸神，他们说，万物初创时，凡得饮神酒，尝神膏者，均得长生不死；他们所用的言语在他们神学家之间诚已互相娴习，默契于心，可是如欲凭彼等所递传之神话为我们阐述宇宙因果，我们总难领会其旨。倘诸神欢欣鼓舞而酣饮取食于神酒神膏，酒食之供应固非诸神所由得其生存之源，若诸神还须靠酒食以维持其生存，则这样的神祇何得谓之永生？对于神话学家的机智我们无须认真加以研究。可是对于那些用实证来讲话的人，就必须加以严格考查而最后提出这样的询问，何以由同样要素组成的事物，有些灭坏，有些却得到永存的性质。这些思想家于此既未能有所说明，照他们所说，也无以解释事物的常理；万物的原理与原因显然不全相同。虽是大家公认为说得最周到的恩培多克勒，也不免于此误；他主张毁灭的原因在于斗，然而"斗"，除了不能产生"一"以外，似乎也能产生任何事物；除主神而外所有事物都从斗发生。至少，他说过：——

一切过去、现在和将来的万物都从此始。——
由以孕育了男女，和开花的草树，
以及鸟兽和水中的鱼，
还有长生的神祇。

即便在字里行间，道理也很明白；照他说来，"斗"若不见于事物，事物便归一致；事物正在结集，斗就站到外边。跟着他的理论说来，最有福的神还当是较不聪明的；他不曾尽知所有要素；他自身没有斗；而知识却是同类事物的感应。他说：

因为我们具有土，所以能见土，因水见水，
因清明的气见气，因火而见炽烈的火，

因爱见爱，因阴暗的斗也见到了斗。

但——这就算是我们的起点——照他所说，斗争是分裂而毁灭的原因，同样也是生存的原因。相似地，友爱也并不专是生存的原因；因为将事物结集于元一，这也毁灭其他一切事物。同时，恩培多克勒没提到动变自身的原因，他只说过事物的所以如此，出于自然。

他站起来要求应得的光荣，时间已经来到，

这曾由一个严肃的誓言，规定了他轮值的次序。

这诗末行暗示了动变是必然的；但他没有说出所以必然动变的原因。可是，在这里只有他说得最周到了；因为他并不说有些事物可灭坏，有些事物永不灭坏，他只说除了元素以外，其他一切事物均可灭坏。而我们现在的疑难则是，事物苟由同一原理支配，何以有些可灭坏，有些不灭坏。关于可灭坏与不灭坏事物必须有两种不同原理，我们的说明暂止于此。

延展阅读

《诗学》

此书是西方第一部从理论内容到理论形态都比较完整的美学、文论专著，深刻体现了亚里士多德的方法论。《诗学》提出的方法论有两个特点：一是严谨的逻辑推理；二是自然科学方法和社会科学方法相结合。《诗学》立论精辟，内容深刻，虽然篇幅不长，但气度不小，无疑是一篇有分量、有深度的大家之作。《诗学》探讨了一系列值得重视的理论问题，如人的天性与艺术摹仿的关系、构成悲剧艺术的成分、悲剧和史诗的异同等等。《诗学》提出的某些观点，如情节是对行动的模仿和诗评不应套用政治评论的标准的观点，在当时具有可贵的创新意义。

《沉思录》

〔古罗马〕马可·奥勒留　著

关于作者

马可·奥勒留（121—180），斯多亚派著名哲学家、古罗马帝国皇帝，生于罗马，幼年丧父，由他的母亲和祖父抚养长大，在希腊文学和拉丁文学、修辞、哲学、法律甚至绘画方面受到了当时最好的教育。他从他的老师那里熟悉和亲近了斯多亚派的哲学，并在生活中身体力行。

马可·奥勒留作为罗马帝国五贤帝时代的最后一个皇帝，在整个西方文明之中，算得上是一个少见的贤君。虽然他向往和平，可他在位期间，战乱不断，灾难频繁，洪水、地震、瘟疫，加上与安息人的战争，北方的马尔克马奈人在多瑙河流域的进逼，以及内部的叛乱，使罗马人口锐减，贫困加深、经济日益衰落。虽然马可·奥勒留具有非凡的军事领导才干，以其坚定的精神和智慧夙兴夜寐地工作，却也无法阻挡古罗马帝国的颓势。

他的传世之作《沉思录》，是一部写给自己的书，是他在鞍马劳顿中写成的。奥勒留也许是西方历史上唯一一位哲学家皇帝，是一个比他的帝国更加完美的人。他的勤奋工作最终没有能够挽救古罗马，但是他的《沉思录》却成为西方历史上最为感人的伟大名著。

罗素曾评价马可·奥勒留说：“马可·奥勒留是一个悲怆的人；在一系列必须加以抗拒的欲望里，他感到其中最具有吸引力的就是想要引退去过一种宁静的乡村生活的那种愿望。但是实现这种愿望的机会始终没有来临。”

荐读理由

《沉思录》是斯多亚派哲学的一个里程碑，源于作者对身羁宫廷的自身和所处的混乱世界的感受。马可·奥勒留追求一种摆脱激情和欲望的冷静而达观的生活。在书中作者阐述了灵魂与死亡的关系，解析了个人的德行、个人的解脱以及个人对社会的责任，要求自己常常自省以达到内心的平静，要摒弃一切无用和琐屑的思想，正直地思考，而且，还要将善付诸行动。

这是一本写给别人更是讲给自己的书。在这本书里，作者好似一个异常严峻而又平和的人站在镜子前面，与镜子中的自己对话。书中“你……”的句式就是最好的明证。这是自己与自己的灵魂间的谈话，是解剖灵魂对自己的告诫。用心灵去审视过去，去反省过往，用绝对真诚、平和的心态，用超凡、决绝的勇气，告诉自己：“你错待了自己，你错待了自己，我的灵魂，而你将不再有机会来荣耀自身。每个人的生命都是足够的，但你的生命却已近尾声，你的灵魂却还不去关照自身，而是把你的幸福寄予别的灵魂。”

这是一本高贵而又忧郁的书。它的高贵源自作者自身思想的严肃、庄重、纯正和主题的崇高，全书考察了感恩、思索宇宙、灵魂衰退、按本性生活等主题。它的忧郁来自作者羁束于宫廷的处境和当时混乱倾颓的社会环境。一个渴望心灵自由的哲学家却偏偏是帝王，承担着治国救民的重任，但国家开始衰败，力不从心，进退两难，书中潜存的忧郁多源于此。“一个人退到任何一个地方都不如退入自己的心灵更为宁静和更少苦恼，特别是当他在心里有这种思想的时候，通过考虑它们，他马上进入了完全的宁静。”哲学思考成为作者唯一的自我解脱的道路。

这是一本朴素无华却又真诚无比的书，没有华丽的辞藻，没有晦涩的思辨，没有冗长的说教，而是真正的教诲、切身的体会。这本书是作者用来自省的笔记，一个人能够用神的意志来要求自己，恰恰说明了这是一个严格要求自己的人。这是一本可以启迪智慧的书，可以让我们的心灵变得纯净而高贵的哲学自省书。

先睹为快

一日之始就对自己说：我将遇见好管闲事的人、忘恩负义的人、傲慢的人、欺诈的人、嫉妒的人和孤僻的人。他们染有这些品性是因为他们不知道什么是善，什么是恶。但是，我，——作为知道善和恶的性质，知道前者是美后者是丑的人；作为知道做了错事的人们的本性是与我相似，我们不仅具有同样的血液和皮肤，而且分享同样的理智和同样一分神性的人——决不可能被他们中的任何一个人损害，因为任何人都不可能把恶强加于我，我也不可能迁怒于这些与我同类的人，或者憎恨他们。因为，我们是天生要合作的，犹如手足、唇齿和眼睑。那么，相互反对就是违反本性了，就是自寻烦恼和自我排斥。

不论我是什么人，都只是一小小的肉体、呼吸和支配部分。丢开你的书吧；不要再让你分心，分心是不允许的；但仿佛你现在濒临死亡、轻视这肉体吧；那只是血液、骨骼和一种网状组织，一种神经、静脉和动脉的结构。也看看呼吸，它是一种什么东西？空气，并不总是同样的空气，而是每一刻都在排出和再吸入的空气。那第三就是支配部分了：这样来考虑它，你是一个老人；不要再让这成为一个奴隶，不要再像线拉木偶一样做反社会的运动，不要再不满意你现在的命运，或者躲避将来。

所有从神而来的东西都充满神意。那来自命运的东西并不脱离本性，并非与神命令的事物没有关系和干连。所有的事物都从此流出；此外有一种必然，那是为着整个宇宙的利益的，而你是它的一部分。但整体的本性所带来的，对于本性的每一部分都是好的，有助于保持这一本性。而现在宇宙是通过各种元素及由这些元素组成的事物的变化保存其存在的。让这些原则对你有足够的力量，让它们总是决定你的意见吧。丢开对书本的渴望，你就能不抱怨着死去，而是欢乐、真诚地在衷心感谢神灵中死去。

记住你已经把这些事情推迟得够久了，你从神灵得到的机会已够多了，但你没有利用它。你现在终于必须领悟那个你只是其中一部分的宇宙，领悟那种你的存在只是其中一段流逝的宇宙的管理；你只有有限的时间，如果你不用这段时间来清除你灵感上的阴霾；它就将逝去，你亦将逝去，并永不复返。

每时每刻都要坚定地思考，就像一个罗马人，像一个赋有完整而朴实的尊严，怀着友爱、自由和正义之情感去做手头要做的事情的人那样。你要摆脱所有别的思想。如果你做你生活中的每一个行为都仿佛它是最后的行为，排除对理性命令的各种冷漠态度和强烈厌恶，排除所有虚伪、自爱和对给你的那一份的不满之情，你就将使自己得到解脱。你看到一个人只要把握多么少的东西就能过一种宁静的生活，就会像神的存在一样；因为就神灵来说，他们不会向注意这些事情的人要求更多的东西。

你错待了自己，你错待了自己，我的灵魂，而你将不再有机会来荣耀自身。每个人的生命都是足够的，但你的生命却已近尾声，你的灵魂却还不去关照自身，而是把你的幸福寄予别的灵魂。

你碰到的外部事物使你分心吗？给出时间来学习新的和好的东西而停止兜圈子吧。但你也必须避免被带到另一条道路。因为那些在生活中被自己的活动弄得筋疲力尽的人也是放浪者，他们没有目标来引导每一个行为，总之，他们的所有思想都是无目的的。

不要去注意别人心里在想什么，一个人就很少会被看成是不幸福的，而那些不注意他们自己内心的活动的人却必然是不幸的。

你必须总是把这记在心里：什么是整体的本性，什么是我的本性，两者怎么联系，我的本性是一个什么性质的整体的一部分；没有人阻止你说或者做那符合本性（你是其中的一部分）的事情。

延展阅读

《忏悔录》

这是中世纪罗马基督教拉丁教父的主要代表奥古斯丁的代表作。在罗马天主教，奥古斯丁被封为圣人和圣师，可谓拥有和马可·奥勒留相当的显赫地位。《忏悔录》是奥古斯丁初为主教时写的，是奥古斯丁的自传。在书中，作者颂赞上帝，忏悔原罪，对于神的怜悯、如何吸引浪子归回等有着动人的描写，奥古斯丁借此重新诠释自己的过往。书中最突出的是描写他虔诚的母亲莫妮卡，这是古代文献中最迷人的母子关系。这是一部深富灵性之美的作品。

《新工具》

〔英〕培根 著

关于作者

培根（1561—1626），英国哲学家、思想家、作家和科学家，被马克思称为“英国唯物主义和整个现代实验科学的真正始祖”。他在逻辑学、美学、教育学方面也提出许多思想。著有《新工具》《论说随笔文集》等。

培根竭力倡导：“读史使人明智，读诗使人灵秀，数学使人精密，哲理使人深刻，伦理学使人有修养，逻辑修辞之学使人善辩。”他尖锐地批判了中世纪经院哲学，认为经院哲学和神学严重地阻碍了科学的进步，主张要全面改造人类的知识，使整个学术文化从经院哲学中解放出来，实现伟大的复兴。培根认为，科学必须追求自然界事物的原因和规律。要达到这个目的，就必须以感官经验为依据。他提出了唯物主义经验论的原则，认为知识和观念起源于感性世界，感觉经验是一切知识的源泉。要获得自然的科学知识，就必须把认识建立在感觉经验的基础上。培根还提出了经验归纳法，主张以实验和观察材料为基础，经过分析、比较、选择、排除，最后得出正确的结论。

培根一生在学问上成就很大，然而作为政客他饱尝了仕途之艰辛。身为女王掌玺大臣的父亲去世后，他一直未得到女王的重用。直到詹姆斯一世当政，他才逐渐得到升迁，先后担任过法院院长、检察长、掌玺大臣等，还被封男爵、子爵等贵族尊号。然而，后来他又被免除了一切官职。成为平民之后，培根将全部的精力投入到研究学问中，他最终成为中世纪英国著名的唯物主义哲学创始人。

荐读理由

《新工具》包括一个简单的序言和两卷正文。在序言中，培根说明了写作《新工具》的目的和意图是给人类的理解开辟一条新途径，当好一个指路向导。为此，培根批评了两种错误：一种是妄自尊大的错误，这个观点认为自然规律早已为人类所认识，我们已没有必要再作进一步的探索；另一种是悲观失望的错误，这个观点则认为人类的认识能力是非常有限的，任何事物都是绝对不能被认识的。他认为借助科学归纳的方法能够帮助人类发现或发明知识，以便在行动中征服自然。这是一种真正的对自然进行解释的科学方法。

该书论述了包括科学归纳法在内的唯物主义经验论哲学思想，号召人们采用实验调查法，把经验上升为一种科学原则和考察方法，创立了自然科学的新方法——建立在观察、实验基础上的归纳法，并称之为“新工具”，以区别于亚里士多德以演绎法为主的《工具篇》。在培根看来，亚里士多德所提出的三段论演绎法，已被中世纪经院哲学滥用，应当毫不吝惜地加以抛弃，代之以真正的归纳法。虽然科学家并不是在每一个细节方面都遵循培根的归纳法，但是他所表达的基本思想对观察和实验有重大意义，构成了自那时起科学家一直所采用的方法的核心。

《新工具》奠定了近代归纳逻辑的基础，开近代唯物主义经验论之先河，是欧洲近代哲学史上第一部系统地批判中世纪经院哲学、探讨科学认识方法的不朽著作。培根反对经院哲学，提出了“知识就是力量”，他的“四假相”说对经院哲学造成的人们认识上的主观主义、片面性、抽象空洞、词不达意、教条主义、权威崇拜等弊端逐一进行了深刻的批判，对清除神学唯心主义的影响和危害起了重要作用，解放了思想。

先睹为快

有些人自认把自然界的法则作为已被搜寻出来和已被了解明白的东西来加以规定，无论是出于简单化的保证的口吻，或者是出于职业化的矫饰的说法，都会给哲学以及各门科学带来很大的损害。因为，他们这样做固然能够成功地引得人们相信，却也同样有效地压熄了和停止了人们的探讨；而破坏和截断他人努力这一点的害处是多于他们自己努力所获得的好处的。另一方面，亦有些人采取了相反的途径，断言绝对没有任何事物是可解的——无论他们之得到这种见解是由于对古代诡辩家的憎恨，或者是由于心灵的游移无准，甚至是由于对学问的专心——他们这样无疑是推进了理性对知识的要求，而这正是不可鄙薄之处；但是他们却既非从真的原则出发，也没有归到正确的结论，热情和矫气又把他们带领得过远了。较古的希腊人（他们的著作已轶）则本着较好的判断在这两个极端——一个极端是对一切事物都擅敢论断，另一个极端是对任何事物都不敢希望了解——之间采取了折中的立场。他们虽然经常痛苦地抱怨着探讨之不易，事物之难知，有如不耐性的马匹用力咬其衔铁，可是他们仍毫不放松尾追他们的对象，竭力与自然相搏；他们认为（似乎是这样）事物究竟是否可解这个问题不是辩论所能解决的，只有靠试验才能解决。可是他们，由于一味信赖自己理解的力量，也不曾应用什么规矩绳墨，而是把一切事物都诉诸艰苦的思维，诉诸心灵的不断动作和运用。

至于我的方法，做起来虽然困难，说明却很容易。它是这样的：我提议建立一列通到准确性的循序升进的阶梯。感官的证验，在某种校正过程的帮助和防护之下，我是要保留使用的。至于那继感官活动而起的心灵动作，大部分我都加以排斥；我要直接以简单的感官知觉为起点，另外开拓一条新的准确的通路，让心灵循以行进。这一点的必要性显然早被那些重视逻辑的人们所感到；他们之重视逻辑就表明他们是在为理解力寻求帮助，就表明他们对于心灵的那种自然的和自发的过程没有信心。但是，当心灵经过日常生活中的交接和行事已被一些不健全的学说所占据，已被一些虚妄的想象所围困的时候，这个药方就嫌来得太迟，不能有所补救了。因此，逻辑一术，既是（如我所说）来救已晚，既是已经无法把事情改正，就不但没有发现真理的效果，反而把一些错误固定起来。现在我们要想恢复一种健全和健康的情况，只剩有一条途径——这就是，把理解力的全部动作另作一番开始，对心灵本身从一起始就不任其自流，而要步步加以引导；而且这事还要做得像机器所做的一样。譬如，在机械力的事物方面，如果人们赤手从事而不借助于工具的力量，同样，在智力的事物方面，如果人们也一无凭借而仅靠赤裸裸的理解力去进行工作，那么，纵使他们联合起来尽其最大的努力，他们所能力试和所能成就的东西恐怕总是很有限的。

延展阅读

《培根论人生》

此书是培根的智慧与经验的结晶，凝聚了文艺复兴以后欧洲古典人文主义者的价值观念和政治理想，以文笔优美、语句简洁、趣味隽永、格言精妙而大受欢迎，历时400多年而未衰，被译为世界上几乎所有文字。2000年还被美国公众评选为最受喜爱的十本著作之一，与《蒙田随笔》《帕斯卡尔思想录》一起被人们誉为欧洲近代哲理散文三大经典。

《第一哲学沉思集》

〔法〕笛卡尔　著

关于作者

笛卡尔（1596—1650），伟大的哲学家、物理学家、数学家、生理学家，解析几何的创始人。1596年3月31日，笛卡尔生于法国小镇拉埃的一个贵族家庭。因其家境富裕但从小多病，学校允许他在床上早读，竟使他养成了终生沉思的习惯和孤僻的性格。1606年他在欧洲最有名的贵族学校——耶稣会的拉弗莱什学校上学，对各种知识特别是数学深感兴趣。在军队服役和周游欧洲时，他继续注意“收集各种知识”，“随处对遇见的种种事物注意思考”。笛卡尔的哲学与数学思想对历史的影响是深远的。人们在他的墓碑上刻下了这样一句话：“笛卡尔，欧洲文艺复兴以来，第一个为人类争取并保证理性权利的人。”

笛卡尔的哲学思想对后来哲学和科学的发展，产生了极大的影响。笛卡尔在哲学上是二元论者，并把上帝看做造物主。但笛卡尔在自然科学范围内却是一个机械论者，这在当时是有进步意义的。

笛卡尔是欧洲近代哲学的奠基人之一，他自成体系，熔唯物主义与唯心主义于一炉，黑格尔称他为“现代哲学之父”。笛卡尔的方法论对于后来物理学的发展亦有重要的影响。他在古代演绎方法的基础上创立了一种以数学为基础的演绎法：以唯理论为根据，从自明的直观公理出发，运用数学的逻辑演绎，推出结论。这种方法和培根所提倡的实验归纳法结合起来，经过惠更斯和牛顿等人的综合运用，成为物理学特别是理论物理学的重要方法。作为他的普遍方法的一个最成功的例子，就是笛卡尔运用代数的方法来解决几何问题，奠定了坐标几何学即解析几何学的基础。

笛卡尔的方法论中还有两点值得注意。第一，他善于运用直观"模型"来说明物理现象。例如利用"网球"模型说明光的折射，用"盲人的手杖"来形象地比喻光信息沿物质作瞬时传输，用盛水的玻璃球来模拟并成功地解释了虹霓现象等。第二，他提倡运用假设和假说的方法，如宇宙结构论中的旋涡说。此外他还提出"普遍怀疑"原则。这一原则在当时的历史条件下对于反对教会统治、反对崇尚权威、提倡理性、提倡科学起过很大作用。

笛卡尔堪称17世纪及其以后的欧洲哲学界和科学界最有影响的巨匠之一，被誉为"近代科学的始祖"。

荐读理由

笛卡尔的《第一哲学沉思集》最初是用拉丁文写的，出版于1641年。在正式出版之前，笛卡尔曾托人把六个《沉思》的校样交给一些当时有名的神学家和哲学家阅读，请他们提意见，以便根据他们的意见再做进一步的阐述，以期能够更容易地得到巴黎大学神学院的出版许可。

笛卡尔写道："上帝和人类心灵这两个主题，我已经在我的《谈正确引导理性和在科学中探究真理的方法》一书中简要地谈到，这本书于1637年用法文发表。当时我的目的不是提供一个详尽的讨论，而仅是简单的探讨，并从读者的意见中了解到我今后应该如何处理这些主题。这些主题对我来说是如此的重要，以至于我认为应该不止一次地加以探讨；我在解释它们时所遵循的路线是如此的独特和冷僻，使得我认为没有必要用法文写一本构思来供各色人等阅读的详加阐述的书，以免智力较弱的人会相信他们应该沿着相同的道路前进。”

笛卡尔先后共收到六组《反驳》，他都针对这些《反驳》做了《答辩》。通过对七大反驳的回答一步步带领读者走进他的哲学世界。这样，《第一哲学沉思集》的拉丁文第一版就包括六个《沉思》、六组《反驳》和六个《答辩》。（第七组《反驳》是后来收到的，和《答辩》及笛卡尔给狄奈神父的一封信一起收在拉丁文第二版里。）笛卡尔的《答辩》是六个《沉思》的重要注解和补充，是笛卡尔哲学思想非常宝贵的阐明，其中不少内容是六个《沉思》里没有谈到或一带而过的。这些《答辩》和六个《沉思》组成了一个不可分割的整体。至于各组《反驳》的作者们，有些是著名的哲学家，例如霍布斯、阿尔诺和伽森狄，他们都提出了很多有价值的问题，而且从他们的《反驳》里也可以看出他们的哲学态度，特别是第五组《反驳》（共约7万字）本身就是唯物主义者伽森狄给后人留下的主要哲学著作之一。

先睹为快

在《谈方法》里，我曾请凡是在我的书里看出什么值得指责的地方的人，费心把这些地方告诉我；可是在我谈到的这两个问题上，除了提出来两点反驳以外，他们没有指出什么别的重要意见。对于这两点反驳，我想在我比较确切地解释以前，先简短地在这里回答一下。

第一个反驳是：不能从人的精神对它本身进行反思时只看出它自己、看不出别的什么东西来这一事实就得出结论说，人的精神的本性或本质仅仅是思维；因为那样一来，“仅仅”这一词就把其他凡是有可能说得上也是属于灵魂的东西都排除掉了。

我对这个反驳的答辩是：我在那地方并不是有意按照事物的实在情况的次序（因为那时我还没有谈到事物的实在情况），而仅仅是按照我的思路的次序，把它们排除了。我的意思是：我那时还不知道我是属于我的本质的，我只知道我是一个在思维的东西。不过以后我将指出我是怎么从我不知道别的东西属于我的本质这件事引申出来事实上并没有别的东西是属于我的本质的。

第二个反驳是：从我心里有一个比我完满的东西的观念这件事不能得出结论说这个观念比我完满，更不能说这个观念所代表的东西存在。

我的答辩是：观念这个词在这里是有不同含义的。它或者本身是我的理智的一种活动，在这个意义上，不能说观念比我完满；它或者可以客观地被当做这种活动所代表的东西，这个东西，虽然不能假定它存在于我的理智之外，可是由于它的本质的原故，它却可以比我完满。在本书里我也将用更大的篇幅说明我怎么仅仅从我心里有比我完满的一个东西的观念这件事会引申出这个东西真实存在来。

除了这两个反驳以外，我还看到两个篇幅相当长的文章。不过，这两篇文章与其说是攻击我所提出来的理由，还不如说是攻击我得出来的结论，因为这两篇文章所用的论据都是从无神论者们的共同论点那里搬过来的。由于这一类论据不可能在以后能够正确理解我的理由的人们心中产生什么印象，同时也由于很多人的判断能力薄弱，不合道理，他们经常宁愿相信对事物先入为主的看法，尽管这种看法可能是错误的、违背理性的，而不愿相信相反的意见，尽管这种相反的意见很有说服力，并且真实可靠，而且以后是会为人们理解的，因此对这两篇文章我不愿意在这里进行答辩，我怕要去答辩，就不得不把这两篇文章的内容首先介绍一番。

现在，在充分理解了大家的意见之后，我再重新开始讨论关于上帝和人的灵魂问题，同时也给第一哲学打个基础。不过，我既不想得到一般人的什么好评，也不希望很多人读我的书。相反，除了愿意和我一起进行严肃认真的沉思并且能够脱离感官的干扰、完全从各种成见中摆脱出来的人（这样的人不多）以外，我绝不劝人读我的书。至于毫不考虑我所讲的理由的次序和联系而断章取义、专门以吹毛求疵为乐的那些人（这样的人很多），他们读了我的书也不会得到什么便宜，尽管他们也许会找到机会对有些地方横加指责，然而他们挖空心思也做不出来什么紧急、值得答辩的反驳来。

延展阅读

《谈正确引导理性和在科学中探究真理的方法》

这是笛卡尔在 1637 年发表的著作，简称《方法论》。笛卡尔在《方法论》中指出，研究问题的方法分四个步骤：1. 永远不接受任何我自己不清楚的真理，就是说要尽量避免鲁莽和偏见，只要没有经过自己切身体会的问题，不管有什么权威的结论，都可以怀疑。这就是著名的“怀疑一切”理论。2. 可以将要研究的复杂问题，尽量分解为多个比较简单的小问题，一个一个地分开解决。3. 将这些小问题从简单到复杂排列，先从容易解决的问题着手。4. 将所有问题解决后，再综合起来检验，看是否完全，是否已将问题彻底解决。

《人性论》

〔英〕大卫·休谟 著

关于作者

大卫·休谟（1711—1776），1711 年 4 月 26 日生于苏格兰爱丁堡，12 岁进爱丁堡大学。1729 年起专攻哲学。1732 年刚满 21 岁就开始撰写他的主要哲学著作《人性论》。休谟是 18 世纪英国著名哲学家、历史学家和经济学家。他被视为苏格兰启蒙运动以及西方哲学、历史学中最重要的人物之一。虽然现代对于休谟的著作研究聚焦于其哲学思想上，但他最先却是以历史学家的身份成名的。他的《英格兰史》一书在当时作为英格兰历史学界的基础著作长达六七十年。

历史学家们一般将休谟的哲学归类为彻底的怀疑主义，但一些人主张自然主义也是休谟的中心思想之一。研究休谟的学者经常分为那些强调怀疑成分的（例如逻辑实证主义），以及那些强调自然主义成分的人。

休谟的哲学受到经验主义者约翰·洛克和乔治·贝克莱的深刻影响，也受到一些法国作家的影响，同时，他也吸收了很多英国学者如艾萨克·牛顿、弗朗西斯·哈奇森、亚当·斯密等人的理论。

休谟和康德一样，在哲学的发展史上起过很重要的作用。休谟的哲学是近代欧洲哲学史上第一个不可知论的哲学体系。休谟的怀疑论为19世纪英国非宗教的哲学思想提供了理论基础。休谟的不可知论观点为实证主义者、马赫主义者和新实证主义者所继承，对现代西方资产阶级哲学产生了广泛的影响。

休谟所处的时代是英国资产阶级“光荣革命”结束、资产阶级产业革命刚刚开始的时代。在这一时期，英国的资产阶级已经上升为统治阶级，它既要维持同封建贵族的联盟，同时又要加强对劳动人民的统治。英国资产阶级也要对本阶级内部关系进行适当调整，以适应本阶级内部发展的需要，并防止封建势力的复辟。资产阶级的进步性与保守性交织在一起，这一资产阶级思想的代表人物就是休谟。

荐读理由

《人性论》全书分三卷，分别是“论知性”“论情感”和“论道德”。正文前有一篇简短的“引论”，主要说明了人性科学的重要性和意义。

第一卷“论知性”的主题是认识论，主要说明了知识的起源、分类和范围，人的认识能力和界限，以及推理的性质和作用等内容。第一卷是《人性论》中最重要的部分，是其他部分的基础，包含了休谟对哲学的主要贡献。

第二卷“论情感”是第一卷的继续，其主题是情感的起源、性质和活动，并为下一卷关于道德问题的讨论打下基础。其中对意志和自由的讨论有相对的独立性。

第三卷“论道德”是在前两卷基础上对道德问题的全面阐述。其中第一章论述了道德的基本原理，属于伦理学的内容；第二章讨论“人为的德”，既是伦理学的内容，也是政治学的内容；第三章讨论的是“自然的德”。

《人性论》是休谟一生中最重要的著作，对于人类思想史具有独创性的理论贡献。休谟思想中最重要的方面都在这本书中进行了阐述，如关于人性的三个假设、有关自私和同情的看法、有关社会秩序和制度正义的看法等等。他总结了自笛卡尔以来近代西方哲学的成果，其最直接、最重要的贡献是推动了康德批判哲学的形成。休谟的哲学在西方哲学上占有十分重要的地位，它不但作为西方哲学史发展过程中的一个重要环节，起着承上启下的作用，而且以其深刻的思想和丰富的内涵极大地影响着现代西方哲学的发展，是许多哲学思潮和观点的理论来源。休谟的研究能力、深刻见解和道德品格赢得了康德的高度评价，康德曾多次称休谟为“见解高明的人”，认为“休谟乃一世罕与匹之锐利思想家”。

休谟哲学不仅属于他所生活的那个时代，而且属于从那个时代起至今的整个西方哲学。不论后人对休谟哲学的瑕瑜有何评说，都不能否认它对人类哲学思维的进步所作出的贡献。休谟正因其在哲学方面的成就而被纳入西方哲学史中有持久而深远影响的伟大思想家之列。

先睹为快

关系（relation）这个名词通常用于两个差别得很大的意义。一个意义是指把两个观念在想象中联系起来、并按照前述方式使一个观念自然地引起另一个观念的那种性质而言；另一个意义是指我们在比较两个观念时所依据的那种特殊情况，即使是这两个观念只是任意在想象中结合着的。在普通语言中，前一种意义永远是我们使用关系这个名词时所指的意义；只有在哲学中，我们才把这个名词的意义加以扩充，用来指没有联系原则的任何特殊的比较题材。例如，哲学家承认距离是一种真正关系，因为我们是借比较各个对象而得到一个距离观念的：但是照通常的说法，我们却说，没有东西比这一类事物彼此距离更远的了，没有东西比它们之间更少关系的了，就像距离和关系是不相容似的。

使各种对象能够互相比较、并且产生出哲学上的关系观念来的那些性质，如果一一加以列举，也许会被认为是一种无休止的工作。但我们如果仔细地加以考察，我们就会发现，它们不难被归纳在七个总目之下，这七种关系可认为是一切哲学关系的根源。

（1）第一就是类似关系（resemblance）：任何哲学关系离开了这种关系就都不能存在，因为任何对象如果没有几分类似，就不能被人比较。但是，类似关系虽然是一切哲学关系所必需的，可是我们并不能因此就说，这种关系总是产生观念的联系或联结。当一种性质变得非常普通，成为许多个体所共有的时，这种性质就不会直接使心灵注意任何一个个体，而是由于这种性质提供了一个太大的选择范围，因此就使想象无法固定在任何单一的对象上。

（2）同一关系（identity）可以看做是第二种的关系。我在这里所指的是在最严格意义下应用于恒常和不变的对象上的那种同一关系；我暂时不考察人格同一性的本性和基础，留待以后再行讨论。在一切关系中，同一关系最为普遍，它是一切具有持续存在时间的存在物所共有的。

（3）同一关系之后，最普遍和最概括的关系就是空间和时间关系，这种关系是无数比较的源泉，例如远、近，上、下，前、后等等。

（4）凡可以度量或计数的一切对象，都可以在数量（quantity）或数目（number）上加以比较；这又是关系的另一个丰富的源泉。

（5）当任何两个对象具有一种共同的性质时，两者各自所具有的这种性质的差别程度就构成了第五种的关系。例如两个都是重的对象，其中一个比另一个或许是较重一些，或许是较轻一些。同一种类的两片颜色，它们的色调也许不同，在那一方面就可以比较。

(6) 相反（contrariety）关系，初看起来，可以认为是上述“没有某种类似程度便不能有任何关系存在”的那条规则的一个例外。不过我们可以注意，没有两个观念本身是相反的，除了存在和不存在这两个观念，而这两个观念显然也是类似的，因为两者都涵摄那个对象的观念，虽然后一个“不存在”观念把那个对象排除于它所不存在的一切时间和地点之外。

(7) 所有其他的对象，例如火和水、热和冷等，只是根据经验和它们的种种原因或结果的相反，而被人们发现为相反的，这种因果关系是第七种的哲学关系，也是一种自然的关系。这种关系中所涵摄的类似关系，将在以后加以说明。

人们自然会期望，我该把差异（difference）加在其他关系之后。不过我认为差异是关系的否定，而不是任何实在的或积极的东西。差异分为两种，即与“同一”相反的差异或与“类似”相反的差异。前者可称为数目上的差异；后者可称为种类上的差异。

延展阅读

《自凯撒入侵至1688年革命的英国史》

本书是休谟创作的一部政治史，对各历史时期的生活方式、道德风尚和精神文化作了分门别类的记述。休谟是把历史研究范围扩大到社会和文明方面的近代西方史学家之一。休谟反对英国资产阶级革命，同情查理一世。在本书中，他严厉抨击长期议会和克伦威尔，同时，歌颂“光荣革命”，说它开辟了英国宪法的新纪元，使英国人得以享受人类前所未有的最完备的自由制度。

《纯粹理性批判》

〔德〕康德 著

关于作者

俄罗斯文艺理论家戈洛索夫克尔在其《陀思妥耶夫斯基与康德》一书中指出："在哲学这条道路上，一个思想家不管他是来自何方和走向何处，他都必须通过一座桥，这座桥的名字就叫康德。"美国的康德研究专家贝克曾引述哲学家中流传的一句格言："在哲学问题上，你可以赞同康德，也可以反对康德，但不能没有康德。"

两百多年来，学者们仍在皓首穷经，并总能在康德哲学中发现具有当代性和现实性的一面。与此相对，康德一生都过着秩序井然、千篇一律的生活，周而复始、平淡无奇。然而有趣的是，正是这种单调刻板引出了一段有关这位哲学家的逸闻：据说康德每天准时散步，分毫不差、风雨无阻，以至于他的邻居们可以根据他出门散步的时刻来校准自家的钟表。这一则趣事经过海涅的生花妙笔愈发流传得家喻户晓。

康德（1724—1804），德国哲学家、天文学家，星云说的创立者之一，德国古典哲学的创始人，唯心主义、不可知论者，德国古典美学的奠定者。“三大批判”构成了他的伟大哲学体系，它们分别是：“纯粹理性批判”（1781 年）、“实践理性批判”（1788 年）和“判断力批判”（1790 年）。

康德的思想几乎涉及人类精神文化的全部学科，它的哲学体系博大恢弘，内涵丰富深厚，几乎每个部分都闪烁着智慧的真知灼见，从任何一个角度看它都呈现一种面貌，以致对它的研究和理解总是存在一定的困难。它不像黑格尔哲学那样在体系上易于领会，但在环节上含混难懂；相反，康德的哲学在环节上清晰易懂，在体系上却难以把握。所以，后人对康德的研究因立足点和倾向性的差别，常常各执一端、各据一隅。有人把康德看做一个知识学家、伦理学家、美学家，也有人把他看做一个科学家、心理学家、宗教学家、法学家、人类学家等等。康德的精神在某些人的心目中是支离破碎的，它在被多元化的同时，也被专门化了，仿佛任何一门科学都可以从康德这个百科全书式的坩埚里提取自己所需要的特殊元素，加以蒸馏、发酵、膨胀而形成一种新的体系和学问。

荐读理由

《纯粹理性批判》是康德哲学和神学思想的根基，当代西方哲学、神学的主要思潮都从这里出发来寻找自己的立足点。《纯粹理性批判》要回答的问题是：我们能知道什么？康德认为，我们只能知道自然科学让我们认识到的东西，哲学只能帮助我们澄清使知识成为可能的必要条件，柏拉图以来的形而上学问题其实是无解的。

在书中，康德以批判考察人类先天认识能力为出发点，以阐释理性与信仰的矛盾冲突为目的，其主要任务就是要确定人类认识能力有哪些先天要素及这些先天要素的来源、功能、条件、范围和界限，最终为信仰留下足够的地盘。康德认为，人类的认识能力首先可以分为作为低级认识能力的感性和作为高级认识能力的理性。感性认识，是指通过空间和时间这种先天的直观形式去接受由于物自体（又称“自在之物”）对感官的刺激而产生的感觉，从而为高级的认识能力提供对象和质料，这是人类认识的不可超越的范围，否则高级认识能力也就没有了认识的对象和质料。康德把高级认识能力区分为知性、判断力和理性三种。首先，知性的先天思维形式，是所谓的纯粹知性概念，比如质、量、因果性、必然性等范畴，正是知性运用这些范畴对感性材料进行综合统一，才产生了经验或知识、经验对象或认识对象。而范畴对感性材料的作用是以从范畴规定时间图型而引申出知性的先天原理这种形式来进行的。他确定，只有知性的先天原理是构成性的，是使经验和经验对象（科学知识和科学认识的对象）成为可能的原理，因而也就是知性向人类认识能力所颁定的先天法则或规律。其次，判断力运用知性的先天原理去统摄或规定特殊的感性现象，以形成关于对象的经验知识。最后，理性通过它的先验的理念和原理来指导和推动经验或科学认识的最大可能的系统化、继续和扩大。康德通过对人类认识能力的认识，从理论上为作为科学出现的未来形而上学的可能性进行了充分的论证。这就是康德自称的哲学领域中的“哥白尼式的变革”。

在康德哲学精神中，既囊括了他那个时代的人类在日益丰富的社会生活实践中所取得的优秀成果，也凝聚了西方文化自古希腊发轫而来的一切理智生活的智慧结晶。在康德这儿，既有蓬勃发展的自然科学及其方法的影响，又有苏格拉底、柏拉图、亚里士多德等一代圣哲的思想启迪，还有文艺复兴运动和马丁·路德宗教改革之后的基督教文化的熏陶；既有唯理论者和经验论者的理论碰撞，又有法国早期启蒙学者和人文学者的思想浸染，更有像牛顿、卢梭和休谟等这些时代巨人的人格和思想的深层积淀。正是在上述综合因素的作用下，康德以德国自身的莱布尼茨—伍尔夫学派为背景，提出了自己的“批判哲学”，奠定了近代德国哲学和神学的基础，他对哲学和神学的影响所及大大超出了德国的范围。

先睹为快

人类理性具有此种特殊运命，即在其所有知识之一门类中，为种种问题所困，此等问题以其为理性自身之本质所加之于其自身者，故不能置之不顾，但又因其超越理性所有之一切能力，故又不能解答之也。

理性如是所陷入之烦困，非由理性本身之过误。理性初以“唯能运用原理于经验过程，同时经验充分证明理性使用此等原理之为正当者”一类原理开始。以此等原理之助，理性穷溯（盖此亦由理性本质所规定者）事物更高更远之条件，惟立即自悟以此种方法进行则问题永无尽期，理性之事业，势必无完成之日；乃迫不得已求之于“超越一切可能之经验的使用且又似不能拒斥即常人亦易于接授”之原理。但由此种进程，则人类理性实陷入黑暗及矛盾之境；斯时理性固推测此等黑暗及矛盾，必起于某种隐藏之误谬，但不能发见之。盖因其所使用之原理，超越经验之限界，已不受经验之检讨。此等论争无已之战场即名为玄学。

玄学固曾有尊为一切学问之女王一时代；且若以所愿望者为即事功，则以玄学所负事业之特殊重要，固足当此荣称而无愧。但今则时代之好尚已变，以致贱视玄学；老妇被弃诚有如海枯拔（Hecuba）之所自悼者：昔我为人中之最有权力者，因有无数之子婿儿女而占支配者之地位，而今则为流离颠沛之身矣。

玄学之政权，初则在独断论者统治之下而为专制的。但因其立法仍留有古代蛮野之痕迹，故其帝国渐由内乱而陷入完全无政府之状态；而游牧种族之怀疑论，则厌弃一切安定生活，时时破坏一切社会之组织。所幸此类人数不多，不能阻抑玄学之时时重建——虽无齐一及一贯之计划。在最近时期因有一种关于人类悟性之说明学问——声望卓著之洛克所著之悟性论——似将终结一切论争，且关于玄学自身所主张之地位，似亦受有最后之判决。

但其结果则适相反。盖虽推寻玄学之世系，谓其出自“通常经验”之卑贱门地，以图动摇其所谓女王之僭称，但以事实言，此种世系表实为妄造，故玄学仍继续固执其自身所主张之地位。因而玄学后退至古朽之独断论，复复忍受其所已振拔之鄙视地位。今则信为一切方法俱已用尽无效，对于玄学之态度，皆成为倦怠而冷淡——在一切学问中，玄学为混乱及黑暗之母，所幸在此种事例中，实为一切学问未来革新及更生之源泉，至少亦为其序幕。盖玄学至少已终结其所妄用之勤劳，此种妄用之勤劳，乃使玄学陷于黑暗、混乱及无效用者也。

《实践理性批判》

〔德〕康德　著

关于作者

见《纯粹理性批判》之“关于作者”。

荐读理由

《实践理性批判》出版于1788年，是德国古典哲学的开创者康德“三大批判”著作中的第二部，又名“第二批判”，是康德思想的核心部分。康德的批判哲学是一个完整的哲学体系，三大批判分别研究人类心灵的三种不同能力，即认识的能力、意志的能力和感觉快乐与否的能力。其中，《实践理性批判》是《纯粹理性批判》的归宿和目的。所谓“实践理性”，指的是实践主体的意志，对于实践理性的“批判”，就是要考察那规定道德行为的“意志”的本质以及它们遵循的原则。《实践理性批判》探讨了道德法则是否能够成为意志的决定根据；如果能够，那么实践理性就是可能的，这同时也就证明了自由的可能性。

全书包括“纯粹实践理性的原理论”和“纯粹实践理性的方法论”两大部分。康德分别从实践理性的基本原理、实践理性的对象、实践理性的动力、实践理性的实现以及实践理性的公设等方面探讨了上述问题。全书的重要理论意义在于，它把人的主体性问题突显出来，强调了人格的尊严与崇高，表现了强烈的人本主义精神。康德扮演了基督教真理的维护者的角色，他首次确定了精神的永存和上帝的存在。

“有两种东西，我对它们的思考越是深沉和持久，它们在我心灵中唤起的惊奇和敬畏就会日新月异，不断增长，这就是我头上的星空和心中的道德律令。”这句话就出自《实践理性批判》的最后一章。康德在书中还讨论了生活中的至善问题，康德认为人在绝对服从道德律令的情况下，不应该只是去寻找快乐，而应该去寻找上帝赐予我们的幸福。

先睹为快

这个批判为什么不题名为纯粹实践理性批判，而是简单地题名为一般实践理性批判，虽然它与思辨理性批判的对应关系看起来需要前一个名称，对此这部著作做出了充分的说明。这个批判应当单单阐明纯粹实践理性是存在的，并且出于这个意图批判理性的全部实践能力。如果它在这一方面成功了，它就无需批判纯粹能力本身，以发现理性是否以这样一个过分僭越的要求，超越了自己（一如发生在思辨理性那里的情况）。因为如果它作为纯粹理性是现实地实践的，那么它就通过事实证明了它的实在性和它的概念的实在性，而反驳它有可能具有实在性的一切诡辩便是徒然的了。

凭借这种能力，先验自由从现在起也就确立了起来，而且这里所谓自由是取其绝对意义而言的，思辨理性在应用因果性概念时需要这种意义上的自由，为着当它要在因果联结的系列中思维无条件者时，将它自己从它不可避免地陷于其中的二律背反中挽救出来；但是思辨理性只能将自由概念以或然的，即并非不可思维的方式树立起来，而不能确保它的客观实在性，而且思辨理性如此办理，只是以免将那些它至少必须承认可以思维的东西，假定为不可能，从而危及理性的存在，使它陷入怀疑主义的深渊之中。

自由概念的实在性既然已由实践理性的一条无可争辩的法则证明，它就构成了纯粹的、甚至思辨的理性体系的整个建筑的拱顶石，而所有其他概念（上帝的概念和不朽的概念）作为单纯的理念原来在思辨理性里面是没有居停的，现在依附于自由概念，与它一起并通过它得到安定和客观实在性，这就是说，这些概念的可能性已由自由是现实的这个事实得到了证明，因为这个理念通过道德法则展现了自己。

但是，在思辨理性的所有理念里面，自由是我们先天地知道其可能性却仍然不理解的唯一理念，因为它是我们所知道的道德法则的条件。不过，上帝和不朽的理念不是道德法则的条件，而只是被这条法则所决定的意志的必然客体的条件，这就是说，是我们纯粹理性的单纯实践应用的条件。于是，对于这些理念，不仅我不想说及现实性，而且甚至我们也不能断言认识和理解它们的可能性。然而，它们却是道德上受决定的意志运用于其先天所与的客体（至善）时的条件。因此，在这种实践的关联里，它们的可能性是能够而且必须被认定的，虽然并未从理论上认识它们，理解它们。因为就实践的意图而言，这些理念不包含任何内在的不可能性（矛盾），对于后一个要求就足够了。这里与思辨理性相比较，现在有一个信念的单纯主观的根据，不过这个根据对于一个同样纯粹却又实践的理性来说则是客观有效的，而且这个根据凭借自由概念还使上帝和不朽两个理念获得了客观实在性和权限，甚至还带来非认定这些理念不可的主观必然性（纯粹理性的一种需要）。但是，理性并不因此在理论知识方面有所拓展，只是被给予了一种可能性，后者先前只是一个问题，而现在成了一个断言，这样，理性的实践应用就和理论理性的原理结合起来了。这个需要并不是思辨的一个任意意图的假设性的需要：如果人们想把思辨中的理性应用推进至圆满地步，就必须认定某种东西；这种需要乃是一种法则的需要：认定某种东西，而假若没有它，那么人们应当谨严地树立为自己所作所为的意图的那种东西就不会发生。

《判断力批判》

〔德〕康德 著

关于作者

见《纯粹理性批判》之“关于作者”。

荐读理由

《判断力批判》是康德“三大批判”的第三部，是德国古典美学的奠基之作，对整个欧洲的当时和后世都产生了深刻影响。在“三大批判”的前两部《纯粹理性批判》和《实践理性批判》中，康德分别探讨了理性认识和道德意志的先天法则，将世界分为现象界与物自体两个领域。前者受自然必然律支配，属理解力的认识范围；后者属道德意志范围，行使的是自由的道德律令。在《判断力批判》中，康德寻求两个分割的世界的沟通，力图用判断力在理论哲学和实践哲学之间架设桥梁，弥合自然和自由之间的鸿沟，同时也使理论哲学和实践哲学更好地形成一个完整的系统，实现理论理性和实践理性的协调统一。

康德认为，自由的道德律令要在感性的现实世界实现出来，其中介就是反思判断力，既带有知性性质，又带有理性性质，从特殊去寻求普遍的反思判断力，按照“自然合目的性”来沟通认识与道德两大领域，实现自然界的必然王国与道德界的自由王国的和谐，康德在认识论和伦理学之间建构反思判断，最终完成了其先验论哲学体系。

全书分为“审美判断力批判”与“目的的判断力批判”两部分。前者重点分析美和崇高两个范畴，从质、量、关系和方式四个方面对审美判断作了严格的界定和概括，还提出了“纯粹美”和“依存美”的区别，认为纯粹是自由的美，只在于形式，排斥一切利害关系，但不是理想美。理想美是“审美的快感与理智的快感二者结合”的一种美，即“依存美”。康德还认为，美只涉及对象的形式，美感是直接单纯的快感，美可以在对象的形式中找到；而崇高的对象既无形式又无限制，它只存在于审美主体的心里，崇高感是由痛感转化为快感，并与人的理性观念密切相关，由此提出“美是道德的象征”的重要命题。后者则从审美判断力的“主观合目的性”转向对自然界有机体组织的“客观合目的性”的探讨，辩证地表述了康德自己的自然观。

自由的道德律要在感性的现实世界实现，需要通过反思判断力，从特殊去寻求普遍的反思判断力，按照“自然合目的性”来沟通认识与道德两大领域，实现自然界的必然王国与道德界的自由王国的和谐。《判断力批判》作为德国古典美学的奠基之作，对费希特、席勒、谢林、黑格尔、叔本华等人，乃至整个欧洲和后世都产生了深刻的影响。

先睹为快

凭借概念来判定什么是美的客观的鉴赏法则是不能有的。因为一切从下面这个源泉来的判断才是审美的，那就是说，是主体的情感而不是客体的概念成为它的规定根据。寻找一个能以一定概念提出美的普遍标准的鉴赏原则，是毫无结果的辛劳，因为所寻找的东西是不可能的，而且是自相矛盾的。感觉（愉快或不快的）的普遍传达性，不依赖概念的帮助，亦即不顾一切时代及一切民族关于一定对象的表象这种感觉的尽可能的一致性：这是经验的，虽然微弱地仅能达到盖然程度的评判标准，即从诸事例中证实了的鉴赏之评判标准，这鉴赏是来源于深藏着的、在判定诸对象所赖以表现的形式时，一切人们都取得一致的共同基础。

所以人们把鉴赏的某一些产物看做范例：但并不是人们模仿着别人就似乎可能获得鉴赏力。因为鉴赏必须是自己固有的能力。一个人摹仿了一个范本而成功，这表示了他的技巧，但是只有在他能够评判这范本的限度内他才表示了他的鉴赏力。

从这里得出结论：最高的范本，鉴赏的原型，只是一个观念，这必须每人在自己的内心里产生出来，而一切鉴赏的对象、一切鉴赏判断范例，以及每个人的鉴赏，都是必须依照着它来评定的。观念本来意味着一个理性概念，而理想本来意味着一个符合观念的个体的表象。因此那鉴赏的原型（它自然是筑基于理性能在最大限量所具有的不确定的观念，但不能经由概念，只能在个别的表现里被表象着）更适宜于被称为美的理想。类乎此，我们纵然没有占有了它，仍能努力在我们心内把它产生出来。但这仅能是想象力的一个理想，正因为它不是基于概念，而是基于表现，而表现的能力是想象力。现在我们是怎样达到一个这样的美的理想的？先验地还是经验地？同样：哪一种的美能成为一个理想呢？

首先应注意的是，美，若果要给它找得一个理想，就必须不是空洞的，而是被一个具有客观合目的性的概念固定下来的美，因此不隶属于一个完全纯粹的，而是属于部分地理智方面的鉴赏判断的客体。这就是说，不论一个理想是在何种评判的根据里，必须有一个理性的观念依照着一定的概念做根据。这观念先验地规定着目的，而对象的内在的可能性就奠基在它上面。

美的花朵，美的家具，美的风景等的理想（典范）是不可想象的。但是一个附庸于一定目的的美，譬如一座美的住宅、一棵美的树、美丽的花园等等也无理想可以表象；大概是因为其目的没有充分经由它们的概念规定着和固定着，因此那合目的性几乎是那么松散自由地像在空洞的美那里一样。

只有人，他本身就具有他的生存目的，他凭借理性规定着自己的目的，或，在他必须从外界知觉里取得目的的场合，他仍然能比较一下本质的和普遍的目的，并且直感地（审美地）判定这两者的符合：所以只有“人”才独能具有美的理想，像人类尽在他的人格里面那样；他作为睿智，能在世界一切事物中独具完满性的理想。

这里有两点：第一，是审美的规范观念，这是一个个别的直观（想象力的）代表着我们［对人］的判定标准，像判定一个特殊种类的动物那样；第二，理性观念，它把人类的不能感性地被表象出来的诸目的作为判定人类的形象的原则，诸目的通过这形象作为它们的现象而被启示出来。

《作为意志和表象的世界》

〔德〕阿图尔·叔本华　著

关于作者

阿图尔·叔本华（1788—1860），德国哲学家。早年在英国和法国接受教育，能够流利使用英语、法语、意大利语、西班牙语等多种欧洲语言和拉丁语等古代语言。他最初被迫选择经商以继承父业，在父亲死后他才得以进入大学。1809 年他进入哥廷根大学攻读医学，但后来把兴趣转移到了哲学，并在 1811 年于柏林学习一段时间。在那里他对费希特和施莱艾尔马赫产生了浓厚的兴趣。他以《论充足理由律的四重根》获得了博士学位。歌德对此文非常赞赏，同时发现了叔本华的悲观主义倾向，歌德告诫他说："如果你爱自己的价值，那就给世界更多的价值吧。"叔本华称柏拉图为神明般的、康德为奇迹般的，对这两个人的思想相当崇敬。但他厌恶后来费希特、黑格尔代表的思辨哲学。

叔本华继承了康德对现象和物自体的区分，不同于与他同时代的费希特、谢林、黑格尔等取消物自体的做法，他坚持物自体，认为它可以通过直观被认识，并将其确定为意志。意志独立于时间、空间之外，所有理性、知识都从属于它。人们只有在审美的沉思时逃离其中。叔本华将它著名的极端悲观主义和此学说联系在一起，认为意志的支配最终只能导致虚无和痛苦。他文笔流畅，思路清晰，后期的散文式论述对后来哲学著作的诗意化产生了较大影响。

作为一个著名的悲观主义者，他在生活中却并非完全隐遁，在某些方面可称他为性情中人：他曾被称赞为一个诙谐且能侃侃而谈的人；他脾气火暴，曾把一个女裁缝推下楼梯并造成残疾，因此叔本华需要按季度付给她终生补偿。在此人过世时，叔本华写道："老妇死，重负释。"他的生活受人诟病，与他的哲学相悖更让人鄙薄。罗素在他编写的著名的《西方哲学史》中这么说：假若我们根据叔本华的生活来判断，可知他的论调也是不真诚的。在叔本华的论女性中我们也可以看出他对女性的态度，他认为女性"只是冀求恬静、平稳地度其一生"，既愚蠢又浅显，介于成人和小孩之间，"总事事陷入主观"。

1860年，叔本华因肺炎恶化去世。他在遗言中说：希望爱好他哲学的人，能不偏不倚地、独立自主地理解他的哲学。

荐读理由

1814年至1819年间，叔本华在理智的孤独中完成了他的代表作品《作为意志和表象的世界》，这部作品受到印度哲学的影响，被认为是将东方和西方思想融合的首部作品，但发表后却无人问津。叔本华这么说他的这本书："如果不是我配不上这个时代，那就是这个时代配不上我。"但凭着这部作品，他获得了柏林大学编外教授的资格，在这里发生的一件著名的事情，就是叔本华选择与他认为是沽名钓誉的诡辩家的黑格尔同一时间授课。但黑格尔当时正处于声名的顶峰，叔本华自然没能成功，很快他的班上就只剩下两三个人，最后一个也不剩了，他只能凄凉地离开柏林大学。

对于叔本华而言，世界分为两部分：一方面是表象，一方面是意志。主体是认识一切而不被任何事物所认识的，是世界的支柱，我们每个个人正是这样一个主体。而客体则是我们通过先验的时空范畴去认识的事物，比如我们的身体。主体和客体共同构成作为表象的世界，故而是不可分的。叔本华认为人们的先天认识只有时间、空间和因果律，而这些东西都只在表象间发挥作用、形成联系，和意志本身无关。感性、知性和意志之间不存在因果关系。所以一切表象的存在都是意志的客体化。他认为一切表象的存在源于两种完全不同的形式，其一是感性和知性，其二是意志。

人的一切行为是由意志活动和行为活动两方面构成的，他认为，两者具有同一性。在叔本华看来，意志活动不是感性和知性，即思考过程的那种活动。因为这种活动属于表象，和物自体即意志无关，意志只在行为活动中使自己现身。事实上它应该被理解为某种无法抑制的冲动，确切地说是盲目的冲动、某种非理性的欲求。我们所有的行为都是这种盲目的冲动，一切表象中的活动只是使我们感觉自由的假象。意志是一种不能被克服的东西，我们的每一行为都是意志的现身。

1859 年，《作为意志和表象的世界》第三版出版并引起了轰动，叔本华称“全欧洲都知道这本书”。在第三版的序言中，叔本华写道：“当这本书第一版问世时，我才 30 岁，看到第三版时却不能早于 72 岁。总算我在彼德拉克的名句中找到了安慰：谁要是走了一整天，傍晚走到了，那也该满足了。”

先睹为快

不是为了同时代的人们、不是为了同祖国的人们，而是为了人类，我才献出今日终于完成的这本书。我在这样的信心中交出它，相信它不会对于人类没有价值；即令这种价值，如同任何一种美好的事物常有的命运一样，要迟迟才被发觉。因为，只是为了人类，而不可能是为了这转瞬即逝的当代，这个唯个人眼前妄念是务的世代，我这脑袋在几乎是违反自己意愿的情况下，通过漫长的一生，才不断以此工作为己任。在这期间，即令未获人们的同情，也并不能使我对于这一工作的价值失去信心。这是因为我不断看到那些虚伪的、恶劣的东西，还有荒唐的、以及无意义的东西反而普遍地被赞赏，被崇拜；也虑及假如能识别真纯的、正确的东西的人们不是那么稀少，以至人们徒劳地遍访一二十年［而不一见］，那么，能生产这些真纯的、正确的东西的人们就不能是那么少数几个人，以致他们的作品嗣后得成为世事沧桑的例外；也顾虑到由于此变不常，使寄托于后世而使人振奋的期望，会归于泡影，而这却是每一个树立了远大目标的人为了鼓舞自己所必需的。——所以，谁要是认真对待，认真从事一件不产生物质利益的事情，就不可打算当代人的赞助。不过在大多数场合，他会看到这种事情的假象将在此期间在世界上取得它的地位而盛极一时，而这也是人世间的常规。人们必须是为事情本身而干它，否则它便不能成功；这是因为无论在什么地方，任何意图对于正确见解说来，总是危险。因此，每一件有价值的事物，如学术史上一贯证明了的那样，都要费很长久的时间才能获得它的地位和权威；尤其是有教育意义而不是娱乐性质的那类事物，更是如此。在这期间，假东西就大放光芒了。因为要把一件事情和它的假象统一起来，纵非不可能，也是很困难的。这正是这个贫困、匮乏的世界的灾难，一切都必须为这些贫困、匮乏作打算而为之奴役。因此，这世界并不是这样生就的，说什么任何一种高尚的、卓绝的努力，如指向光明和真理的努力，可以在这世上无阻碍地兴盛起来，可以只为本身的目的而存在。并且，即令有那么回事，这样的努力真能显出自己的分量了，从而也把有关这种努力的观念带到人间来了，可是那些物质利益，那些个人目的立即就会把这种努力控制起来，以便使它成为这些利益和目的的工具或面具。准此，在康德重振哲学的威望之后，哲学必须又立即成为某些目的的工具；在上，是国家目的的工具；在下，是个人目的的工具。纵使严格地说来，作为工具的并不是哲学，然而也是和哲学同行的替身在冒充哲学。这也并不应使我们感到诧异，因为人间有难于相信的多数，由于他们的本性，除了物质目的外，就根本不能有其他目的；甚至不能理解其他的目的。如此看来，这追求真理的努力就太曲高和寡了，以致不能期待一切人，很多人，甚至少数人诚恳地来参加。尽管人们又一次，如在目前的德国看到哲学方面显著的活跃情况，看到普遍地在干着，写着，谈着哲学上的事物，人们却可满有信心地假定这些活动的真正“第一动机”，那掩藏着的动机，尽管人们道貌岸然，庄严保证，却只是现实的而非理想的目的，也即是个人的、官方的、教会的、国家的目的；一句话，他们心目中所有的只是物质利益。从而，使得这些冒牌世界睿哲们的笔尖这样紧张活动的也只是党派目的。同时，指导这些骚动分子的星辰并不是正确的见解，而是某些私图；至于真理，那就肯定是他们最后才考虑到的东西了。真理是没有党派的，它却能够宁静地，不被注意地通过这些哲学上的叫嚷争吵而退回自己的路，如同通过那些最黑暗的，拘限于教会僵硬信条的世纪的冬夜一样。那时，真理只能作为秘密学说传布于少数信徒之间，甚至于只能寄托在羊皮纸上。是的，我要说没有一个时代对于哲学还能比这样可耻地误用它，一面拿它当政治工具、一面拿它作营利手段的时代更为不利的了。或者还有人相信，在这种忙忙碌碌骚动的场合，真理也并未被忽视，也可在夹边一见天日呢？不，真理不是娼妇，别人不喜爱她，她却要搂住人家的脖子；真理倒是这样矜持的一位美人，就是别人把一切都献给她，也还拿不稳就能获得她的青睐呢！

延展阅读

《论充足理由律的四重根》

这是叔本华的博士论文，写于1813年，当时叔本华25岁。叔本华认为充足理由律可以被概括地表达为：任何事物都有它之所以如此的理由，或者说没有一个无法被解释的事物。充足理由律的四种不同表现形式分别是：因果律、逻辑推论、数学证明、行为动机。这四种形式并不作为证明充足理由律的原因，而是充足理由律在这四者中表现其自身。人的行为动机被叔本华认为是充足理由律的第四种形式。也就是说，人的每一个行为必有其动机上的原因，并从动机上得到解释。事实上这一看法引出了他的《作为意志和表象的世界》，奠定了他的伦理学说。

《存在与时间》

〔德〕马丁·海德格尔　著

关于作者

马丁·海德格尔（1889—1976），德国著名哲学家，研究领域遍及现象学、存在主义、解构主义、诠释学、后现代主义、政治理论、心理学及神学，对现代哲学、政治和心理学都有举足轻重的影响。

早年的海德格尔在教会学校读书，17岁时，在阅读了布伦坦诺的《亚里士多德所说的存在的多重意义》一书后，对存在意义的问题产生兴趣。1914年，他获得了博士学位。第一次世界大战爆发后，海德格尔应征参军，从战场回来后，成为著名哲学家、现象学创始人胡塞尔的高级助教，在胡塞尔的指导下，一面学习，一面任教。

海德格尔是20世纪存在主义哲学的创始人和主要代表之一。他认为，柏拉图以来的西方哲学，一直混淆了“存在”与“存在者”，误把后者当前者。在海德格尔看来，“存在者”指具体事物，“存在”指具体事物的基础。孤零零的具体事物，没有真实性，只能是哲学的抽象。但是传统哲学忽略了这一点，没有追问存在者的存在，并且把推导出来的其他理论错误地在各处应用。海德格尔要为传统哲学提供存在论的基础，他把自己的哲学称为“基础存在论”。

从20世纪30年代起，海德格尔对西方哲学史作了系统阐释，从现象学、解释学、存在论等角度研究了一些重要哲学家的著作，尝试引领哲学家脱离形而上学及知识论的问题，转而朝向本体论的问题，也就是存在的意义。他认为，事物是存在的显现，艺术作品、科学技术、道德准则等，都是存在的显现。

第二次世界大战期间，海德格尔因成为德国纳粹党党员并且支持纳粹主义而得到了恶名，他的哲学也因此更受争议。第二次世界大战后，海德格尔开始强烈地关注语言问题，用语言从历史中生长出的丰富的关联，来避免形而上学的单向度。

荐读理由

海德格尔的《存在与时间》作为一本典型的大部头著作，内容浩博，结构庞大，讨论的问题众多且相互纠结。此外，海德格尔语言的晦涩，用词的“新颖”，都使许多初学者望而却步。

《存在与时间》的结构性线索为，对存在问题的重新理解和历史梳理，以及分条对人的生存经验的现象学分析。海德格尔希望通过对“此在”这种特殊的存在者的存在进行现象学的、存在论的分析，建立起一个全新的追问西方哲学最古老的问题——存在问题的地基，并给这个问题提供一个新的回答。

海德格尔在扉页中引用了柏拉图《智者篇》中的一句：“当你们用到‘是’或‘存在’这样的词，显然你们早就很熟悉这些词的意思，不过，虽然我们也曾以为自己是懂得的，现在却感到困惑不安。”这表明“存在”问题曾使柏拉图和亚里士多德为之思殚力竭。“存在”是一个古老的问题，却长期被人遗忘。在“形而上学”复兴之时，其核心问题——存在问题却遭到遗忘。海德格尔认为，这种状况是源于希腊人对存在的最初的阐释，逐步形成了一个教条，即宣称追问存在的意义是多余，又认可了对此问题的耽搁。

海德格尔重提了存在问题的必要性，指出世传三条成见都不足以否认重提存在问题的必要性，“存在问题不仅尚无答案，甚至这个问题本身还是晦暗而茫无头绪的”。同时，通过对存在问题的形式结构分析，说明存在问题需要用“本己”的展示方式来寻求，而以“本己”的方式探求存在问题的“此在”在存在问题的寻求中具有优先地位。

“此在”具有和其他存在者的明显的不同之处。“此在”在它的存在中与“存在”本身发生交涉，“此在”不仅仅处于“存在者的状态”下，而是在它的存在中以某种方式、某种明确性对自身有所领会，“此在”在存在论层次上存在，并且以对存在有所领会的方式存在着。“此在”总是从本身的可能性来领会自己本身，面对可能性的存在，去开拓自己的未来。海德格尔将用这种方式进行的对生存活动本身的领会称为“生存上的领会”，对“此在”的存在论意义上的分析也就是“生存论分析”。

存在问题源远流长且尚无答案，存在问题关涉科学的基本问题，也使存在论成为可能。其中，“此在”具有优先地位，“此在”在存在论层次上存在，并且以对存在有所领会的方式存在着，对“此在”的“生存论分析”构成了“基础存在论”。

《存在与时间》是20世纪西方哲学最重要的经典著作之一，它奠定了整个现代西方哲学的基础和方向，不仅影响了此后多种重要哲学流派，在文学批评、社会学、神学、心理学、政治学、法学等多个领域也产生了广泛影响。

先睹为快

存在的意义问题还有待提出。如果这个问题是一个基本问题或者说唯有它才是基本问题，那么须对这一问题的发问本身做一番适当的透视。所以，我们必须简短地讨论一下任何问题都一般地包含着的东西，以便能使存在问题作为一个与众不同的问题映入眼帘。

任何发问都是一种寻求。任何寻求都有从它所寻求的东西方面而来的事先引导。发问是在“其存在与如是而存在”的方面来认识存在者的寻求。这种认识的寻求可以成为一种“探索”，亦即对问题所问的东西加以分析规定的“探索”。发问作为“对……”的发问而具有问之所问。一切“对……”的发问都以某种方式是“就……”的发问。发问不仅包含有问题之所问，而且也包含有被问及的东西。在探索性的问题亦即在理论问题中，问题之所问应该得到规定而成为概念。此外，在问题之所问中还有问之何所问，这是真正的意图所在，发问到这里达到了目标。既然发问本身是某种存在者即发问者的行为，所以发问本身就具有存在的某种本己的特征。发问既可以是“问问而已”，也可以是明确地提出问题。后者的特点在于：只有当问题的上述各构成环节都已经透彻之后，发问本身才透彻。

存在的意义问题还有待于提出。所以，我们就必须着眼于上述诸构成环节来讨论存在问题。

作为一种寻求，发问需要一种来自它所寻求的东西方面的事先引导。所以，存在的意义已经以某种方式可供我们利用。我们曾提示过：我们早已经活动在对存在的某种领会之中了。明确提问存在的意义、意求获得存在的概念，这些都是从对存在的某种领会中生发出来的。我们不知道“存在”说的是什么，然而当我们问到“‘存在’是什么?”时，我们已经栖身在对“是”（“在”）的某种领会之中了，尽管我们还不能从概念上确定这个“是”意味着什么。我们从来不知道该从哪一视野出发来把握和确定存在的意义。但这种平均的含混的存在之领会是个事实。

这种存在之领会不管怎样摇曳不定时隐时现，甚而至于仅流于单纯字面上的认识，但这种向来已可供利用的存在之领会的不确定本身却是一种积极的现象，虽然这种现象还有待廓清。探索存在意义的工作不宜在开端处就来阐发这种现象。只有凭借成形的存在概念，阐释通常的存在之领会的工作才能赢得它所必需的指导线索。借助于存在概念以及这一概念本身所包含的明确领会这一概念的诸种方式，我们将能够弄清楚：变得晦暗的或尚未照亮的存在之领会意指什么？有哪些方式可能或必然使存在的意义变得晦暗，可能或必然阻碍鲜明地照亮存在的意义？

平均且含混的存在之领会复又浸透着流传下来的关于存在的理论与意见。这些流传下来的理论作为这占统治地位的领会的源头，却又始终暗藏不露。——存在问题所寻求的东西并非全然陌生，虽然在最初的确完全无法把握它。

延展阅读

《路标》

本书是海德格尔晚年自编的论文集。在前言中，海德格尔写到：本书意在让读者体察到一条“通向对思想之实事的规定的道路”。所谓“思想之实事”就是“存在”——这个海德格尔思考终生的问题。全书汇集了海德格尔自 1919 年至 1961 年间所出版的重要文章 14 篇，包含了海德格尔在“存在”问题之追问的道路上的各个“路标”。在书中，读者可以全面地了解到海德格尔本人的“存在”思想进程和对西方“存在历史”的独特的清理和批判。

《西方哲学史》

〔英〕罗素　著

关于作者

罗素（1872—1970），英国哲学家、数学家、逻辑学家。从英国剑桥大学三一学院毕业后留校任教。在哲学上，罗素早期为新实在论者，20世纪初提出逻辑原子主义和中元一元论学说。在数学上，罗素从事过数理逻辑和数学基础的研究，以他命名的“罗素悖论”曾对20世纪的数学产生过重大影响，其在与怀特海合作的巨著《数学原理》中提出的逻辑类型论成功地解决了包括“罗素悖论”在内的不少悖论，并且成为人类数学和数理逻辑历史上里程碑式的著作，正是这本巨著使罗素获得了崇高的声誉。在教育上，罗素主张自由教育，认为教育的基本目的应该是培养“活力、勇气、敏感、智慧”四种品质。在政治上，罗素反对侵略战争，倡导和平主义。

半个世纪以来，罗素个人深刻的思想使他一直成为全球瞩目的焦点与争论的中心。他自己除了固定的写作与研究以外，也随时准备迎接任何战斗，未曾一日懈怠。在科学知识，如数理方面，他的研究成果可以与牛顿在力学上的成就相媲美。但他并不是由于在这方面的成就而获得诺贝尔奖，而是因为他能够把一般性的哲学思想成功地介绍给人们，他这样做，是对哲学始终保持兴趣的最成功的范例。

他一生的著作，主要是为公众的良知作辩护。作为一个哲学家，他追随的是以洛克和休谟为代表的英国经验哲学路线，对于那些观念论的信条，他从来没有为之动心，并且还是激烈的反对者。对于欧洲大陆的那套哲学思想，他认为应该从英国的立场冷静地去审视和探讨。他就是这样，在严谨的态度中，不忘记发挥自己的敏锐、冷静和机智的才能，使他的著作充满这些特性而成为非凡的作品。即使从纯文学的观点看，他的作品也是属于永存的不朽之作。诸如《西方哲学史》《人类的知识》以及《我的心路历程》等，无不如此。当然，他身后也留下了众多的讨论社会问题的著作。

荐读理由

罗素因《西方哲学史》获得1950年诺贝尔文学奖。1946年，罗素的巨著《西方哲学史》问世时，他本人已经74岁，从他巨著中的深厚的功力，可以了解他是经过多么艰难困苦的努力才有了这一成果。如在谈到苏格拉底之前的哲学家时，他说：“在研究某个哲学家时，正确的态度应是不卑不亢，先为他们的立场设身处地地想想，直至了解他的思想，才尽可能地放弃先前的偏见，采取正确的批判态度。”

在这部书的另一处，他又写道：“忘记哲学所讨论的问题，或在心目中存在着各种先入为主的、固定的哲学答案，都是不好的。教我们如何学会生活在疑问中，但又别让疑问搞得麻木不仁，这可能是我们当前那些研究哲学的人的最主要的课题。”

罗素在书中纵横于哲学、历史学、宗教学三大领域，在错综复杂的社会关系中考察哲学发展的一般历史：从公元前6世纪人类第一个哲学学派——米利都学派开始，直到近代哲学的兴起，几乎任何一个重要的哲学观点都可以在这部著作中找到清晰的评述。正如罗素所说：我的目的不是要在众多的“西方哲学史”中再加上一部，我的目的是要揭示，哲学乃是社会生活与政治生活的一个组成部分；它并非一个卓越的人作的孤立思考，而是曾经盛行过的各种体系的社会性格的产物。罗素的这一目的使《西方哲学史》对哲学一般历史的叙述，比通常的哲学史家的叙述更多、更具体。

《西方哲学史》最突出的特点在于它所论述的主题：哲学不是卓越的个人所作的独立的思考，而是社会政治生活的一个组成部分，是“各种社会性格的产物与成因”，“人们生活的环境在决定他们的哲学上起着很大的作用，然而反过来他们的哲学又在决定他们的环境上起着很大的作用”。罗素把哲学家既看做果，也视为因，认为他们是他们那个时代的社会环境和政治制度的结果，也可能是塑造后来时代的政治制度信仰的原因。正因如此，全书在讨论哲学派别和哲学家时，往往并不看其学术地位，而是按照其对西方哲学发展的影响来决定详略取舍。另外，罗素主张在哲学史中要插入一些纯粹社会史性质的篇章，不这样做就很难理解某一时期的哲学思潮，因而书中对一般历史的叙述也比同类著作要多。值得一提的是，尽管此书上、下两卷约80万字，但罗素学识渊博，文字又优美流畅，注释旁征博引，读起来并无枯燥晦涩之感。

先睹为快

我们所说的“哲学的”人生观与世界观乃是两种因素的产物：一种是传统的宗教与伦理观念，另一种是可以称之为“科学的”那种研究，这是就科学这个词的最广泛的意义而言的。至于这两种因素在哲学家的体系中所占的比例如何，则各个哲学家大不相同；但是唯有这两者在某种程度上同时存在，才能构成哲学的特征。

哲学这个词曾经被人以各种方式使用过，有的比较广泛，有的则比较狭隘。我是在一种很广泛的意义上使用这个词的，现在就把这一点解释一下。

哲学，就我对这个词的理解来说，乃是某种介乎神学与科学之间的东西。它和神学一样，包含着人类对于那些迄今仍为确切的知识所不能肯定的事物的思考；但是它又像科学一样是诉之于人类的理性而不是诉之于权威的，不管是传统的权威还是启示的权威。一切确切的知识——我是这样主张的——都属于科学；一切涉及超乎确切知识之外的教条都属于神学。但是介乎神学与科学之间还有一片受到双方攻击的无人之域；这片无人之域就是哲学。思辨的心灵所最感兴趣的一切问题，几乎都是科学所不能回答的问题；而神学家们的信心百倍的答案，也已不再像它们在过去的世纪里那么令人信服了。世界是分为心和物吗？如果是这样，那么心是什么？物又是什么？心是从属于物的吗？还是它具有独立的能力呢？宇宙有没有任何的统一性或者目的呢？它是不是朝着某一个目标演进的呢？究竟有没有自然律呢？还是我们信仰自然律仅仅是出于我们爱好秩序的天性呢？人是不是天文学家所看到的那种样子，是由不纯粹的碳和水化合成的一块微小的东西，无能地在一个渺小而又不重要的行星上爬行着呢？还是他是哈姆雷特所看到的那种样子呢？也许他同时是两者吗？有没有一种生活方式是高贵的，而另一种是卑贱的呢？还是一切的生活方式全属虚幻无谓呢？假如有一种生活方式是高贵的，它所包含的内容又是什么？我们又如何能够实现它呢？善，为了能够值得受人尊重，就必须是永恒的吗？或者说，哪怕宇宙是坚定不移地趋向于死亡，它也还是值得加以追求的吗？究竟有没有智慧这样一种东西，还是看来仿佛是智慧的东西，仅仅是极精炼的愚蠢呢？对于这些问题，在实验室里是找不到答案的。各派神学都曾宣称能够做出极其确切的答案，但正是他们的这种确切性才使近代人满腹狐疑地去观察他们。对于这些问题的研究——如果不是对于它们的解答的话，——就是哲学的业务了。

《幸福之路》

〔英〕罗素 著

关于作者

见《西方哲学史》之“关于作者”。

荐读理由

幸福是什么？这是每个人都会关心的问题。罗素的《幸福之路》就探讨了这个问题。他坦言，他的非哲学的通俗著作不是以哲学家的身份写的，而是以遭受世界苦难现状的普通人的身份写的；他谋求的乃是改善世界的生存状况，表达出世人谋求自由和幸福的心声。

在罗素看来，现代人过度强调竞争。他认为“成功只能成为造成幸福的一分子，倘使牺牲了一切其余的分子而去赢取这一分子，代价就太高了”。罗素提倡一种有节制的生活，“兴奋过度的生活是使人筋疲力尽的生活，它需要不断加强的刺激来使你震动，到后来这震动竟被认为是娱乐的主要部分……所以，忍受烦闷的能耐，对于幸福生活是必要的”。他认为嫉妒是完全不可取的，“一个智慧之士不会因为别人拥有别的东西，而对自己有的东西不感兴趣”；恐惧也是完全不可取的，“恐惧是一种祸害，也因其使人偏于自我集中”。最后，罗素希望人们冲出“自我”的牢狱，做一个热情与兴味向外发展的自由的人。“幸福的人，生活是客观的，有着自由的情爱、广大的兴趣，因为这些兴趣与情爱而快乐，也因为它们使他成为许多别人的兴趣和情爱的对象而快乐。”

罗素的《幸福之路》，在某种意义上可称为是“现代的圣经”，罗素是我们时代的圣人。很少有人能对其由清晰的逻辑推理而来的高道德标准提出异议，他的逻辑推理使得他理性的、完美的劝诫看起来简直就像是最简单的常识，但是似乎很少有人能去实践它。不过至少，他的这种简单的观点可以作为人们对生活的迷惑的一剂解药。

在本书中，罗素不依赖任何高深的学说，而是把一些经由他自己的经验和观察证实过的通情达理的意见归纳起来，制作出一张献给读者的方子，希望无数感到郁闷的男男女女，能够在此找到他们的病案和逃避之法，能够凭着适当的努力变得幸福。该书晓畅明白，历来为广大读者所喜爱，国内曾有多个译本刊行。傅雷先生的精湛翻译更为本书增添了光彩。

先睹为快

这些种类不同的不快乐，一部分是由于社会制度，一部分是由于个人心理，——当然，个人心理也大半是社会制度的产物。如何改变社会制度来增进幸福的问题，我从前已写有专书。关于消灭战争，消灭经济剥削，消灭残忍与恐怖的教育等等，都不是我在本书里想谈的。要发见一个能避免战争的制度，对我们的文化确是生死攸关的问题；但这种制度决无成功之望，因为今日的人们那样的烦闷，甚至觉得互相毁灭还不及无穷尽的捱延日子来得可怕。要是机器生产的利益，能对那般需要最切的人多少有所裨益的话，那当然应该阻止贫穷的延续；但若富翁本身就在苦恼，那末教每个人做富翁又有何用？培养残忍与恐怖的教育是不好的，但那批本人就做了残忍与恐怖的奴隶的人，又能有什么旁的教育可以给？以上种种考虑把我们引到个人问题上来：此时此地的男男女女，在我们这患着思乡病的社会里，能有什么作为，可替他们或她们本身去获取幸福？在讨论这个问题时，我将集中注意在一般并不受着外界的苦难的人身上。我将假定他们有充分的收入，可以不愁吃不愁住，有充分的健康可以做普通的肉体活动。大的祸害，如儿女死尽，遭受公众耻辱等等，我将不加考虑。关于这些题目，当然有许多话好说，而且是挺重要的，但和我在此所要讨论的属于两类。我的目的，是想提出一张治疗日常烦闷的方子，那烦闷是文明国家内大多数人感着痛苦的，而且因为并无显著的外因，所以更显得无可逃避，无可忍受。我相信，这种不快乐大部分是由于错误的世界观，错误的伦理学，错误的生活习惯，终于毁掉了对一般可能的“事物”的天然的兴致和胃口，殊不知一切的快乐，不问是人类的或野兽的，都得以这些事物为根基。观念和习惯等等，都是在个人权力范围以内的，所以我愿提出若干改革的方案，凭了它们，只要你有着中等的幸运，就有获得幸福的可能。

几句简单的自我介绍，或许对我所要辩护的哲学可以做一个最好的楔子。我不是生来快乐的。童时，我最爱的圣诗是“世界可厌，负载着我深重的罪孽”那一首。5 岁时，我曾想如果我得活到 70 岁，那末至此为止我不过捱了全生涯十四分之一，于是我觉得长长地展开了我面前的烦闷，几乎不堪忍受。少年时，我憎恨人生，老是站在自杀的边缘上，然而想多学一些数学的念头阻止了我。如今，完全相反了，我感到人生的乐趣；竟可说我多活一年便多享受一些。这一部分是因为我发现了自己最迫切的欲望究竟是什么，并且慢慢地实现了不少。一部分是因为我终于顺顺利利地驱除了某些欲望，——例如想获得关于这个那个的确切的智识——当做根本不可求的。但最大部分，还须归功于一天天的少关心自己。像旁的受过清教徒教育的人一样，我惯对自己的罪过、愚妄和失败，作种种的冥想。我觉得自己是——当然是准确地——一个可怜的标本。慢慢地，我学会了对自己和自己的缺陷不再介介于怀；而对外界的事物，却一天天地集中我的注意：譬如世界现状，知识的各部门，以及我抱有好感的个人等。不错，对外界的关切也会有个别的烦恼带给你：世界可能陷入战争，某种知识可能难于几及，朋友可能死亡。但这一类的痛苦，不像因憎恶自己而发生的痛苦那样，会破坏人生的主要品质。否则，每种对外的兴趣，都有多少活动分配给你；而兴趣活泼泼地存在到多久，这活动就能把苦闷阻遏到多久。相反地，对自己的关切绝对不能领你去做任何进取的活动。它可以鼓励你记日记，把自己作心理分析，或者去做修士。但一个修士，必得在修院的功课使他忘掉自己的灵魂的时光，才会幸福。他以为靠了宗教得来的幸福，其实靠着清道夫的行业一样可以得到，只要他真正做一个清道夫。有一般人是因为深陷在“自我沉溺”之中而无可救药的，对于他们，外界的纪律确是一条引向幸福的路。

《美学》

〔德〕黑格尔　著

关于作者

黑格尔（1770—1831），德国著名哲学家，生于德国西南部符腾堡州首府斯图加特。18 岁时入图宾根大学学习，在那里，黑格尔与荷尔德林、谢林成为朋友，同时，为斯宾诺莎、康德、卢梭等人的著作和法国大革命深深吸引。1801 年，黑格尔任教于耶拿大学，1829 年就任柏林大学校长。

恩格斯曾经评价黑格尔说："近代德国哲学在黑格尔的体系中达到了顶峰，在这个体系中，黑格尔第一次——这是他的巨大功绩——把整个自然的、历史的和精神的世界描写为处于不断运动、变化、转化和发展中，并企图揭示这种运动和发展的内在联系。"

的确，黑格尔的哲学集德国古典哲学之大成，具有百科全书式的丰富性，居于整个资产阶级哲学的高峰。它不仅反映了当时德国资产阶级的革命性与软弱性，也在一定程度上反映了当时整个西方资产阶级的特点。在黑格尔哲学中，表现了丰富的辩证法内容与保守体系的深刻矛盾。

黑格尔认为，绝对精神是世界的本原。绝对精神不是超越于世界之上的东西，自然、人类社会和人的精神现象都是它在不同发展阶段上的表现形式。因此，事物的更替、发展、永恒的生命过程，就是绝对精神本身。黑格尔哲学的任务和目的，就是要展示通过自然、社会和思维体现出来的绝对精神，揭示它的发展过程及其规律性，实际上是在探讨思维与存在的辩证关系，在唯心主义基础上揭示二者的辩证统一。围绕这个基本命题，黑格尔建立起令人叹为观止的客观唯心主义体系，主要讲述绝对精神自我发展的三个阶段：逻辑学、自然哲学、精神哲学。黑格尔在论述每一个概念、事物和整个体系的发展中自始至终都贯彻了辩证法的原则。这是人类思想史上最惊人的大胆思考之一。

荐读理由

黑格尔从 1817 年开始讲授美学，《美学》一书于 1835—1838 年出版。本书为作者于 18 世纪至 19 世纪 30 年代在德国海德堡大学和柏林大学的授课讲稿，黑格尔死后由其学生根据听课笔记整理编辑出版，又称为《美学讲演录》。该书是黑格尔后期成熟的美学思想的汇集和总结，集西方传统美学思想和德国古典美学之大成，是德国古典美学的高峰。

《美学》是黑格尔哲学体系中的一个重要部分，而它本身又具有相对独立的完整体系。全书共分三卷。第一卷主要论述了美的概念和艺术美的基本原理；第二卷分讲象征艺术、古典艺术和浪漫艺术的特征及其历史发展过程；第三卷详细论述与上述三类艺术相应的各门艺术的审美特征和历史发展，其中又把诗（文学）作为重点分析。

黑格尔提出，“美就是理念的感性显现”；所谓理念，就是绝对精神，他又称作“神”。理念是无限的，艺术形象是有限的，艺术就是在有限事物的感性形象中显现出无限的普遍真理，达到普遍与特殊、一般与个别、客观与主观、理性与感性等的和谐统一。黑格尔指出艺术创作就是使思想内容灌注生气，使自己的思想感情外化为作品，成为自己的对立面，又从对立面中认识自己。

黑格尔认为，艺术美高于自然美，艺术美是自然与理想的结合。“自然”是指社会现实，“理想”是指形象体现的思想。由此他提出，如果先有理想，再找自然体现理想，谓之理想主义；如果从自然中看出某种理想，从自然中产生理想，谓之现实主义。对艺术家，他要求具备想象、天才和灵感，要有独特风格和独创性。黑格尔的美学思想是符合现实主义的，把辩证法和历史观点应用于美学领域，大大开阔了美学天地。后人以他的绝对精神为出发点，发展了美学，也成为马克思主义哲学的来源之一。

先睹为快

我们已经把美称为美的理念，意思是说，美本身应该理解为理念，而且应该理解为一种确定形式的理念，即理想。一般说来，理念不是别的，就是概念，概念所代表的实在，以及这二者的统一。单就它本身来说，概念还不是理念，尽管概念和理念这两个名词往往被人用混了。只有出现于实在里而且与这实在结成统一体的概念才是理念。这种统一不应了解为概念与实在的单纯的中和，其中两方面的特性与属性都因而消失了，有如钾与酸化合为盐，这两种元素的对立在盐里因互相冲淡而中和了。与此相反，在概念与实在的统一里，概念仍是统治的因素。因为按照它的本性，概念本身就已经是概念与实在的统一，就从它本身中生发出实在，作为它自己的实在，这实在就是概念的自生发，所以概念在这实在里并不是把自己的什么抛弃了，而是实现了自己。因此，概念在它的客观存在里其实就是和它本身处于统一体。概念与实在的这种统一就是理念的抽象的定义。

尽管在艺术理论中“理念”这个名词也往往被人使用，有些声望很高的艺术鉴赏家却很讨厌这个名词。一个最近的最有趣的例子就是吕莫尔先生在他的《意大利研究》里所作的争辩。这部书是从艺术的实践兴趣出发的，与我们所说的“理念”本来毫不相干。

吕莫尔先生不懂得新哲学所说的理念，把理念和不确定的“观念”以及著名的艺术理论和艺术学派所主张的那种抽象的无个性的“理想”混淆起来。这些抽象的观念和理想是和实质上是确定的轮廓鲜明的自然形式相对立的，吕莫尔却把理念和艺术家所臆造的抽象的观念和理想一律看待，以为理念也是和自然形式相对立的。如果按照这种抽象的观念和理想去进行艺术创造，这当然是不正确的，而且是徒劳的，就像思想者按照不明确的观念去思想，总是纠缠在完全不明确的内容里一样。但是这种指责却不能适用于我们所说的“理念”，因为这完全是具体的，是一种统摄各种定性的整体，其所以美，只是由于它（理念）和适合它的客体性相直接结成一体。

吕莫尔先生在《意大利研究》里说过这样的话：“按照最一般的意义，或者说，按照近代所了解的意义，美包含一件事物的足以使视觉得到愉快的刺激，或者通过视觉而与灵魂契合，使心境怡悦的一切特性。”这些特性分为三种：“一、只通过视觉起作用的；二、只通过假定是与生俱来的对于空间关系的那种特别感觉起作用的；三、首先通过知解力起作用，然后通过认识才对情感起作用的。”这第三种最重要的特性要依靠的“形式完全不靠感官的快感和体量的美而能引起一种明显的伦理的和精神的快感，这种精神的快感一部分起于对上述（还是伦理的和精神的？——黑格尔原注。）那些观念的欣赏，一部分直接起于只要有清晰的认识活动就会感到的那种满足”。

延展阅读

《逻辑学》

该书为黑格尔的另一部巨著，分3卷出版。在黑格尔的哲学体系中，《逻辑学》占有核心地位。除《精神现象学》之外，黑格尔把自己的其他著作都看做是《逻辑学》的展开和应用。《逻辑学》集中体现了黑格尔把宇宙看成一个运动、变化、发展的有机整体的合理思想，在逻辑史上具有革命的意义。这部著作在出版后遭到冷遇，直到马克思主义哲学将其重新理解、改造和应用，才被世人所热议。

《艺术哲学》

〔法〕丹纳 著

关于作者

H. 丹纳（1828—1893），法国史学家兼文学评论家，实证主义的杰出代表。幼年时期的丹纳就博闻强识，20 岁时以第一名的成绩考入了巴黎高等师范学校，专攻哲学。毕业后他选择在中学担任教师，不久因与学校政见不合而辞职，从此书斋生活成了他生命的主旋律。之后他应邀担任巴黎美术学校美术史和美学教授，并当选为法兰西科学院院士，这对于一个学者来说是至高无上的荣誉。

丹纳精通多国语言，游历了几乎整个欧洲。通过多年的努力，丹纳迎来了自己的学术巅峰时刻。《艺术哲学》是丹纳的代表作，也集中反映了其艺术思想和哲学思想。他的艺术思想和哲学思想，与他所处的时代密不可分。

19 世纪的欧洲，笼罩在“欧洲中心论”的骄傲之风中，自文艺复兴以来，随着自然科学的发展，欧洲从中世纪宗教的禁锢中苏醒过来。尤其当资产阶级启蒙思想影响到整个欧洲时，欧洲经过自然科学和民主制度的双重洗礼，经济空前发展，物质也变得丰富无比。这一切，使欧洲人对自然科学产生了强烈的认同感，丹纳也不例外。受达尔文进化论的影响，丹纳认为，世界上一切事物的产生、发展、演变、消灭，都有规律可循。因此丹纳的研究方法，是“从事实出发，不从主义出发；不是提出教训，而是探求规律、证明规律”。从事实中推断结论而不是用事实来附和理论的研究方法是很严谨的，也是科学的。丹纳认为研究学问的目的正是在于用以解释事物，万物都是有规律可循的。从这一点来看，丹纳看待事物的观点是带有唯物主义色彩的。

同时，丹纳还深受法国哲学家孔德的影响。孔德第一次把人文社科的方法纳入观察科学的范畴，把观察的方法引入人文社科。丹纳在此基础上提出了自己的实证主义文艺理论。在《艺术哲学》中，丹纳提出了两大理论：其一，“种族、时代、环境”三元素说，强调了三元素对艺术的决定性影响；其二，艺术批评的三种尺度，即艺术品表现事物特征的重要程度、有益程度、效果的集中程度，强调了艺术批评的客观性。

丹纳是从社会学角度探讨艺术作品和文艺现象的，这种研究方法对于艺术来说，是十分可贵的。这一点，与同时代的马克思主义学说不谋而合。马克思主义也注重从艺术的外部来研究，还触及了丹纳没有涉及的作为社会基础的经济生活方面。

荐读理由

《艺术哲学》是法国史学家兼批评家丹纳关于艺术、历史、人类文化的一部力作。本书原系作者在巴黎美术学校的讲稿，共分五编，分别讲述了艺术品的本质及产生、意大利文艺复兴和尼德兰的绘画、希腊雕塑，并从实例中引申出关于艺术中的理想的论述。本书是一部从哲学角度研究艺术的著作，提出了艺术品赖以生存的本质来源是环境的影响。这一观点在19世纪的法国乃至世界都具有里程碑式的影响，它的影响直至今天依然存在。

丹纳认为一切事物的发生、发展、繁荣、消逝都是有规律可循的。种族、环境、时代三大因素是文明的性质和面貌的主要决定物。艺术品本身不是孤立的，艺术品隶属于艺术家的全部作品、艺术家所隶属的类别以及与艺术家同时同乡的人这三个整体，从而决定了艺术品的出现及其特征。概括说来，“作品的产生取决于时代精神和周围的风俗”。由于艺术家隶属于整体且分担着集体的命运，从小感受的观念与环境息息相关，从而使时代的印记镌刻在艺术家身上，并因此影射到艺术品中。艺术家辨别事物所具有的抓住全体和精神的特色，以及夸张的本能和过度的幻想，都是艺术家所处生活环境的反映。在 18 世纪，孟德斯鸠就已经提出类似的理论，但直到丹纳的研究才使其成为一个完整而严密的学说。如今我们认为理所当然的“艺术来源于生活”的理念在《艺术哲学》中可以找到滥觞，而在那之前“艺术是天才的创造”一度占据艺术理论的舞台。从这一点来说，丹纳的研究是独具开创性的。

丹纳是一位带有唯物主义色彩的批评家。在《艺术哲学》中，作者始终在探讨一种适用于一切时期的艺术的普适性的规律，这样的规律不会以人主观的情感为转移。作者擅长从大环境入手，从宏观的角度去探讨一个时期、一个地域的环境。《艺术哲学》是“一部有关艺术、历史及人类文化的巨著”，采用的不是一般教科书的形式，而是以渊博精深之见解指出艺术发展的主要潮流。全书不但条分缕析、明白晓畅，而且充满热情、色彩富丽，绝无一般理论文章的枯燥沉闷之弊。

先睹为快

我们现在研究的是一个辉煌的时代，为世人所推崇的意大利杰作，包括 15 世纪的后二十五年和 16 世纪的前三四十年。在那段有限的时间里，涌现了一批造诣卓绝的艺术家：列奥纳多·达·芬奇、拉斐尔、米开朗琪罗、安德烈亚·德尔·萨尔托、弗拉·巴尔托洛梅奥、乔尔乔内、提香、塞巴斯蒂亚诺·德尔·皮翁博、柯勒乔。这个时期的界定相当分明：从此界限向前看，是尚未成熟的艺术；往后看，艺术已然衰落。后来的是干枯、僵硬、毫无生色的探索者，如保罗·乌切洛、安东尼奥·波拉约洛、弗拉·菲利波·利比、多梅尼科·吉兰达约、安德烈亚·委罗基奥、曼坦尼亚、佩鲁吉诺、卡尔巴乔、乔瓦尼·贝利尼。往前去是浮夸的门徒或才情不足的复兴者，如犹莱斯·罗曼、罗索、普里马蒂乔、帕尔梅桑、小帕尔玛、卡拉齐一干人等及其一派。前期艺术在生长；往后便是凋零；璀璨的花季就存在于这两个阶段之间，大约五十年。

即便在早些时候，有一个功夫还算纯熟的马萨乔得以现世，但他也只是一个善作沉思回味的人，不足以视为天才灵光的闪现；他只是一个眼光超越了同时代的孤独的创造者，也是一个未得赏识、无人追随的先驱；他生前贫穷、孤独，死后的墓碑上连铭文都没有，他那先生的伟大直在半个世纪以后才被世人理解。诚然，在后一时期还有一个蓬勃健康的画派，但那是在威尼斯。在那个得天独厚的城镇，衰落比其他地区降临得晚一些。在意大利其他地方历经了异族的统治、压迫与世风的腐化，而变得思想堕落、人性扭曲的时候，威尼斯却依然长期秉持着自由和容让。

我们不妨把这个有着完美创造的辉煌时期比作一片顺着斜坡栽种的葡萄。低矮处，葡萄尚未成熟；高处，果实也不丰润。低处的风气往来不畅，高处又过于寒冷。这既是成因，又是规律；纵有例外，也不足为道，且不难解释。也许在低矮处能碰到一株单独的枝蔓，因其枝叶丰茂，不管环境如何，尚能结成几串圆满的葡萄。但那只是孤独的一株，不会繁衍，只可看作特异，盖因在活跃的力量涌动聚集之下，难免有个别的现象在自然规律的运动中特立独行。

或许，在上方地段某个角落，可见几处长得很好的葡萄，但那是倚仗了特定的条件：泥土的特质、山体的屏障、充足的水源，使得植株获得了在别处无法得到的滋养和保护。因此，规律完好无损，我们可以得出的结论是，那里的土壤和气温与植物的长势紧密相连。同样的，产生优秀画作的规律恒定，决定这种绘画的精神内质和外部条件是可以探明的。

延展阅读

《现代法兰西渊源》

丹纳的一生没有遭遇过重大的变故，他的书斋生活很平静，他的旅行只是为了搜集资料以供研究。然而1870年的普法战争对丹纳的刺激很大，这成为他研究“现代法兰西渊源”的主要原因。全书分为12卷，在丹纳荣获法兰西科学院院士后写作完成，是丹纳的一部出色的历史学著作。

《悲剧的诞生》

〔德〕尼采 著

关于作者

尼采（1844—1900），德国著名哲学家，西方现代哲学的开创者，以一句“上帝死了，要重新评价一切”让世界瞩目。

尼采的生日是1844年10月15日，而10月15日恰好是当时的普鲁士国王威廉四世的生辰。尼采曾回忆说：“无论如何，我选在这一天出生，有一个很大的好处，在整个童年时期，我的生日就是举国欢庆的日子。”尼采出身于一个牧师家庭，祖父是一位虔诚的基督徒，外祖父是一名牧师。可就是在这样一个家庭里长大的尼采，最终成为西方历史上迄今为止批判西方现代社会和基督教道德最深刻的哲学家。

尼采的思想具有强大的冲击力，它几乎颠覆了西方基督教的道德思想和传统的价值，揭示了在上帝“死”后人类所必须面临的精神危机。他认为，资本主义社会的物质财富虽然在日益增多，人们却并不自由，也不幸福。人类失去了激情，没有创造未来的冲动，僵死的机械模式压抑人的个性。现代文化让人颓废，其根源是生命本能的萎缩。尼采认为，要医治这种颓废，需要用他的“行动哲学”，使个人的要求和欲望得到最大限度的发挥，借此恢复人的生命本能，并赋予它新的灵魂。

尼采不仅是西方现代哲学的开创者，同时也是卓越的诗人和散文家。他的著作才华横溢、绚丽夺目，也夹杂着神经质似的自我陶醉。在其著作中，尼采用犀利的观察和非凡的勇气，颠覆了各种公认的观念，奚落了人们认为理所当然的美德，却赞扬了几乎所有的邪恶。尼采没有建立起系统的哲学体系，他不是依靠逻辑而是用想象力征服了世界，他献给世界的不仅仅是哲学，还是新的信仰和宗教。作为现代哲学的一座巍然屹立的里程碑，后世的生命哲学、存在主义、弗洛伊德主义、后现代主义等，都以各自的形式回应了尼采的哲学思想。

荐读理由

《悲剧的诞生》写于1872年，是尼采的处女作，是其一生思想的基石。他自称“此书中的一切都是预言性的”，预示了他的思想发展轨迹。在这本书中他展现了“重估一切价值”的勇气，第一次提出了日神、酒神是两个互相对立、互相依存的对立面，二者的斗争构成了希腊艺术的根基，促使悲剧诞生。埃斯库罗斯、索福克勒斯将悲剧推向了黄金时代，之后就开始走下坡路。悲剧的毁灭“是以自杀形式”完结的。欧底庇得斯是元凶，因为他否定了酒神精神，他借用的是苏格拉底主义。“在苏格拉底看来，悲剧艺术似乎从未‘道出过真理’，更不用提它的对象是‘不具多少理智’的人，也就是说不是哲学家。这就是为什么要远避开他的双重原因。”悲剧不理性，也无实用价值，既不传授知识，又不启迪头脑。

尼采攻击的不是苏格拉底一个，而是整个的科学思潮。尼采认为酒神是用理性无法认知的原始冲动对世界本质、对永恒生命力的感知，与科学精神背道而驰。科学无法把握世界本质，但酒神精神可以，在科学蔚然成风的时代，悲剧一定会衰落。但它的悲剧还会再生，科学不可避免地会触及它的边缘地带，那时就需要艺术作为它的保护伞和治疗剂。科学一开始是为了追求知识而反艺术，直到它走到了死胡同，就需要艺术来解决，那时就是悲剧，也就是酒神精神复兴的时刻。尼采将这称为科学的二律背反，表示了对科学的嘲讽。

尼采认为《悲剧的诞生》有两大贡献，“其一是对整个希腊艺术的酒神现象的理解，对它做了首次心理分析，视它为整个希腊艺术的根据之一。再就是对苏格拉底主义的理解，苏格拉底第一次被认识到是使希腊解体的工具，是典型的颓废主义者”。

尼采的这部著作，体现了杰出的浪漫色彩和美妙的想象力；同时，这也是一部幼稚的哲学作品，充满了反潮流的气息。但在这部哲学著作中，他一生的主要哲学思想已经粗具雏形。尼采哲学的主题是“生命的意义”，他对此的解答是：靠艺术来拯救人生，赋予生命以一种审美的意义。

先睹为快

音乐与悲剧神话同是一个民族的醉境能力之表现，而且是彼此不可分离的。两者都溯源于梦境领域之外的一个艺术领域；两者都美化了一个境界，那儿，在快乐的和谐中，一切不和谐的因素和恐怖的世界面影都动人地消逝了；两者都信赖自己的极其强大的魔力，玩弄着哀感的芒刺；两者都以这种游戏来证实甚至有个“最坏的世界”。在这场合，酒神比起梦神来，就显然是永恒的本源的艺术力量；要之，他唤起了整个现象界，在这当中，必须有一种新的美化的假象，才能使得个性化的世界永远栩栩如生。如果我们能设想“不和谐”化身为人——否则人是甚么呢？——那末，为着生存下去，这种不和谐的化身，就需要一种壮丽的幻象，以美的面纱来罩住它的容貌。这就是梦境艺术的真正目的；我们把这美丽幻景的无数表现统称为梦境艺术，它们在每一刹间都使得一般生活值得留恋，而且驱使我们去体验最近的未来。同时，凡是人从万有之根源，从世界的醉境底层，所能意识到的，都可能被梦神的美化威力再度克服；所以这两种艺术冲动，不得不依照永恒正义之规律，按严格的互相比例，各自展开其威力。当酒神的威力以我们所目睹之势，高涨起来，梦神也定必披上云彩，降临到人间，未来的世代行将见到他的最丰富最美丽的效果。

然而，任何人也一定可以凭直觉知道这效果的必要性，只要他一旦，哪怕是在梦中，觉得自己回到古希腊的生活中。踯躅在伊奥尼亚颀长的柱廊下，仰望轮廓鲜明的天涯，身旁灿烂的雕塑反映着自己的美化的风姿，周围的人们在庄严地游行，或者温柔地走动，唱着和谐的清歌，踏着律动的舞步；——在美的不断流入中，他怎能不举起双手对着梦神阿波罗喊道：“幸福的希腊人啊！在你们中间酒神狄奥尼索斯定必是多么伟大呀，如果提洛斯之神阿波罗认为必须以这样的魔力来医治你们的酒神狂热！”然而，对于怀着这样心情的人，雅典的老人也许会用埃斯库罗斯的崇高的目光望着他，说道：“好奇的来客啊！您也应该说：这个民族受过多少苦难，才能够这样美呀！可是，跟我去看悲剧吧，和我一起在这位神灵的庙坛献上祭牲！”

《查拉图斯特拉如是说》

〔德〕尼采　著

关于作者

见《悲剧的诞生》之“关于作者”。

荐读理由

《查拉图斯特拉如是说》同样是尼采早期的一部著作，里面几乎涉及了他所感兴趣的一切话题：基督教、超人、道德、善恶、人性、权力、意志、快乐、比喻、狄俄尼索斯等等。本书是尼采里程碑式的作品。

在书中，尼采假借查拉图斯特拉之名，表达自己的哲学思想和对未来世界的启示，用汪洋恣肆的诗体，熔酒神的狂醉与日神的清醒于一炉，堪称查拉图斯特拉的说教集或是查拉图斯特拉的行藏录。但这位圣者并不是宗教的圣者，这本书也不像一般宗教书那样枯燥乏味，而是具有极高文学价值的散文诗，在世界哲学史和诗歌史上均占有独特的、不朽的地位。

“超人哲学”是《查拉图斯特拉如是说》中又一次强调的主题。查拉图斯特拉说：“人类是一根系在动物和超人之间的绳索，一根悬在深谷上的绳索。往彼端去是危险的，停在半途是危险的，向后望也是危险的，战栗或者不前进，都是危险的。”也就是说，人刚好处在猴子阶段和超人阶段的过渡中。如果他回首自己的历史，就会面临遵循早已无效的规则的危险；如果他踌躇不前，他就会发现自己的脚下是万丈深渊，这样他就会因惧怕跌落而坠落。人类向超人超越的过程是一个极其艰难曲折、危机四伏的过程，随时可能付出代价。超人的事业是前所未有的事业，必将受到旧势力的疯狂攻击，走绳者代表着人类，走绳者要建立一座由动物通向超人的桥梁。走绳者在过去（顺从的羔羊）和未来（独立的个体）之间被拉来扯去，最终过去获胜了，未来被放弃了，魔鬼战胜了超人。但这一结局不是最终结局，每个作为走绳者的个体都必须在从动物到超人的过渡中经受多次这样的死亡，直到有一天他成功地在自身内超越人类这个阶段。在结尾，查拉图斯特拉谈到了自己所扮演的角色——超人的宣告者：“我爱所有那些人，他们像沉重的雨点，一滴一滴地从人们头顶上的乌云中落下；它们预告着闪电的到来，并作为预告者而终结。看吧，我是一道闪电的预告者，一滴自云中落下的重雨点：但是这道闪电便是超人。”查拉图斯特拉不是超人，也不是超人的代表，而是超人的宣告者。

先睹为快

查拉图斯特拉独自从山上下来，任何人都不会遇见他。可是当他走进森林里的时候，忽然发现一个老者站在他的前面，这老者是离开了他的神圣的茅舍，来到森林里寻找树根的。他向查拉图斯特拉说：

“这个旅行者，我与他有一面之缘：很多年以前，他曾经过这里。他的名字是查拉图斯特拉，但是他现在改变了。

那时候你把你的灰搬到山上去，现在你要把你的火带到谷里去吗？你不怕挨‘放火犯’的惩罚吗？

不错，我认出这是查拉图斯特拉。他的眼睛是纯洁的，他的双唇不显露什么厌恶。他不是正像一个跳舞者似的前进着吗？

查拉图斯特拉是改变了，他变成了一个孩子，查拉图斯特拉已是一个醒觉者了：你现在要到睡着的人群里去做什么呢？

唉，你现在竟想登陆了吗？唉，你生活在孤独里时，像在海里一样，海载着你。你又想拖着你的躯壳这重负吗？”

查拉图斯特拉答道：“我爱人类。”

“我为什么，”这圣哲说，“逃跑到这森林里与孤独里来了呢？不正是因为我曾太爱人类吗？

现在我爱上帝：我不爱人类。我觉得人是一个太不完全的物件。人类之爱很可以毁灭了我。”

“什么也不要给他们罢！”这圣哲说。“你毋宁取去他们一点负担，而替他们掮着——只要你高兴这样，他们自然是欢喜不过了。

即令你想赠与，别给他们多于赏给乞丐的布施；并且让他们向你请求罢。”

“不，”查拉图斯特拉答道，“我不布施什么，我并不穷得如此。”

这圣哲开始笑查拉图斯特拉了，他说：“那么，你尝试使他们接受你的宝物罢！他们不信任孤独者，也不信任我们是来赠与的。

在他们耳里，我们的走在街上的足音，响得太孤独了。好像他们夜间躺在床上，听到一个人在日出以前走路一样，他们自问着：这窃贼往哪里去呢？

不要到人群里去，留在森林里罢！毋宁回到兽群里去罢！熊归熊群，鸟归鸟群——你为什么不愿意和我一样呢？”

“在森林里，圣哲干什么事呢?”查拉图斯特拉问。

这圣哲答道:“我制作颂诗而歌唱它们。当我制曲时，我笑、我哭、我低吟：我这样赞美上帝。

我用歌唱、哭、笑和低吟，赞美我的上帝。可是你带了什么礼物给我们呢?”

查拉图斯特拉听完了这些话，他向这圣哲行礼道:“我能够给你们什么礼物呢？请让我快点走罢，那么，我就不会拿去你什么东西了!”于是他俩——这圣哲和这旅行者，互相告别，笑得和两个孩子一样。

查拉图斯特拉独自走着，他向自己的心说:“这难道可能吗？这老圣哲在他的森林里，还不曾听说上帝已经死了!”

《梦的解析》

〔奥〕弗洛伊德　著

关于作者

弗洛伊德（1856—1939），奥地利精神病医生及精神分析学家，“精神分析学派”创始人。弗洛伊德生于奥地利一个犹太人家庭，在维也纳长大。他从小聪明过人，学习成绩优秀。1873年，17岁的弗洛伊德考入维也纳大学医学院，对神经医学产生了浓厚兴趣。在获得博士学位后，他进入维也纳全科医院工作，几经辗转，终于来到精神病治疗所。在此期间，他曾前往巴黎学习催眠，后为了生计他以私人身份开业行医。就是在巴黎学习之后，弗洛伊德从一个神经学家转变为一名精神病理学家，从对躯体的研究转向对心理的研究。他从尝试用催眠术治病开始，到与合作者共同研究歇斯底里病症，从此拉开了创立精神分析学的序幕，一部部惊世骇俗的作品接二连三地面世。

弗洛伊德是一位集各种矛盾于一体的人物。在心理学领域，没有哪个人会像弗洛伊德这样，既备受吹捧又惨遭诋毁，既被称为伟大的科学家、学派领袖，又被斥责为搞伪科学的骗子。一位弗洛伊德研究学者曾说：“这个人的伟大之处不容置疑，这使他的思想更加伟大”，而他的写作“也许是20世纪汇成著作的、最重要的思想体系”。弗洛伊德有创立新学说的杰出才赋，是一位先驱。尽管他的学说存在着广泛的争论，但他仍不失为人类思想史上的一位极伟大的人物。弗洛伊德的心理学观点使我们对人类思想的观念发生了彻底的革命，他提出的许多范畴已被普遍使用，例如：本我、自我、超我、性压抑、潜意识、需求层次、恋母情结和死亡冲动。

1919年，弗洛伊德创立了专门出版精神分析学杂志和书籍的出版公司，在20年里出版了5种杂志、150余种书籍，弗洛伊德的声望在此期间一直处于顶峰。

德国占领奥地利后，弗洛伊德在一位病人和朋友的帮助下逃到伦敦，但这时他已与口腔癌伴随多年。他照样保持着一天抽20多支雪茄的习惯，直到1939年安乐死。

荐读理由

《梦的解析》，又译《释梦》，出版于1900年，被誉为是一本改变人类历史的书，也是弗洛伊德精神分析理论体系形成的重要标志。在书中，弗洛伊德阐释了释梦的历史及方法、梦的愿望的达成及伪装、梦的材料来源和运作形式，以及梦的心理过程，提出了具有独创性的理论。

全书分为六大部分。一、对儿童的梦的研究；二、探讨梦的检查作用；三、探讨梦的象征作用；四、分析梦的运作；五、举例分析几个真实梦境；六、梦的作用在于满足愿望。弗洛伊德从没有伪装或伪装较少的儿童的梦开始，一直讲到“面目全非”的成人梦境，并提出，解梦最关键的因素是揭开“梦的伪装”。

弗洛伊德认为，梦是一种精神活动，“其动机常常是一个寻求满足的愿望”。因为愿望而起，它的内容是“愿望的达成”，既通过思想表现，又借助幻觉经验。弗洛伊德举了他5岁的小儿子的梦为例。有一次，他们全家到达赫山脚下去游玩。小儿子由于常用望远镜可以看到山上的西蒙尼小屋，因此不满足于在山下玩。但父母并没有带他上山，他当时很不高兴。弗洛伊德指出：“第二天早上，他神采飞扬地跑过来告诉我：‘昨晚我梦见我们走进了西蒙尼小屋。’我现在才明白，当初我说要去达赫山时，他就满心地以为他一定可以由荷尔斯塔特翻山越岭走到他天天用望远镜所憧憬的西蒙尼小屋去，而一旦获知他只能以山脚下的瀑布为终点时，他是太失望了，太不满足了。但梦却使他得到了补偿。”弗洛伊德认为，愿望在梦中的满足可以维持人精神上的平衡，同时也可以使睡眠不受干扰。儿童的心理比成人单纯，他们做的梦也就单纯。弗洛伊德还认为，就像人类研究低等动物的构造发育一样，人类应该可以多探讨儿童心理学，以此了解成人心理。小孩的梦简单明了，很少伪装，摄人灵魂，分析儿童的梦不需要任何技术，但也证明了梦的本质。

弗洛伊德提出人的心理结构可分为本我、自我和超我。本我包含了原始的遗传本能和欲望，其中最根本的欲望是性欲冲动；自我代表的是理性和判断；超我则代表了对本我的道德限制，与本我处于对立地位，限制了本我的冲动。《梦的解析》指出，梦是潜意识的自我表现，人的潜意识长期被压在心灵深处，千方百计想突破潜意识领域。当自我处于浑浑噩噩的状态而放松了戒备的时候，潜意识便开始活动，于是出现了梦。梦的奇特而不可理解是由于梦的伪装造成的，因做梦的人的不少愿望会违反道德，于是潜意识使其以层层伪装的形式展现出来。对于梦的多次伪装，就需要通过精神分析法作出解释。

弗洛伊德还认为，“梦包含着简要的神经质病的心理学”。梦和精神病的共同点在于，都遵循潜意识的活动规律，“潜意识比较喜欢和前意识中那些不被注意、被漠视或刚受排挤的概念攀上关系”。狡猾的潜意识通过这种方法偷偷溜到意识领域中去。弗洛伊德否定了“梦是来自超自然的鬼神的启示”的说法，认为梦是人的心理活动的一部分，来自人的潜意识，既不是灵魂的显现，也不是上帝的启示，而是人类早年实践活动的浓缩和沉淀。在此他又描述了“奥狄浦斯情结”，指出人的幼年生活对成人心理的不可避免的影响。

弗洛伊德在《关于自传的研究》里曾预言，从写作《梦的解析》的时候开始，精神分析已不再是一门纯医学的学科。作为精神分析理论体系形成标志的《梦的解析》，是“划时代的不朽巨著”之一，与达尔文的《物种起源》及哥白尼的《天体运行论》并列为导致人类三大思想革命的书。

先睹为快

如果一天里发生了两件或两件以上值得引发我们的梦的经验时，梦就会把两件经验合成一个完整经验：它永远遵循着这种“强制规则”，而把它们综合为一个整体。举一个实例：有一个夏天的下午，我在火车车厢内邂逅了两位朋友，但他们彼此间并不认识。一位是很得人望的同事，另一位则是我常常去给他们看病的名门子女。我给他们双方作了介绍，但在旅途中，他们却始终只是个别与我攀谈而无法打成一片。因此我只好与这一位说这个，与另一个谈那个，十分吃力。记得当时，我曾与我那位同事提及请他替某位新进人物多加推荐，而那位同事回答说，他是深信这年轻人的能力的，只是，这位新人的那副长相实在很难得人器重。而我曾附和他说：“也就是因为这点，我才会认为他需要你的推荐。”过了不久，我又与另一位聊起来了，我问及他叔母（一位我的病人的母亲）的健康近况，据说当时她正极端虚弱而病危。就在这旅程的晚上，我做了如下的一个梦：我梦见那位我所希望能获得青睐的年轻人，正跻身于一间时髦的客厅内，在与一大堆有头有脸的大人物们处在一块。而后，我才知道那时正举行着我的另一个旅途伙伴的叔母的追悼仪式（在我梦中，这老妇人已死去，而我承认，我一直就与这老妇人关系搞不好)。如此地，我就将白天的两个经验感受在梦中综合而构成一个单纯的状况。

《精神分析引论》

〔奥〕弗洛伊德　著

关于作者

见《梦的解析》之“关于作者”。

荐读理由

《精神分析引论》是弗洛伊德1915年至1917年在维也纳大学讲授的三部讲稿的汇编，是弗洛伊德精神分析学说的又一部重要著作。它深入浅出地介绍了弗洛伊德精神分析学的一般理论，是了解和研究弗洛伊德学说的一部入门性读物。

在这部著作中，弗洛伊德剖析了人的过失行为、梦和精神病三个专题。弗洛伊德采用“心理冲突”和“泛性论”的理论，对三者展开深入的分析和系统的阐述：

日常生活中的笔误、说话用错词、物品的错放等常见的过失行为，都是过失心理学的研究对象。这些行为，都是有意义的心理现象。过失是由于心灵中两种相反的倾向相互牵制而发生的心理行动。过失常用来满足一种应当禁止的愿望。过失心理学把各种过失现象加以分类，并对这些心理现象作动的解释，把它们看做是心力争衡的结果。

梦是一种不规则的反应的产物或物理刺激所引起的有意义的心理现象。梦是心灵在睡眠中对前一日或前几日经验的反映，是醒时心理活动的继续。昼梦则是幻想的产物，用来满足梦者的各式各样的野心和情欲——文学艺术就是以这种昼梦为题材的产物。释梦就是利用梦者对这些元素的“自由联想”使他种被代替的观念进入意识之内，再由这些观念，推知那隐伏在背后的原念。释梦者不应理会梦的“显意”，而应寻求梦的“隐意”。梦的“显意”与“隐意”的关系有：以部分代替全体、暗喻、意象和象征。

精神病理学若没有精神分析关于潜意识的知识，就会失去科学的基础。精神分析认为神经病症候和过失行为、梦一样，都是有意义的，与人们的内心生活和潜意识有相当的关系。潜意识的发现对人的自尊心是一个打击，所以神经病人往往对治疗做强有力的抗拒。精神分析主要治疗三种“移情神经病”——焦虑性癔病、转变性癔病和强迫性神经病。

弗洛伊德的《精神分析引论》曾被译成 17 国文字，他卓绝的学说、治疗技术以及对人类心理隐藏的那一部分的深刻理解，开创了一个全新的心理学研究领域。由他创立的学说，从根本上改变了人类对其本性的看法。

先睹为快

神经病的症候，正和过失及梦相同，都各有其意义，而且也像过失和梦，都与病人的内心生活有相当的关系。这是一个要点，我想举几个例子加以说明。我只能说（虽然还不能证明）无论何种神经病都莫不如此；无论何人只要作一番观察的工夫，都可以相信这一点。但为着某种理由，我将不在癔病中取例，而取例于另一种很特殊的神经病，其起源则和癔病相近。关于这种病我必须先说几句开场白。此病名强迫性神经病，不及癔病普通，或者我们可以说，它没有那么喧嚣，常隐藏而为病人的心事，几乎全无身体上的表示，只有精神方面的症候。精神分析最初就是以强迫性神经病和癔病两种病的研究为基础的，而我们的疗法也在这两种神经病上收到治疗的功效。但就强迫性神经病而言，精神的感受既没有一跃而为肉体的表示，所以比起癔病更容易因精神分析的研究而使人理解；我们已知道它所表示出来的神经病组织的特点远较癔病为显著。

强迫性神经病的形式如下：病人心内充满着实在没有趣味的思想，觉得有特异的冲动，而且被迫做些毫无乐趣而又不得不做的动作。那些思想（或强迫观念）本身也许是毫无意义的，对病人只是感到乏味的；或常常是愚蠢的；然而无论如何病人总不免以这些观念为耗损精神的强迫思想的起点，他虽极不愿意，却也无法抵制。他好像面对着生死存亡的问题，劳心苦思，不能自已。他内心所感觉到的冲动也似乎是同样地幼稚而无意义的；它们都是些可怕的事，例如犯重罪的诱惑，病人不仅视为与自己身份不合而加以拒斥，而且胆战心惊地逃避它们，用种种预防的方法来防止它们的实现。事实上，他确实一次也没有实现过这些冲动；而预防和摆脱没有一次不获得最后的胜利。他真正干的都是些绝对无害的琐事——即我们所称的强迫动作——都是日常动作的重复和加工的排演，致使那些普通必要的动作——如上床、漱洗、穿衣、散步等——都变为异常艰难繁重的工作了。那些病态的观念、冲动和动作，并不依相同的比例混合而为强迫性神经病；大概地说，这些表示总有这种或那种占较重要的地位；其病的名称就由此而定；但一切形式所共有的特征仍很显著。

这显然是一种癫狂的病症。我想精神病学者虽欲逞其最荒唐的幻想，也必不能捏造出这种病来。假使我们没有每天亲眼看见这种现象，也必不敢信以为真。你们不要以为治疗这种病人，可以劝告他力图摆脱，不要注意这些荒谬的观念，不要实行这些无聊的动作而代之以合理的动作，那正是他所愿意的，因为他未尝不知道自己的境地，也未尝不赞同你对于他的强迫性症候所持的见解，而且这种见解，他自己也会提出。但是他只觉得情不自禁；在强迫性情境中所做的动作，似有一种大力在后，非常态精神生活中的力量所能违抗。无办法中的办法只有一个——他只能交换代替；他可以用一个比较缓和的观念代替原有荒谬的观念。他可以用另一种预防的方法代替原有的一种，他可以做另一动作以代替原来的繁文缛节。总而言之，他能以此易彼，但不能把它完全打消。

这种症候的交替（包括其原来形式的根本改变）就是此病的一种主要特征；更可注意的是，就此病而言，其精神生活中所有的相反价值或极值似乎分化得更为显著。除了受积极性和消极性的强迫之外，理智方面也出现怀疑态度，甚至逐渐发展到本常以为真实的事情也充满着疑虑。凡此种种都足以使病人日益犹豫徘徊，丧失精力，而减少自由；虽说强迫性神经病病人都富有精力，善于判断，一般具有超出常人的智力。他通常富有道德心，且常怕做错事，一般是无罪可言。你们可以想象得出，在这种矛盾的品性和病态的表示的迷惑之中，要追求其得病的原因，确是一种艰难困苦的工作。我们现在的目的只是对于此病的某些症候加以解释而已。

《哲学研究》

〔奥〕维特根斯坦 著

关于作者

维特根斯坦（1889—1951），出生于奥地利，后入英国籍，哲学家、数理逻辑学家、语言哲学的奠基人，20 世纪最有影响的哲学家之一。他的哲学思想对现当代哲学产生了深远的影响，被誉为“哲学家的哲学家”。学术界通常认为，近现代哲学曾发生了两次重大的转向，一次是由早期的本体论研究转向认识论研究，另一次则是由认识论转向语言哲学。前一次转向的关键人物是康德，而后一次转向则发生于 20 世纪 20 年代，其核心人物便是维特根斯坦。

维特根斯坦出生于奥地利的一个犹太工业家庭，父亲为了把他培养成工程师，让他来到英国学习航空工程。在学习数学课程的过程中，他想到数学基础的问题，读了罗素《数学的原理》一书，激起了他学习逻辑和哲学的兴趣。他于 1911 年到剑桥，以罗素为师学习逻辑，罗素非常欣赏他的这位学生的才能，把他视为最理想的接班人，预言哲学下一步的重大发展将由维特根斯坦完成。第一次世界大战爆发后，他在战争后期被俘。在战俘营里，他总结长期酝酿的思想，完成了

《逻辑哲学论》。他把书稿寄给罗素，罗素此时因为反战被关在监狱中，也完成了一部书(《数学逻辑导论》) 的写作。两位亦师亦友的人在战后重逢，但终因意见不合而分手。在罗素的推荐下，《逻辑哲学论》于1919年出版，次年出版英译本，立即在哲学界引起轰动。但维特根斯坦以为他已经解决了一切哲学问题，退隐山林去当小学教师。经过长期思考，他放弃了《逻辑哲学论》中以逻辑规则为意义标准的思想，转而采用日常语义规则为意义的标准。他后期的主要著作为《哲学研究》，他在写作、思考过程中做了大量的笔记。维特根斯坦在《哲学研究》前言中说，这本书只有和《逻辑哲学论》相对照才能得到正确的理解。这不仅是内容上的对照，而且也是风格上的对照。

荐读理由

《哲学研究》是维特根斯坦重要的代表性著作。此书被认为是引导了语言哲学新的走向。维特根斯坦在《哲学研究》中阐述了许多重要的思想，如“语言游戏说”“家族相似”“意义即用法”等。维特根斯坦的哲学关注的核心问题是语言哲学问题，在他看来，哲学就是语言分析，哲学史上的争论大多是由于误用了语言所致。他主张哲学的本质就是语言，哲学的任务在于澄清语言的意义。他认为，语言是人类思想的表达，是整个文明的基础，哲学的本质只能在语言中寻找。他消解了传统形而上学的唯一本质，为哲学找到了新的发展方向。他的主要著作《逻辑哲学论》和《哲学研究》分别代表了纵贯其一生的哲学道路上的两个互为对比的阶段。前者主要是解构，让哲学成为语言学问题，哲学必须直面语言，“凡是能够说的事情，都能够说清楚，而凡是不能说的事情，就应该沉默”，哲学无非是把问题讲清楚。后者又把哲学回归哲学，在解构之后是建构，创造一套严格的可以表述哲学的语言是不可能的，因为日常生活的语言是生生不息的，这是哲学的基础和源泉，所以哲学的本质应该在日常生活中解决，在“游戏”中理解游戏。

《逻辑哲学论》是维特根斯坦早期的哲学著作，而《哲学研究》则是阐明他后期哲学思想的代表作，其中阐述了与《逻辑哲学论》大异其趣的思想，从而使其哲学思想明显地区分为前后两个时期。前后期的维特根斯坦虽都关注于语言，但前期的他倾向于人工语言，后期则倾向于日常语言。维特根斯坦的前后期思想分别启发了两种不同的语言哲学学派，并对哲学思想界产生了不同的影响。他前期的思想对逻辑经验（实证）主义等有着深远的影响，后期的思想则开“日常语言学派”之先河。

由于维特根斯坦的后期哲学思想在很大程度上是对《逻辑哲学论》中的思想的自我否定，故对其思想的把握更应侧重于《哲学研究》。他在《哲学研究》序言中说明前期著作犯了严重的错误，当然，他也说过要把前后期著作对比，以前期著作作为背景来理解后期哲学。维特根斯坦的思想转变来源于他自己的长期的独立思考以及他的老师或朋友的帮助。他的独立思考焦点在于如何成为一个“形而上学的自我”、一个可与世界进行不断信息交流的自我。他的老师或朋友，如经济学家皮耶罗·斯拉法则使他接触到语言社会性的一面，他们的观点对于纯正安静的逻辑世界是一种冲击，因而也有助于维特根斯坦走出纯净的逻辑世界，面向喧闹的用日常语言交流的世界。

先睹为快

“当他们（我的长辈）称呼某个对象时，他们同时转向它。我注意到这点并且领会到这个对象就是用他们想要指向它时所发出的声音来称呼的。这可从他们的动作看出来，而这些动作可以说构成了一切民族的自然的语言：它通过面部的表情和眼神儿，以及身体其他部位的动作和声调等显示出我们的心灵在有所欲求、有所执着，或有所拒绝、有所躲避时所具有的诸多感受。这样，我便逐渐学习理解了我一再听到的那些出现于诸多不同句子中的特定位置上的语词究竟是指称什么事物的；当我的嘴习惯于说出些符号时，我就用它们来表达我自己的愿望。”（奥古斯丁：《忏悔录》I，8）

在我看来，上面这些话给我们提供了关于人类语言的本质的一幅特殊的图画。那就是：语言中的单词是对对象的命名——语句就是这些名称的组合。——在语言的这一图画中，我们找到了下面这种观念的根源：每个词都有一个意义。这一意义与该词相关联。同所代表的乃是对象。

奥古斯丁没有谈到词的种类的区别。我相信，如果你以上述这种方式来描述语言的学习，那么你首先想到的是像“桌子”“椅子”“面包”以及人名这样的名词，其次才想到某种动作或性质的名称；而把其余各类词当做是某种自己会照管自己的东西。

现在，请想一想下面这种语言的使用：我派某人去买东西。我给他一张写着“五个红苹果”的纸条。他把纸条交给店主，这位店主打开标着“苹果”的抽屉，再在一张表上寻找“红”这个词，找到与之相对的颜色样本；然后他念出基数数列——我假定他能背出这些数——直到“五”这个词，每念一个数就从抽屉里拿出一个与色样颜色相同的苹果。——人们正是用这样的和与此类似的方式来运用词的。——“但是，他怎么知道在何处用何种办法去查‘红’这个词呢？他怎么知道对于‘五’这个词他该做些什么呢？”——好吧，我假定他会像我在上面所描述的那样去行动。说明总要在某个地方终止。——但是，“五”这个词的意义是什么呢？——这里根本谈不上有意义这么一回事，有的只是“五”这个词究竟是如何被使用的。

关于意义的上述哲学概念存在于对语言如何发挥作用的一种原

始观念中。但人们也可以说，那种观念是对于某种比我们的语言更为原始的语言的观念。

让我们来设想一种符合奥古斯丁描述的语言。这种语言是用来在建筑工 A 和他的助手 B 之间进行交流的语言。A 用各种建筑石料盖房子：石块、石柱、石板、石梁。B 必须按照 A 的需要依次将石料递过去。为此，他们使用一种由“石块”“石柱”“石板”“石梁”这些词组成的语言。A 叫出这些词，——B 则把他已经学会的在如此这般的叫唤下应该递送的石料递上——请把这设想为是一种完全的原始语言。

我们可以说，奥古斯丁的确描述了一个交流系统；不过，并非所有被我们称之为语言的东西都属这一系统。在很多场合下人们都必须这样说，只要在这些场合中产生了如下的问题：“这是不是一个恰当的描述？”回答是：“是的，这是恰当的，但只是对于这个狭窄的限定了的范围而言，不是对于你声称你所描述的全部东西而言。”

这就好像如果有人说：“游戏就是在一个平面上按照某些规则移动一些对象……”——我们就回答：看来你所想到的是棋类游戏，但还有其他的游戏。你可以明确地把你的定义限定于棋类游戏，从而使你的定义变得正确。

延展阅读

《逻辑哲学论》

本书是维特根斯坦在 1918 年第一次世界大战当兵期间写的，现在被广泛地认为是 20 世纪最重要的哲学著作之一。它的拉丁语标题表示了对斯宾诺莎神学政治论的敬意。维特根斯坦著名的文笔风格——他表达自身的绝对冷静和简洁的方式——是从他所崇拜的伟大的德国逻辑学家和哲学家弗雷格的哲理散文中铸就而来的。在他的哲学评论中他写道：“我的句子的风格受到弗雷格非常强烈的影响。并且如果我想要的话，我能在他人所不能在第一眼就辨别出的地方察觉到这种强烈的影响。”

《乌托邦》

〔英〕托马斯·莫尔 著

关于作者

作为一名律师，托马斯·莫尔（1478—1535）既能言善辩、诙谐幽默，又为人正直，爱主持公道，曾因替受冤屈的人撑腰而闻名伦敦。1504年，年仅26岁的托马斯·莫尔当选为议员。此时，英王亨利七世以要为公主举行婚礼等名义向国会索要一笔费用，在莫尔提议下，国会取消了这笔巨款，但他因此招来亨利七世的憎恨。此后，莫尔一度脱离政界。1509年，亨利七世病故，莫尔重返政界。1510年，他担任伦敦的司法官。他处理案件公正并减少了诉讼人的费用，这样的做法为他赢得市民的爱戴。由于他良好的声誉，英国商人两次请求英王派莫尔到国外，调解与当地商人的纠纷。他不遗余力地为商界利益斗争，由此，他被称为商界的圣徒。

正是在1516年的一次出使中，莫尔开始写作《乌托邦》。此书一经出版，很快闻名遐迩。莫尔得到了亨利八世的赏识。1529年，莫尔被任命为英国的大法官，地位处于一人之下，万人之上。他是资产者阶层中第一个担任该职位的。

莫尔曾从事过翻译，1513 年后开始了自己的创作。《乌托邦》一书全名原为《关于最完美的国家制度和乌托邦新岛的既有利益又有趣的金书》。这部书是 1515 年—1516 年他出使欧洲时期，用拉丁文写成的。书中叙述了一个虚构的航海家航行到一个奇乡异国乌托邦的旅行见闻。在那里，财产是公有的，人民是平等的，实行着按需分配的原则，大家穿统一的工作服，在公共餐厅就餐，官吏由秘密投票产生。他认为，私有制是万恶之渊薮，必须消灭它。因此，莫尔也就第一次向人们提出公有制的问题。

但是在当时的那个时代，莫尔的想法只能是一种空想。亨利八世是反对改革的，虽然莫尔是亨利八世最亲密的幕僚之一，但莫尔清醒地知道他的地位并不稳固。莫尔在处理政事时，不肯附和别人、委曲求全。不久，他和国王之间的矛盾就变得日益深刻了。1533 年，莫尔因拒绝向英国宣誓表示忠诚，而被关进了伦敦塔，1535 年 7 月 6 日被送上了断头台，从容就刑，时年 57 岁。

荐读理由

《乌托邦》这部巨著是莫尔 1516 年出使荷兰期间用拉丁文撰写成的。乌托邦的原词来自两个希腊语的词根，“ou”是“没有”的意思，“topos”是“地方”的意思，合在一起就是“乌有之乡”。

在书中，莫尔借一位海外游人拉斐尔·希斯拉德之口，来谈自己对现实的思考和对未来的设想。由于当时的欧洲正处于地理大发现的时代，人们很喜欢海外奇谈式的著述，莫尔正是选择这样的手法，既避开了专制统治者的猜疑，又投世人所好，使得自己的著作能够经世不衰。

作为一名人文主义者，莫尔一方面反对中世纪的禁欲观念和神权主义，坚持以人为本位，相信人的力量，力求满足人的情感和兴趣；

另一方面，他又能高度关心人民大众的生活。在《乌托邦》这部不朽的著作中，他为当时处于水深火热之中的英国劳苦民众慷慨陈词，大声疾呼。他指出了造成这种痛苦的根源，并提出具体的解决办法和措施。而当时大多数人文主义者主要作为新兴资产阶级的代表，不可能在利益上和人民大众取得更大程度的一致。不可否认，莫尔超越了那个时代。

《乌托邦》全书分为两部分。莫尔在第一部分中揭露了当时英国社会的种种弊端：当局以严苛的刑罚对待下层群众，盗窃犯被处死的比比皆是，“有时候竟会有二十多人被同时送上绞刑架”，严酷的刑罚使得原本小偷小摸的人最终成为危险的大盗，给无辜的平民带来了灭顶之灾；贪婪的贵族和乡绅通过发动“羊吃人”的圈地运动来增加他们的利润，把千千万万的人逼入悲惨绝望的境地。莫尔写道：“你们的羊，曾经是那么驯服，那么容易喂饱，而现在却变得那么贪婪、那么凶蛮，甚至于开始吃人。”他对那些圈地者极为痛恨，将他们斥为“寄生虫”。他写道：“那些贪得无厌的剥削者，用一条栅栏把成千上万亩土地圈起来……很多佃农被迫流离失所，漂泊不定。”

第二部分则是关于乌托邦新岛形象的全面描述，莫尔将自己对人类美好国家制度的憧憬投射在他所假想的乌托邦岛上。他系统地为我们描述了理想社会乌托邦的政治、经济、科学文化、社会生活、宗教、对外关系等方面的主要特征。

在政治方面，乌托邦的政治制度的基本特征是民主，即除奴隶之外的全体乌托邦人当家做主。乌托邦有一套完备的官员制度，共和国的高级行政官员必须从博学多才的学者中挑选。在经济方面，乌托邦实行财产公有，农业在整个经济结构中处于基础地位。乌托邦人的生产、分配和消费都是按计划调节的。在乌托邦没有货币，不存在商品流通。在科学文化方面，乌托邦人注重提高全体人民的科学文化水平，将人们心智的发展作为目标。在社会生活方面，乌托邦人过着健康向上的生活，相互间平等、互助、融洽、友爱。在宗教方面，乌托邦人可以自由地宣扬自己的宗教，任何人不能由于自己的信仰而受到责罚。但在所有乌托邦人的心目中，只有一个至高无上的神——密特拉。在对外关系方面，乌托邦人很重视与其他国家和民族在政治、经济、文化等方面的友好交往。他们信奉和平友好，他们认为通过战争获得的荣誉是极不光彩的。此外，莫尔还对乌托邦的人口、教育、城市规划、交通运输、婚嫁习俗、语言文字、思想观念等方面进行了详细描述。

《乌托邦》远远超越了它所在的时代，如今，“乌托邦”常被用来描写理想的、美好的社会，也用来描写试图将某些理论变成现实的尝试，以及美好的，但是无法实现的建议、愿望、计划等。

先睹为快

“诚然，要是一个人享乐纵欲，周围却是一片呻吟哀号，那就意味着他不是管理国家的，而是管理监狱的。总之，给人治好头病却带来脚病的那是庸医，同样，为了改善公民的生活而必须夺去他们生命中美好的东西的人，应该承认他自己对治理自由人民是一个门外汉。

“是的，一个国王应该力戒惰与傲，这两个弊病一般使他无从得到人民的爱戴。他必须依靠自己为生而无损于人。他必须量入为出。他应制止危害及罪行，正当地引导人民，与其各处有犯法行为而事后加以惩处，不如事前防止。时效丧失的法律，特别是长期不用而视同可无的法律，他不应轻率地付诸实施。他不能借口处分违法乱纪而没收法庭不容私人占取的财物，因为这是一种讹诈。

“假如我又向他们提及马克里亚人的法典，这将会怎样呢？马克里亚人住的地方距乌托邦很近，他们的国王在登位的一天举行庄严的献祭，宣誓他内库的黄金或白银在任何时候值价不超过一千英镑。据说，这条法律是一位很贤明的国王制定的，他对国家的福利，比对自己的财富还更关心。这个立法是用以防止聚敛财富致使百姓陷于贫穷。那位国王认为，这笔库存已够使他平定内乱和抵御外侮，但又不至于多到诱使他侵犯他人的所有物。防止最后一点是制定这条法律的主要目的。他还考虑到，这对于民间日常交易所需通货的可能缺乏又是一种预防措施。此外，他觉得，凡超出法律所规定的数字限制的金额，他必须从国库中交出，这样，他就无须索取不义之财了。这样的国王就会使坏人害怕、好人爱戴。总而言之，如果我把这些意见以及诸如此类的意见，强加于另有其看法的那些人，这岂非对聋子说道吗?”

“的确是面对聋子，”我表示同意说，“老天在上，我丝毫不奇怪。老实说，你既然肯定人家是聋子，我以为你无须把你的意见强加于他们，无须向他们提出建议。他们已有不同的信念先入为主，你这种不同寻常的见解对他们何益，能打动他们的心弦吗？在熟朋友中彼此聊天，你这套经院式哲学是不失为有风趣的，可是拿到议论大事左右一切的国王会议上，你那些想法是没有地位的。”

“我说哲学与统治者无缘，”他回答说，“正和你的观点不谋而合。”

“是，”我说，“诚然不错，与这套经院式哲学无缘，因为这种哲学认为它是到处都可适用的。可是还有一种哲学，深知自己活动的舞台，能适应要上演的戏，并巧于扮演须担任的角色，这种哲学对政治家更合于实用。这是你必须采用的哲学。不然，就会出现这样的情况：当普劳塔斯的喜剧演出时，一群家奴正在台上彼此即兴打诨，你却披上哲学家的外衣走上舞台，朗诵《屋大维娅》悲剧中辛尼加对尼禄皇帝的争辩。如此不合时宜的朗诵，把一场戏弄成又悲又喜的杂烩，那岂非扮一个哑巴角色还好些吗？你会使一场演出大煞风景，如果你掺入不相干的东西，纵使这些东西从其本身说价值更高。不管您演的是什么戏，要尽量演好它，不要由于想起另外更有趣的戏而把它搞坏了。

“对一个国家也是这样。对国王召集的会议也是这样。你如不能根除坚持错误的成见，不能称心满意地治好积久的弊端，你切不可因此就抛弃这个国家。正如你不能因为控制不住风就在风暴中扔掉船一样。

“从另一方面说，不要把抱有不同看法的人所难以接受的新鲜意见强加于这种人，而是一定要间接地尽你力之所能机智地行事。凡是你无法使之好转的事，切不可丝毫搞坏。因为什么事都好是不可能的，除非什么人都好，我不敢希望在不久的将来什么人都好。

《君主论》

〔意〕尼科洛·马基雅维里　著

关于作者

尼科洛·马基雅维里（1469—1527），意大利文艺复兴时期的政治家、外交家，同时也是一位政治思想家。马克思曾肯定了马基雅维里及其后一些近代思想家在国家观上摆脱神学的束缚，称他们“已经用人的眼光来观察国家了，他们都是从理性和经验中而不是从神学中引出国家的自然规律”。并且，马克思又一次指出马基雅维里及其后的一些近代思想家使政治研究独立于道德，他说：“从近代马基雅维里……以及近代的其他许多思想家谈起，权力都是作为法的基础的，由此，政治的理论观念摆脱了道德，所剩下的是独立地研究政治的主张，其他没有别的了。”

文艺复兴时期是一次人类从来没有经历过的最伟大的、进步的、变化的时代，是一个需要巨人的时代，而且产生了巨人——在思维能力、热情和性格方面，在多才多艺和学识渊博方面的巨人的时代。尼科洛·马基雅维里正是这个伟大时代的巨人之一。

马基雅维里的祖辈是佛罗伦萨贵族。马基雅维里成长期间，曾借阅西塞罗的著作，在1476年他曾设法购到李维著《罗马史》，40年后马基雅维里的名著《李维史论》就是以这部名著为基础的。马基雅维里7岁入学，约在12岁时已能用拉丁文作文。据说曾在佛罗伦萨大学完成他的教育。他熟习拉丁文和意大利的古典文学、史学，尤其是熟悉古罗马、罗马共和国政治制度以及西塞罗等人的论辩和社会哲学。这一切为其投身于政治外交活动准备了充足条件。

马基雅维里是第一个使政治学同伦理学彻底分家的人，有资产阶级政治学奠基人之称，并且是历史学家、军事著作者、诗人和剧作家。在所有这些方面都有其传世的著作，包括《君主论》《论提图斯·李维著〈罗马史〉前十卷》三卷、《佛罗伦萨史》八卷、《兵法》七卷、《曼陀罗华》，还有其他剧本、诗、文以及大量的关于出使各国的情况报告和通讯等等。

荐读理由

在马基雅维里的几部学术名著中，《君主论》是最小的一册，但是最有名。作为一部代表作，它使马基雅维里身后获得了举世周知的名声。此书在马基雅维里死后五年即1532年印行，迄今450多年，从西方到东方，在宗教界、政界、学术领域和社会上广泛地引起各种强烈的反响。在20世纪80年代被一些西方国家的舆论界列为当代最有影响的世界十大名著之一。《君主论》和关于马基雅维里思想的研究，从新译本到专著在东西方各国不断出版。

《君主论》的思想资料是马基雅维里在政治、外交、军事实践中积累起来的，在1513年12月10日一封著名的信中，马基雅维里告诉他的朋友说：“我生活在我的农家里，自从遭遇不幸之后，我在佛罗伦萨总共没有待上二十天，直到现在我一直用我自己的双手诱捕画眉鸟……整个九月份我就这样过去了，这种消遣，实在可怜而且荒唐，现在终止了。”1513 年 12 月以后，他又过着伐木卖柴的樵夫生活。

但在晚上，马基雅维里则过着一种严肃而愉快的精神生活。他写道：“黄昏时分，我就回家，回到我的书斋。在房门口，我脱下了沾满尘土的白天工作服，换上朝服，整我威仪，进入古人所在的往昔的宫廷。……在四个小时里，我毫不感到疲倦，我忘记了一切烦恼，我不怕穷，也不怕死，我完全被古人迷住了。”

马基雅维里十分重视这本书，他写完后继续把它完善，并打算把自己的研究成果献给统治者。他说：“正如但丁说过的：‘如果不把已经见闻的事情记下来，就不成其为知识了。’我已经把我同古人谈话所学到的东西记下来，而且写成一本小册子，题为《君主论》，在这部书里，我竭力深入探索这个课题，讨论君主国是什么，它有什么种类，怎样获得，怎样维持，以及为什么会丧失。……此书一定会获得君主，特别是一位新君主的欢迎。因此我要把它献给朱利亚诺殿下。菲利波·卡萨韦基亚已经看过它；他能够同你谈谈这部书的内容和我同他讨论的情况，虽然我仍然在把它扩充和修改中。”

马基雅维里自信自己研究经国治世的成就能够获得使用。他说：“假如他们读到这部书，他们会看到，在 15 年间我一直在研究治国之术，我没有睡大觉也没有玩乐。谁都会乐于使用一个从他人的牺牲中获得大量经验的人。”他以忠诚老实自视说：“关于我的忠诚老实，应该没有疑问，因为我一直保持忠诚老实，我现在不会改变它。像我这样一个 43 年来一向是忠诚老实和善良的人，是不能够改变他的性质的；而且我贫穷，就是我为人忠诚老实和善良的证据。”

先睹为快

有些人在考虑保有一个新获得的国家而存在的困难时，可能会感到奇怪：为什么亚历山大大帝在几年间变成了亚洲的主宰，而且在他还没有完全征服亚洲的时候就死了，这样一来，全国发生叛乱似乎是理所当然的了，可是亚历山大的后继者们却继续保住江山，而且除了由于他们自己的野心在他们当中出现困难之外，他们并没有遭遇到其他困难。对此，我回答说：有史以来的君主国都是用两种不同的方法统治的：一种是由一位君主以及一群臣仆统治——后者是承蒙君主的恩宠和钦许，作为大臣辅助君主统治王国；另一种是由君主和诸侯统治——后者拥有那种地位并不是由于君主的恩宠而是由于古老的世系得来的。这种诸侯拥有他们自己的国家和自己的臣民。这些臣民把诸侯奉为主子，而且对他们有着自然的爱戴。至于那些由一位君主及其臣仆统治的国家，对他们的君主就更加尊敬了，因为人们认为在全国只有他是至尊无上的。如果他们服从其他任何人，他们只是把此人看做是代理人和官员，对他并不特别爱戴。

在我们的时代里，关于这两种不同政体的例子就是土耳其皇帝和法兰西国王。土耳其皇帝的君主国是由一位主子统治的，其余的人都是他的臣仆。土耳其皇帝把他的王国划分为若干“州”，他派遣各种行政官员到那里去，并且可以随心所欲地调动或者撤换他们。但是法兰西国王却处在古来就有的一大群贵族当中，这些贵族又为他们的臣民所公认和爱戴，这些贵族又都拥有各自的特权。国王除非自己冒险行事，否则是不能够剥夺这些特权的。因此，一个人如果考察这两个国家，就会认识到要占领土耳其皇帝的国家是困难的，但是如果一旦予以征服，保有这个国家却是很容易的。反之，事实证明：从某些方面来说，占领法兰西这个国家是比较容易的，而要保有它却是困难的。

占领土耳其皇帝的王国之所以困难，其原因在于入侵者不可能由王国的王侯们召唤进来，也不能够指望倚靠皇帝周围的人们叛变使其谋划获得便利。正是基于上述的理由，因为他们全是君主的奴隶和奴才，要收买他们是很困难的；而且即使把他们收买了，也不能够指望从他们那里得到多大好处，因为他们不能够牵着人民跟随他们，其理由已如上述。因此，向土耳其进攻的人必须想到：他将会遇到一个团结一致的国家，他必须依靠自己的力量而不是依靠别人的叛乱。但是如果一旦征服了土耳其皇帝，并且把他打得一败涂地以致不能够重振旗鼓，那么除了君主的家族之外便没有什么可怕的人了。而君主的家族被灭绝之后，由于其他的人们原来都没有得到人民的信赖，因此再没有什么可怕的人了；而且因为征服者在自己取得胜利之前并不曾依靠他们，从而其后也不需要害怕他们。

在那些像法国那样统治的王国里，情况就恰好相反：因为在那里常常有不满分子和希望变革的人，如果你把这个王国的某些贵族争取过来，就很容易侵入那里。由于上述理由，这些人会为你的入侵开路，使你轻而易举地取得胜利。但是如果以后想要保有这个国家，你就会遇到无限的困难，它来自那些曾经帮助你的人们和你已经打败的人们。你只是消灭了君主的家族，那是不够的，因为残存的贵族将成为新变革的首领。而且，由于你既不能使他们心满意足，又不能灭绝他们，因此，当他们的时机一旦到来的时候，你就会失去这个国家。

现在，如果你考察一下大流士政府的性质，你就会察觉它同土耳其皇帝的王国相似；因此，亚历山大大帝首先必须把大流士完全打垮，并且从他手中把土地夺取过来。在赢得这样的胜利之后，大流士死了，亚历山大大帝终于牢固地占有这个国家就是由于上述的理由。而且，假如亚历山大的后继者们团结一致的话，他们本来能够牢牢地并且安逸地享有这个国家，如果不是由于他们自己引起骚乱，那个王国是不会发生其他骚乱的。

延展阅读

《李维史论》

本书是《君主论》的姊妹篇。马基雅维里在创作出《君主论》后，继续研究治国之道，谋求国家统一和独立与自由，并参加知识分子集结的学术讨论。他探索的主题始终围绕有关意大利兴亡的国家政治、军事、历史和宗教等方面的问题，1517 年，他完成了《李维史论》。本书与《君主论》是马基雅维里政治制度观的两个方面。《君主论》讨论的主题是由于意大利政治腐败，在内忧外患混乱状态下不得不采取的君主政体制；《李维史论》则着重阐扬作者理想的以古罗马共和国制度为楷模的共和制，同时对意大利衰弱与分裂的祸根在于罗马教会这一点进行了大胆的剖析。

《利维坦》

〔英〕霍布斯 著

关于作者

霍布斯（1588—1679），英国政治家、思想家、哲学家，生于英国威尔特省的一个牧师家庭，早年求学于牛津大学，后做过贵族家庭教师，曾游历欧洲大陆。他创立了机械唯物主义的完整体系，认为宇宙是所有机械地运动着的广延物体的总和。他继承了培根的唯物主义经验论的观点，但把逻辑的思维看做是观念的加或减的机械运算，认为几何学和力学是科学思维的理想楷模。他力图以机械运动原理解释人的情感、欲望，从中寻求社会动乱和安宁的根源。他提出“自然状态”和国家起源说，认为国家是人们为了遵守“自然法”而订立契约所形成的，是一部人造的机器。霍布斯反对君权神授，主张君主专制，把罗马教皇比作魔王，把僧侣比作群鬼，但主张利用“国教”来管束人民，维护“秩序”。著有《论物体》《利维坦》《论人》《论社会》《对笛卡尔形而上学的沉思的第三组诘难》等。

霍布斯的伦理思想大致包括“自然权利”说和“自然法”说两个部分。前者讲人的本性是利己主义，后者讲人的理性规定的道德律令。

他从机械论观点出发，研究人的生理活动和心理活动，解释人的感情和欲望。他指出，人同自然的其他事物一样，是一个物体。当外界物体作用于人，有助于人的生命运动时，就会引起喜悦和快乐的感情；反之，当外界物体的作用有碍于人的生命运动时，就产生厌恶和痛苦的感情。前者被称为善，后者被称为恶。在他看来，人的本性就是自我保存，趋利避害，无休止地追求个人利益。

作为早期著名的启蒙思想家，霍布斯代表了英国资产阶级革命期间资产阶级上层的利益，但其思想也带有明显的封建落后意识。他不反对君主专制，甚至承认专制政权有干涉臣民财产的权力。他认为世界上本没有神，宗教不过是人类无知和恐惧的产物，但又提出宗教有助于维持社会秩序。

荐读理由

《利维坦》全书分为四部分。第一部分《论人类》开宗明义宣布了作者彻底的唯物主义自然观和一般的哲学观点，声称宇宙是由物质的微粒构成。物体是独立的客观存在，物质永恒存在，既非人所创造，也非人所能消灭。一切物质都处于运动状态中。第二部分《论国家》描述了自然状态中的人们，人人都享有“生而平等”的自然权利，又都有渴望和平和安定生活的共同要求。出于人的理性，人们相互间同意订立契约，放弃各人的自然权利，把它托付给某一个人或一个由多人组成的集体，这个人或集体能把大家的意志化为一个意志，能把大家的人格统一为一个人格；大家则服从他的意志，服从他的判断。第三部分《论基督教体系的国家》旨在否认自成一统的教会，抨击教皇掌有超越世俗政权的大权。第四部分《论黑暗的王国》，其主要矛头指向罗马教会，大量揭发了罗马教会的腐败黑暗、剥削贪婪的种种丑行劣迹，神的圣洁尊崇、教会的威严神秘在霍布斯的笔下黯然失色。

在这部著作中，霍布斯将《圣经》中的巨兽——利维坦比作国家。霍布斯生活在一个动荡纷乱的年代，个人生命和安全毫无保障，因此霍布斯的国家学说中充分体现了恐惧和自由。因为恐惧，需要一个强大的国家政权来保障臣民的自由与安全；国家形成靠的是契约，臣民依据契约将全部权利转让给利维坦；而高高在上的利维坦品行节制，忠诚地履行着维护臣民自由权利的义务。霍布斯以其特有的自然学般的逻辑演绎出了他的国家学说。

先睹为快

“大自然”，也就是上帝用以创造和治理世界的艺术，也像在许多其他事物上一样，被人的艺术所模仿，从而能够制造出人造的动物。由于生命只是肢体的一种运动，它的起源在于内部的某些主要部分，那么我们为什么不能说，一切像钟表一样用发条和齿轮运行的“自动机械结构”也具有人造的生命呢？是否可以说它们的“心脏”无非就是“发条”，“神经”只是一些“游丝”，而“关节”不过是一些“齿轮”，这些零件如创造者所意图的那样，使整体得到活动的呢？艺术则更高明一些：它还要模仿有理性的“大自然”最精美的艺术品——“人”。因为号称“国民的整体”或“国家”（拉丁语为 Civitas）的这个庞然大物“利维坦”是用艺术造成的，它只是一个“人造的人”；虽然它远比自然人身高力大，但是以保护自然人为其目的；在“利维坦”中，“主权”是使整体得到生命和活动的“人造的灵魂”；官员和其他司法、行政人员是人造的“关节”；用以紧密连接最高主权职位并推动每一关节和成员执行其任务的“赏”和“罚”是“神经”，这同自然人身上的情况一样；一切个别成员的“资产”和“财富”是“实力”；人民的安全是它的“事业”；向它提供必要知识的顾问们是它的“记忆”；“公平”

和“法律”是人造的“理智”和“意志”；“和睦”是它的“健康”；“动乱”是它的“疾病”，而“内战”是它的“死亡”。最后，用来把这个政治团体的各部分最初建立、联合和组织起来的“公约”和“盟约”也就是上帝在创世时所宣布的“命令”，那命令就是“我们要造人”。

为了论述这个人造人的本质，我们将考虑：

第一，它的制造材料和它的创造者；这二者都是人。

第二，它是怎样和用什么“盟约”组成的；什么是统治者的“权力”“正当的权力”或“权威”，以及什么是保存它和瓦解它的原因。

关于第一点，有一句近来被滥用的俗话：说是“智慧”不是从“读书”得来的，而是从了解“人”得来的。因此，那些大多数无法显示自己聪明的人就很喜欢背后互相进行恶毒攻击，以显示他们自以为已在人们身上了解到的东西。但另有一句近来尚未为人懂得的俗话则是他们正应该照它来真正学会互相了解，如果他们愿意勉为其难的话；而那就是认识你自己。这句话并不像现在所应用的那样意味着支持有权势者对地位卑微的人的野蛮态度；也不意味着鼓励低下阶层的人对地位高于自己的人的那种不逊举动，而是教导我们，由于一个人的思想感情与别人的相似，所以每个人对自己进行反省时，要考虑当他在“思考”“构思”“推理”“希望”和“害怕”等等的时候，他是在做什么和他是根据什么而这样做的；从而他就可以在类似的情况下了解和知道别人的思想感情。我说的感情相似，是指人人都具有的，如“意愿”“害怕”“希望”等等；不是指感情对象的相似，即“所意愿”“所害怕”和“所希望”等的对象的相似：因为个人的素质和各人所受的教育千差万别，所以被以伪装、欺骗、假造和谬论掩盖并混淆得像现在这样难于被人了解的人心的性质，只有探究人心的人才能了解。虽然有时我们也从人们的行动上看出他们的意向，但那么做而没有把它和我们自己的行动作比较，没有区别可能使情况发生变化的环节，那就只会是抓不住要点的猜测，而且在大多数情况下会由于过于相信或过于猜疑而失误；因为从事了解的人本身可以是好人，也可以是坏人。

延展阅读

《论物体》

本书为霍布斯的另一部哲学著作，发表于 1655 年，原版系拉丁文本，翌年译成英文。全名是《哲学原理的第一部分：论物体》。霍布斯认为，哲学体系应包括“论物体”“论人”和“论公民”三个组成部分，“论物体”是整个哲学体系的基础。全书分“计算或逻辑学”“第一哲学”“论运动和数量的规律性”和“物理学或论自然现象”4 篇。霍布斯认为，哲学的唯一对象是不依赖于人们的思想而独立存在的、占有空间的物体。一切事物的一般原因在于运动。运动本质上是物体的位移。一切事物均受因果必然性的制约，客观上没有什么偶然的东西，也不存在超脱因果必然性的“自由意志”。《论物体》是欧洲 17—18 世纪机械唯物主义哲学的第一部代表著作。

《政府论》

〔英〕洛克　著

关于作者

约翰·洛克（1632—1704），英国哲学家，开创了经验主义，也是第一个全面阐述宪政民主思想以及提倡人的“自然权利”的哲学家，他的政治理念深远地影响了美国、法国、英国以及其他西方国家。

洛克出身于清教徒家庭，从小接受严格的教育。身为清教徒的父亲在内战期间为议会军队作战。1646 年，洛克在威斯敏斯特学校接受了传统的古典文学的基础训练。1652 年克伦威尔执政期间，洛克到牛津大学学习。此时，牛津大学的哲学主张还是经院哲学的本色，洛克既憎恶经院哲学，又憎恶独立教会派的狂热，主张宗教宽容。

1666 年洛克结识了艾希利勋爵（即后来的沙夫茨伯爵），并在此期间开始了其一生最重要的哲学著作之一《人类理智论》的创作。1682 年沙夫茨伯爵因卷入一次失败的叛乱而逃往荷兰，洛克也随行。伯爵在翌年去世，而洛克则在荷兰一直待到 1688 年的光荣革命。在荷兰，洛克隐姓埋名，并且完成了包括《人类理智论》在内的多部重要著作。洛克在伯爵家住了 15 年之久，感情很深。沙夫茨伯爵做辉格党的领袖时，他们也时常交换关于政治问题的意见，这对洛克的政治主张影响很大。

荐读理由

1689 年，洛克开始撰写《政府论》。1690 年出版，旨在为 1688 年英国光荣革命的正当性辩护。该书一经出版立即引起了轰动。

《政府论》分为上、下两篇。上篇主要是针对英国当时一位非常有名的作家菲尔默所持“君权神授论”的论战，带有很强的针砭时弊之意味，可归之为“破”。洛克在下篇的重点是“立”，阐释了他主要的政治思想。历来人们在探讨洛克的政治思想时，主要是针对《政府论》的下篇。

洛克在《政府论》下篇提出统治者的权力应来自于被统治者的同意，建立国家的唯一目的，是为了保障社会的安全以及人民的自然权利。当政府的所作所为与这一目的相违背的时候，人民就有权利采取行动甚至以暴力的方式将权力收回。

洛克在试图解决政治权力的产生以及来源这一问题的时候，也是从人的“自然状态”出发，围绕“自然法”“自然权利”“契约”等范畴展开论述的。因此从这个意义上讲，他和霍布斯并无二致。然而，洛克在论证伊始，即在对于“自然状态”描述中，便和霍布斯产生了比较大的分歧。洛克所描述的自然状态是一种“完备无缺的自由状态”，在自然法的范围内，人人都可以按照自己认为合适的办法，决定他们的行动，处理与他人之间的关系，无需听命于其他任何人的意志。尽管这种状态并非美好的世外桃源，但相对于霍布斯所描述的“人对人就像是狼对狼一样”“一切人对于一切人的战争”这一阴森恐怖的景象而言，却是“一个和平、善意、互助和保全的状态”。

先睹为快

从古至今，为患于人类，给人类带来城市破坏、国家人口绝灭以及世界和平被破坏等绝大部分灾祸的最大问题，不在于世界上有没有权力存在，也不在于权力是从什么地方来的，而是谁应当具有权力的问题。由于这个问题的解决，其重要性不亚于君主们的安全，以及君主领地和国家的和平福利，在我们看来，一个政治学的作家在解决这个问题上应该给以很大的注意，并且观点应该非常清楚，因为，如果这一点还有争论的余地，其余一切便没有什么意义了。用极权主义所能带来的一切光辉和诱惑来装点权力而不说明谁应当具有这种权力，结果只会更加刺激人们去发展其自然的野心(这种野心本身，原来就极其容易走向极端)，使人们更加热衷于争权夺势，从而为不断的斗争和扰乱埋下永久的祸根，使本属政府的任务和人类社会之目的的和平及安宁倒不可得到了。

我们的作者比平常人更有解决这问题的责任，因为他断言“国家权力的授予是神的规定”，这话使权力本身及其转移都成为神圣的；所以便没有任何权力，也没有任何考虑，可以从根据神权被授予了这种权力的人手中将其夺去；也没有任何需要和办法能用别人来代替他。因为，如果“国家权力的授予是神所规定”，而亚当的“继承人”就是用这种方式“被授予”以这种权力的人，据我们的作者说，如果任何不是亚当的继承人登上了王位，其亵渎神圣的程度之大，犹如在犹太人当中，一个不是亚伦的后裔的人当了“祭司”一样。理由是这样的：“不独”祭司的职权“一般是出自神的规定，而且，它的指定”只能为亚伦一族及其后裔所专有这条规定，就使得这职位不能为亚伦的子孙以外的任何人所享受或行使，所以，亚伦的后裔的继承，人们都慎重地遵守，因为这个原故，人们都能确切地知道谁是具有充任祭司资格的人。

现在，让我们看看，我们的作者为了使我们知道谁是这个“根据神的规定具有充当全人类君主之权的继承人”到底下了多大的功夫。我们看到的关于他们的第一次叙述是这样说的：“子孙的这种从属既是一切王权的源泉，出自上帝自己的意旨，所以国家的权力不独一般出自神的规定，而且它特定地指定授予最年长的两亲”。像这样重大的事情应该用明白的话来说，以便尽量减少可疑或意义模棱两可之处；我以为如果言语能够清楚明确地表达一种概念的话，则亲缘或血统上不同程度的亲疏等一类名词就是可用的言语之一。因此，我们本来希望我们的作者在这儿应该用一种较为明白易懂的词句，好教我们更易于知道，谁是“神所规定被授予国家权力”的人；至少，他也应该告诉我们他所说的“最年长的两亲”是什么意思；因为，我相信，如果已经把土地授予或赏赐给他，和他族中的“最年长的两亲”，恐怕他也会以为有必要请人把这名词给他解释一下，而且他也很难知道这土地在他身后应属于什么人。

在恰当的语言中——在这类性质的论文中，恰当的语言是当然必要的——所谓“最年长的两亲”不是指最年长的有儿女的男人和女人，便是指最早有儿女的男人和女人，那么，我们的作者的论断即是说，在世的时间最长或生儿育女最早的父母“根据神的规定”有握有“国家权力”之权；如果这话有什么悖谬，我们的作者应负其责；如果他的意思与我的解释不同，那也应当归咎于他没有把话说清楚。我确信，“两亲”一词，决不能单指男性的嗣续，而“最年长的两亲”也决不能指一个婴孩——不过，如其能只有一个，他有时可能就是真正的继承人。然而虽有“神的规定的授予”，我们仍然对于国家权力应归属何人，感到茫然，就好像完全没有过这种授予一样，或者好像我们的作者什么也没有说过一样。“最年长的两亲”一语，使我们对于谁是依据神的规定而应具有国家权力一事，比起那些从来没有听到过亚当的嗣子或继承（这个词，我们的作者说得满篇都是）一类话的人，更加糊涂。他的著作的主要内容虽是教人要服从那些有被人服从的权力的人，而这种权力，据他说，是世代承袭的，但是，哪些人是应有这种世袭权力的人这一点，就好比是政治学中的“炼金术者的点金石”那样可望而不可即，任何人从他的著作中都发现不出来。

延展阅读

作者还有下列精品：

《人类理解论》

这部大约30万字的论著，花费了洛克17年的时间。洛克解释这部著作的构思是为了“探究缘起、规律和扩展人类的知识，同时探究信仰、观点和共识的依据和程度”。洛克对真理的执着、以事实为据、对情感迟疑以及他的忍耐力都在这部著作中表现得十分明显。《人类理解论》是英国经验论哲学的代表作。洛克在本书的一开头就批判了笛卡尔的“天赋观念”和莱布尼茨的“天赋实践原则”，提出“人心就像一张白纸，上面什么字迹也没有”，“人类一切知识的泉源就是经验”。在书中，洛克提出了第一性的质与第二性的质、简单观念与复杂观念的学说，论述了知识的本性、形成、等级和范围等问题。洛克把广延性、运动、不可入性等称作物的第一性的质，把颜色、声音等称作第二性的质，它们作用于人的感官，产生相应的简单感觉和简单观念，然后再由这些简单观念形成复杂观念，由此产生知识。

《论宗教宽容》

本书于1689年出版，其主要目的是提倡宗教宽容。在洛克时代的欧洲，基督教派迅速增多，路德教派、加尔文教派、英国国教与天主教之间互相迫害，斗争激烈。为了反抗这种不宽容的氛围，洛克提倡信仰自由，主张宗教宽容。

《国富论》

〔英〕亚当·斯密　著

关于作者

亚当·斯密（1723—1790）是大家熟知的经济学家，是公认的经济学体系创立者，被誉为“近代经济学的鼻祖”。1776 年发表的《国富论》一书，将前人零星的经济学论述进行总结，并提出了自己的系统主张，从而建立起完整的经济学体系。

然而，很少有人知道，亚当·斯密在成为经济学家之前，首先是一位哲学家。他的伦理学讲义《道德情操论》先于《国富论》发表，并为他赢得了英国一流学者的地位。

亚当·斯密于 1723 年出生在苏格兰克科的一个海关官员家庭。自幼丧父，与母亲相依为命。14 岁时斯密进入格拉斯哥大学学习哲学和数学，随后由他的恩师哈奇森引荐，结识了大哲学家大卫·休谟。17 岁时，斯密转入牛津大学继续深造。

1751 年，斯密返回格拉斯哥大学从事逻辑学和道德哲学的教学工作，接替哈奇森，主要讲授伦理学。当时的伦理学涉及范围广泛，包括神学、道德学、法学和政治学。而政治经济学，就包含在政治学中。

在这期间，斯密出版了他的第一部学术著作《道德情操论》，获得学术界极高的评价。

1764年，斯密辞去大学职务，担任年轻的贝克莱公爵的私人教师。随后两年间，他陪伴公爵游历欧洲。在法国认识了启蒙思想家伏尔泰、重农学派代表魁奈和杜尔阁等名流。这次游历对他的经济学学说的形成有很大帮助。

1767年结束了对贝克莱的教学后，斯密回到家乡，专心致力于《国富论》的写作。历时10年之久，《国富论》终于于1776年出版。因为这本书为英国实行自由放任的经济政策提供了理论依据，因而斯密成为当时英国最著名的经济学家。

1778年，斯密担任爱丁堡海关专员。1787年被推选为母校格拉斯哥大学的名誉校长。1790年7月7日，斯密逝世。

去世前，他烧毁了自己的全部手稿。理由是——以免误导后人！

他的墓志铭是:《国富论》作者亚当·斯密长眠于此。

荐读理由

《国富论》是第一部全面剖析整个社会的政治经济学经典之作，被誉为经济学的《圣经》。

马克思对它的评价最为著名:“在亚当·斯密那里，政治经济学已发展为某种整体，它所包括的范围在一定程度上已经形成。亚当·斯密第一次对政治经济学的基本问题做出了系统的研究，创立了一个完整的理论体系，把英国资产阶级古典政治学说提高到了一个新的水平。”

《国富论》全名为《国民财富的性质和原因的研究》，于1776年出版，正值美国《独立宣言》发表的那一年。1901年，北京大学第一任校长严复就把这本书翻译成中文，取名为《原富》，意为“财富的本原”。

《国富论》以国民财富的性质和原因为研究对象，以富国裕民、寻求财富增值的方法为目的，旨在阐明和揭示那些促进和阻碍国家财富增长的因素。

全书共五篇：第一篇，论劳动生产增进的原因，以及生产品在各阶层人民间的分配；第二篇，论资本的性质、蓄积和运用；第三篇，论各个国家财富的不同发展过程，即经济史；第四篇，论政治经济学的体系，即经济学说史；第五篇，论国家收入，即财政学。

亚当·斯密在书中深入系统地论述了劳动价值论。在驳斥了重商主义和重农主义的基础上，他第一次明确指出：所有生产范围的劳动，不论哪一个部门，都是财富的源泉。他把价值直接同劳动联系起来，研究劳动的具体形式，并归结为无差别的一般社会劳动。他率先确认了一般社会劳动决定商品的价值，为后来马克思的劳动价值理论奠定了基础。

亚当·斯密认为，人都是“经济人”，都是自然关心经济利益的人。因而利己主义是人的正当属性，而且这种利己主义同社会集体利益是不矛盾的。“私人追求利润是决定资本利用的唯一动机。”人类经济活动的自私行为，符合资本主义发展的基本规律。

在书中，亚当·斯密提出了著名的“看不见的手”的理论。“看不见的手”是指自由竞争下市场机制的作用。斯密指出，在自由放任的政策下，“看不见的手”能够有效合理地安排资源，促进国民经济的发展。

《国富论》的贡献是巨大的。书中论述的分工理论、货币理论、价值论、分配理论、资本积累理论以及赋税理论都具有开创性的意义，其影响波及随后的大批学者，甚至于马尔萨斯的人口过剩观点，都能从中找到源头。

无怪乎马克斯·勒纳曾感叹道：“这是一本由有着高深学问和睿智见识的人所写的书。这个人有强大的分析能力，又有强大的综合能力。”

先睹为快

在这场合，像在其他许多场合一样，他（资本家——编者）受着一只看不见的手的指导，去尽力达到一个并非他本意想要达到的目的，也并不因为事非出于本意，就对社会有害。他追求自己的利益，往往使他能比真正出于本意的情况下更有效地促进社会的利益。

一种事业若对社会有益，就应当任其自由，广其竞争。竞争愈自由，愈普遍，那事业亦就愈有利于社会。相应地，政府也就不应自以为是地干预民众的活动，他们被完全解除了监督私人产业、指导私人产业、使之最适合于社会利益的义务。因为，要履行这种义务，君主们极易陷于错误；要行之得当，恐不是人间智赋或知识所能做到的。

财富由货币或金银构成这一通常流行的见解，是自然而然地因货币有两重作用而产生的。货币是交易的媒介，又是价值的尺度。因为它是交易的媒介，所以，我们用货币，比用任何其他商品，都更容易取得我们所需的物品。我们总是觉得，获取货币是一件要事。只要有货币，以后随便购买什么，都没有困难。因为它是价值的尺度，我们使用各种商品所能换得的货币量，来估计其他各种商品的价值。

除了购买货币，货物还有其他许多用处；但除了购买货物，货币就一无所用。所以，货币必然追求货物，而货物却并不总是或无需追求货币。

他（资本家——编者）的利润就是他的收入，也就是他生活资料的正当资源。他在制造商品、把它送往市场去的过程中，要垫付劳动者的工资或生活资料，也要垫付他自身的生活资料。他自身的生活资料，大体上说与他可从出卖商品指望的利润相当。因此，商品的出卖若不能给他以利润，那就等于说，他没有从这商品的出卖取回其实际费用。

如果政治家企图指导私人如何运用他们的资本，那不仅是自寻烦恼地去注意最不需注意的问题，而且是僭取一种不能放心地委托给任何人、也不能放心地委之于任何委员会或参议院的权力。把这种权力交给一个大言不惭地、荒唐地自认为有资格行使的人，是再危险也没有了。

《道德情操论》

〔英〕亚当·斯密　著

关于作者

见《国富论》之“关于作者”。

荐读理由

《道德情操论》是亚当·斯密的第一部著作，也是他倾注了最多心血的著作，首次出版于 1759 年，在亚当·斯密去世前共出版过六次。全书由七卷构成，主要阐释道德情感的本质和道德评价的性质。亚当·斯密在该书中继承了哈奇森的道德感学说和休谟的同情论思想，形成了自己的道德情感理论。他反对神学家用天启来说明道德的根源，认为应把人的本性中所有的同情的情感作为阐释道德的基础。他用同情的原理来解释人类正义感和其他一切道德情感的根源，来说明道德评价的性质，并以此为基础表明各种基本美德的特征。

道德情操一词是指人克制私利的能力。在书中，斯密用同情的基本原理来阐释正义、仁慈、克己等一切道德情操产生的根源，说明道德评价的性质、原则以及各种美德的特征，并对各种道德哲学学说进行了介绍和评价，进而揭示出人类社会赖以维系、和谐发展的基础，以及人的行为应遵循的一般道德准则。

作为道德哲学教授，斯密本人对《道德情操论》的重视和评价远远高于《国富论》。在斯密一生的60多年中，有一半时间用于《道德情操论》的写作与修改。《道德情操论》从人具有同情心出发，论述了斯密的利他主义伦理观，恰恰与《国富论》中的利己主义观点相对。在某种程度上，《道德情操论》可以看做是对《国富论》的补充。若将两本书结合起来阅读，会收到意想不到的效果。

相比《国富论》，《道德情操论》给西方世界带来的影响更为深远，对促进人类福利这一更大的社会目的起到了更为基本的作用。而它对市场经济的良性运行，更深层次地了解处于这场变革中的每个人的人性和情感，最终促进社会的和谐发展，无疑具有十分重要的意义。

先睹为快

无论人们会认为某人怎样自私，这个人的天赋中总是明显地存在着这样一些本性，这些本性使他关心别人的命运，把别人的幸福看成是自己的事情，虽然他除了看到别人幸福而感到高兴以外，一无所得。这种本性就是怜悯或同情，就是当我们看到或逼真地想象到他人的不幸遭遇时所产生的感情。我们常为他人的悲哀而感伤，这是显而易见的事实，不需要用什么实例来证明。这种情感同人性中所有其他的原始感情一样，决不只是品行高尚的人才具备，虽然他们在这方面的感受可能最敏锐。最大的恶棍，极其严重地违犯社会法律的人，也不会全然丧失同情心。

由于我们对别人的感受没有直接经验，所以除了设身处地地想象外，我们无法知道别人的感受。当我们的兄弟在受拷问时，只要我们自己自由自在，我们的感觉就不会告诉我们他所受到的痛苦。它们决不、也决不可能超越我们自身所能感受的范围，只有借助想象，我们才能形成有关我们兄弟感觉的概念。这种想象力也不能以另外的方式帮助我们做到这一点，它只能告诉我们，如果身临其境的话，我们将会有什么感觉。我们的想象所模拟的，只是我们自己的感官的印象，而不是我们兄弟的感官的印象。通过想象，我们设身处地地想到自己忍受着所有同样的痛苦，我们似乎进入了他的躯体，在一定程度上同他像是一个人，因而形成关于他的感觉的某些想法，甚至体会到一些虽然程度较轻，但不是完全不同的感受。这样，当他的痛苦落到我们身上，当我们承受了并使之成为自己的痛苦时，我们终于受到影响，于是在想到他的感受时就会战栗和发抖。由于任何痛苦或烦恼都会使一个人极度悲伤，所以当我们设想或想象自己处在这种情况之中时，也会在一定程度上产生同我们的想象力的大小成比例的类似情绪。

如果认为这还不够清楚的话，那么大量明显的观察可以证实，正是由于我们对别人的痛苦抱有同情，即设身处地地想象受难者的痛苦，我们才能设想受难者的感受或者受受难者的感受的影响。当我们看到对准另一个人的腿或手臂的一击将要落下来的时候，我们会本能地缩回自己的腿或手臂；当这一击真的落下来时，我们也会在一定程度上感觉到它，并像受难者那样受到伤害。当观众凝视松弛的绳索上的舞蹈者时，随着舞蹈者扭动身体来平衡自己，他们也会不自觉地扭动自己的身体，因为他们感到如果自己处在对方的境况下也必须这样做。性格脆弱和体质孱弱的人抱怨说，当他们看到街上的乞丐暴露在外的疮肿时，自己身上的相应部位也会产生一种搔痒或不适之感。因为那种厌恶之情来自他们对自己可能受苦的想象，所以如果他们真的成了自己所看到的可怜人，并且在自己身体的特定部位受到同样痛苦的影响的话，那么，他们对那些可怜人的病痛抱有的厌恶之情会在自身特定的部位产生比其他任何部位更为强烈的影响。这种想象力足以在他们娇弱的躯体中产生其所抱怨的那种搔痒和不适之感。同样，最强健的人看到溃烂的眼睛时，他们自己的眼睛也常常由于相同的原因产生一种非常明显的痛感；眼睛这一器官在最强壮的人身上，要比最虚弱的人身上的其他任何部位更为脆弱。

《论法的精神》

〔法〕孟德斯鸠　著

关于作者

孟德斯鸠（1689—1755），法国启蒙思想家、社会学家，是西方国家学说和法学理论的奠基人，出身于贵族家庭，曾任律师、波尔多议会议长。孟德斯鸠博学多才，对法学、史学、哲学和自然科学都有很深的造诣，曾经撰写过许多相关论文，是一位百科全书式的学者。他在学术上取得了巨大成就，得到了很高的荣誉，曾被选为波尔多科学院院士、法国科学院院士、英国皇家学会会员、柏林皇家科学院院士。

孟德斯鸠虽为贵族，却是法国首位公开批评封建统治的思想家，他突破了“君权神授”的观点，认为人民应享有宗教和政治自由，保证法治的手段是“三权分立”，即立法权、行政权和司法权分属三个不同的国家机关，三者相互制约、权力均衡。“三权分立说”对1787年的《美国宪法》、1791年至1795年的《法国宪法》和1792年的《普鲁士法典》的制定都产生了重大的影响，也完全否定了当时法国社会的三个基石：教会、国会和贵族。

孟德斯鸠是一个自然神论者，在自然神论外衣的掩盖下，揭露和批判了天主教会和僧侣的无耻罪行，指出了宗教世界观对人类社会的危害，猛烈抨击了宗教裁判所迫害异教徒的残暴行为，提出了各种宗教之间应该互相宽容、和睦相处、互不干扰、互相尊重的主张。

孟德斯鸠在社会历史观方面是一个唯心主义者，认为人类历史的命运归根结底要以个别政治活动家（主要是立法者）的意志为转移。他特别强调地理因素在人类社会发展中的作用，认为地理环境，特别是气候、土壤和居住地域的大小，对于一个民族的性格、风俗、道德、精神面貌、法律性质和政治制度，有着决定性的影响作用。他这种地理环境决定论虽然是错误的，但却具有反宗教神学的性质，它企图证明：社会的历史发展进程不是由上帝的意志决定的，而是由自然界本身决定的。

孟德斯鸠站在新兴资产阶级的立场上，对封建专制主义进行了无情的揭露和深刻的批判，主张进行社会改革，建立以“开明君主”为首的君主制即君主立宪制，用三权分立的办法来限制君主的权力，剥夺君主及其政府干预司法事务的权力，以保障人民的政治自由和生命财产的安全。

孟德斯鸠的社会政治理论尤其是关于分权和法制的学说，对18世纪法国资产阶级革命以及其他国家的资产阶级革命运动产生过相当巨大而又深刻的影响，对中国资产阶级改良派也产生了相当大的影响。

荐读理由

《论法的精神》是孟德斯鸠最重要的、影响最大的著作。该书中提出的追求自由、主张法治、实行分权的理论，对世界范围的资产阶级革命产生了很大影响。此书被称为“亚里士多德以后第一本综合性的政治学著作，是到他的时代为止的最进步的政治理论书”，凝结了孟德斯鸠一生的心血。这是一部综合性的政治学著作，受到了极大的欢迎，两年中就印行了22版。

孟德斯鸠反对神学，提倡科学，但又不是一个无神论者和唯物主义者，他是一名自然神论者。他对资产阶级的国家和法的学说作出了卓越贡献，他在洛克分权思想的基础上明确提出了“三权分立”学说。他特别强调法的功能，他认为法律是理性的体现，法又分为自然法和人为法两类，自然法是人类社会建立以前就存在的规律，那时候人类处于平等状态；人为法又分为政治法和民法等。孟德斯鸠提倡资产阶级的自由和平等，但同时又强调自由的实现要受法律的制约，政治自由并不是愿意做什么就做什么。他说：“自由是做法律所许可的一切事情的权利；如果一个公民能够做法律所禁止的事情，他就不再有自由了。因为其他的人也同样会有这个权利。”

《论法的精神》因其完整的体系、严密的论证、鲜明的立意、尖利的笔锋、辛辣的讥讽，不仅使孟德斯鸠蜚声世界，还作为人类进步的重要组成部分载入史册，成为人类宝贵的文化遗产之一。

先睹为快

从最大限度的广义上说，法是源于客观事物性质的必然关系。从这个意义上推断，所有的存在物都有属于自己的法。上帝有他的法；物质世界也有它的法；高于人类的“先知圣人们”有着他们的法；畜类也有自己的法；人类拥有他们的法。

有些人说，世间我们看到的万物都是由一个盲目的命运所创造的，这种说法荒谬绝伦。因为盲目的命运竟然创造“具有智能的创造物”，岂不是一件更为荒谬的事吗？

于是便有了一个最浅显的理性的存在。法就是这个浅显理性与各种存在物之间关系的总和，同时也体现着所有客观存在物彼此之间的关系。

上帝与宇宙的关系体现在，它既是宇宙的创造者又是它的保管者：以此产生的规律，便是保管时参照的规律。上帝遵循这些规律行事，因为他熟知这些规范；之所以他熟知这些规范，因为正是他制定了这些规范；他之所以制定这些规范，因为这些规律与他的才智和能量有着密不可分的关系。

如同我们看到的一样，我们所在的世界是由物质的运动而构成的，它在一个非智能的状态中永恒地生存着。它的物质运动必然具有某种固定的规律。如果人们能够在自己所处的世界之外再臆想出另一个世界的话，那个世界要么具有恒定的规律可循，要么便是毁灭。

创造本身似乎是某种随意的行为，然而其中必定蕴涵着恒定的规律，就如同无神论者的命运一般。如果造世主没有这些规范就能统管世界的话，那么，这显然是荒谬的说法，因为没有这些规范，世界将无法生存。

这些规律建立在恒定不变的关系之中。在两个运动的物体之间，遵循其重量和速度间的关系，从而承受所有运动形式给予它们的作用力，增加、减少以及消失；每一次差别，都有其均衡性；而每一次变化，都有其永恒性。

特殊的“智能存在物”能够拥有自己制定的法律，然而也有一些并非是他们创造的，却被他们所拥有。在“智能存在物”产生之前，它们已有了存在的可能性；于是它们便有了存在的关系，所以也就有了可能存在的法律。在法律制定之前，已有了产生公共关系的可能性。如果在人为法限制或禁止的行为之外，就无公道可言的话，那么便意味着，当人们还未画出圆圈时，所有的半径也并不相等。

因此，我们应该承认，在人为法确定之前，已存在着公正。例如：即使在纷繁的人类社会中，遵守法律乃是天经地义；如果某些

"智能存在物"从另一个"智能存在物"身上获取某种利益的话，前者就应该怀有感激之情；如果某一个"智能存在物"创造了另一个"智能存在物"，那么，被创造者则应该保持自己原有的依存关系；当一个"智能存在物"损害另一个同类时，它自身也应该受到相应的损害；还能列出许多公正关系的例子。

然而却不能说智能世界和物质世界被管理得一样完备。因为，尽管智能世界有其自身的规律，这些规律就性质而言是不可变化的，但是智能世界却不能像物质世界那样永恒地遵守其规律，原因是某些特殊的"智能存在物"囿于其本性而导致错误；而且，从另一个方面来说，他们按自己的本性我行我素。所以，他们并不是永恒地遵守自己最初级的规律；即使那些规律是他们自己制定的，他们却总是不去遵守它们。

延展阅读

《论罗马盛衰的原因》

本书是孟德斯鸠的重要著作之一，在这本书中他第一次概略地阐述了自己的社会理论。按照孟德斯鸠的历史编纂学的观点，古罗马的兴起和衰亡是由它的政治制度的优劣和居民风俗的善恶决定的。他的社会思想对当时反封建、反君主专制的斗争产生了非常积极的作用。书后附有孟德斯鸠的另一重要论文：《论趣味》。

《漫步遐想录》

〔法〕卢梭 著

关于作者

卢梭（1712—1778），法国著名启蒙思想家、哲学家、教育家、文学家，出生于瑞士日内瓦一个钟表匠的家庭，是18世纪法国大革命的思想先驱，与孟德斯鸠、伏尔泰并称为法国启蒙主义运动三杰。卢梭又被称为“法国第一位情感作家”。

两百年来，卢梭被批评为是一个极其神经质的人，一个大男子主义者，不切实际的、糊涂的思想家。但远比他的缺点更重要的是他深刻的洞察力和杰出的创造精神所闪现出来的思想火花，两个多世纪以来，不断地影响着现代思想。

在哲学上，卢梭主张感觉是认识的来源，坚持“自然神论”的观点；强调人性本善，信仰高于理性。在社会观上，卢梭坚持“社会契约论”，主张建立资产阶级的“理性王国”；主张自由平等，反对大私有制及其压迫；提出“天赋人权”，反对专制、暴政。在教育上，他主张教育的目的在于培养自然人，反对封建教育戕害儿童，主张改革教育内容和方法，顺应儿童的本性，让他们的身心自由发展，反映了资产阶级想要从封建专制主义下解放出来的要求。

卢梭的政治著作中有一种追求平等的强烈欲望和对现存社会制度的不合理的解释。他认为人生下来本来是自由的，但现在却无论走到哪里都要戴上枷锁，他的观点激励了其他人实行暴力革命，逐步改革社会制度。卢梭攻击私有财产，是攻击私有制的现代重要的作家之一，是现代社会主义和共产主义的先驱之一。

荐读理由

1762 年 6 月 8 日是卢梭一生中的一个重大转折点。那天夜里巴黎最高法院即将于次日下令查禁卢梭那部在十多天前开始发售的《爱弥儿》，并要逮捕作者。眼看自己身后的名声将遭到玷污，为使世人认识真正的自己，卢梭决心撰写他的《忏悔录》。在《忏悔录》的第二部中，卢梭感到自己的“一切努力全都归于无效，徒然自苦而一无所得，于是决心采取唯一可取的办法，那就是一切听天由命，不再跟这必然对抗”，从而得到了内心的安宁。他当时住在巴黎普拉特里埃街五层楼上一套简朴的小套房里，每天都在巴黎近郊乡间作长时间的漫步。他将自 1776 年春至 1778 年春这两年中漫步时的遐想笔之于书，共得十篇，即为《漫步遐想录》。

贯穿于这十篇“漫步”之中的是卢梭孤立于人类社会之外的感觉。当他走上街头，他觉得人人都在暗中对他进行监视，人人都对他抱有敌意。卢梭分析了他心目中的那个阴谋集团所体现的外力对他的“自我”所造成的异化。这个“自我”一身而二任，既是折磨自己的人，又是受折磨的对象。他甚至觉得他的身体也是和自己无关的东西；他隔绝于现实之外，仿佛觉得他的肉体成了他跟世界隔绝的一幅屏幕。“对我来说，我的躯壳已不过是个累赘，是种障碍……”

在这样一种状况下，怎样回归自然，怎样得到真正的幸福？卢梭把在遐想中达到的心醉神迷的境界看做是他的幸福，看做是他从苦难中得到的补偿。这一境界是对“生死”诸苦及其根源“烦恼”的最彻底灭绝的境界。卢梭追求这样的境界，只是因为他感到自己是“一个被排除于人类社会之外的不幸者，他在人间已不可能再对别人或自己做些有益之事”。他并不要求被社会异化的全体受害者都去追求那样的境界而对社会生活产生厌倦。

卢梭崇尚自我，热爱自然，被公认为19世纪欧洲浪漫主义文学的先驱。这些特色在《漫步遐想录》中表现得比在他的任何其他作品中都更突出。在这部作品中的卢梭是处于最纯真状态中的卢梭，这部作品是他跟自己的心灵亲切交谈的产物，是对自己的心灵的分析和解剖。

先睹为快

我们在呱呱落地的时候就已进入一个竞技场，直到身死时才能离开。当赛程已到终点时，学习如何把车驾得更好又有什么用呢？这时该想的只应是怎样离去。一个老年人如果还该学习的话，那就只该学习怎样去死；而正是这种学习，人们在我这种年纪却极少进行；人们思考一切，唯独这是例外。所有的老人都比孩子更眷恋生活，都比年轻人更舍不得摆脱。这是因为，他们的全部努力都是为了这一生命，但在生命行将结束时却发现往日的辛苦全是白费。他们的事业、他们的财产、他们日以继夜的劳动的成果，当他们离世时统统都得舍弃。他们从不曾考虑过生前能攒下一点死时可带走的东西。

我在为时还不太晚时就悟出了这番道理；如果说我还没有学会从这番道理中去得益的话，那并不是因为我没有及时思考，没有很好地加以消化。我从幼年时就被投入这个社会的旋涡里，很早就凭自己的经验认识到，我这个人生来就不适合生活于这一社会之中，我在这里永远也达不到我的心所祈求的境界。我那热烈的想象力不再在人间寻找我感到无法在那里找到的幸福，它超越了我那刚开始不久的生命，飞向一个陌生的领域，在那里定居下来，安享宁静。

这种情感得到我自幼所受教育的哺育，又被我多灾多难的一生所加强，使我随时都以任何人所不及的兴趣和细心去认识我的本性和用处。我见过许多人在探讨哲理时书生气比我更足，但是他们的哲学可说是同他们自己毫不相干。他们力求显得比别人博学，他们研究宇宙是为了掌握宇宙的体系，就好像是纯粹出于好奇才研究一部机器似的。他们研究人性是为了能夸夸其谈一番，而不是为了认识自己；他们学习是为了教育别人，而不是为了启发自己的内心。他们中有好些人一心只想著书，只想能被欢迎，也不管那是什么样的书。当他们的书写好了，发表了，对它的内容也就再也不感兴趣了，除非是为了要使别人接受，或者在遭到攻击时要为它进行辩护，而且他们也不会从中汲取什么来为己所用，也不为内容是否正确而操心，只要不遭到驳斥就万事大吉。至于我，当我想学点什么东西的时候，那是为了使自己得到知识而不是为了教育他人；我一贯认为，要教育他人，自己首先得有足够的知识；而我一生中想在人群中进行的全部学习，几乎没有哪一项是我不能在原打算在那里度过余年的荒岛上独自进行的。我们应做的事在很大程度上取决于我们的信仰；而除了与我们基本的自然需要有关的事物外，我们的观点是我们的行为的准则。根据我一贯坚持的这个原则，我经常长时间地探索我生命的真正目的究竟是什么，以便指导我一生的工作，而我很快就不再为自己处世的无能而痛苦，因为我感到根本就不该在世间追求这个目的。

《社会契约论》

〔法〕卢梭 著

关于作者

见《漫步遐想录》之“关于作者”。

荐读理由

《社会契约论》是卢梭的又一部代表作，为 18 世纪末法国资产阶级民主革命和美国资产阶级民主革命提供了理论纲领。此书和卢梭本人都颇具争议，甚至被许多学者批评是空想且反科学的，但其对法国大革命乃至当今世界的民主思想的影响无疑是深远并且重大的。

卢梭曾说：“我探讨的是权力的道理，我不要争论事实。”罗素认为，《社会契约论》作为一部政治哲学著作，是法国大革命时期众多领袖所“共同钦崇的圣经”。全书分为四卷，分别论述了社会结构和社会契约、主权及其权利、政府及其运作形式和几种社会组织。

在君主专制制度横行欧洲的时代，英国王权专制论代表人物费尔玛曾提出“没有人是生而自由的”这一绝对君主专制制度赖以依存的理论。在《社会契约论》开篇第一句话中，卢梭就提到：“人是生而自由的，但却无往不在枷锁之中，自以为是其他一切的主人，反而比其他一切更是奴隶。”这一振聋发聩的论断正是针对“没有人是生而自由的”提出来的。《社会契约论》以反对封建专制、倡导民主共和、主张人民主权为其主题和中心内容，提出了富于革命性的宪政理论。

卢梭认为，自由的人们的行为受自然法支配。自然法以理性为基础，赋予人类一系列普遍的、永恒的自然权利：生存、自由、平等、追求幸福、获得财产和人身、财产不受侵犯的权利等。由于自然状态存在弊端，人们以平等的资格订立契约，从自然状态下摆脱出来，寻找出一种结合的形式，使它能以全部共同的力量来卫护和保障每个结合者的人身和财富，这种结合的形式就是国家。国家是自由的人们以平等的资格订立契约产生的，人们只是把自然权利转让给整个社会而并不是奉献给任何个人，因此人民在国家中仍是自由的，国家的主权只能属于人民。自由与平等是贯穿《社会契约论》的主线，也是卢梭所追求的核心目标。没有自由的社会，政治制度必然会腐化，分崩离析。

由何兆武先生翻译的商务印书馆版本可谓目前中国最权威的版本，学术严谨，注释详尽。就文中难懂之处，多做了解释评注，读来颇具风味。

先睹为快

我设想，人类曾达到过这种境地，在当时自然状态中不利于人类生存的种种障碍，在阻力上已经超过了每个个人在那种状态中为了自存所能运用的力量。于是，那种原始状态便不能继续维持；并且如果人类不改变其生存方式，也就会消灭。然而，人类既然不能产生新的力量，而只能是结合并运用已有的力量；所以人类便没有其他办法可以自存，除非是集合起来形成一种力量的总和才能克服这种阻力，由一个唯一的动力把它们发动起来，使它们共同协作。这种力量的总和，必须由许多人的汇合才能产生；可是，既然每个人的力量和自由是他生存的主要手段，他又怎么能致身于力量的总和，而同时既不致妨害自己，又不致忽略对于自己所应有的关怀呢？这一困难，就我的主题而言，能够表述为下列的词句："要寻找出一种结合的方式，使它能以全部的力量来卫护和保障每个结合者的人身和财富，并且由于这一结合而使每一个与全体相联合的个人又只不过是在服从自己本人，并且仍然像以往一样地自由。"

这就是社会契约所要解决的最终问题。这一契约的条款乃是这样地被订约的性质所决定的，以至于就连最微小的一点修改也会使它们变得空洞无效；从而，尽管这些条款也许根本没被人正式宣告过，然而它们在普天之下都是同样的，在普天之下都是为人所默认或者公认的。如这个社会公约一旦被破坏，每个人就立刻恢复了他原来的权利，并在丧失约定的自由时，也就又重新获得了他为了约定的自由而放弃了自己的天然的自由。这些条款无疑也可以全部归结为一句话，即是：每个结合者及其自身的一切权利全部都转让给整个集体。因为，首先，每个人都把自己整个地奉献出来，所以对于所有的人条件便都是同等的，而条件对于任何人既然都是同等的，便没有人想要使它成为别人的负担了。其次，转让既然是毫无保留的，所以联合体也就会尽可能地完美，而每个结合者也就不会再有什么要求了。因为，如果个人保留了某些权利，既然个人与公众之间不能够再有任何共同的上级来裁决，而且每人在某些事情上又是自己的裁判者，那么他很快就会要求事事都如此的；所以自然状态便会继续下去，而结合就必然地成为暴政或者是空话。最后，每个人既然是向全体奉献出自己，他就根本没有向每个人奉献出自己；而且既然从任何一个结合者那里，人们都可以获得自己本身所让渡给他的同样的权利，所以人们就得到了自己所丧失的一切东西的等价物以及更大的力量来保全自己的所有。因而，假如我们抛开社会公约中一切非本质的东西，就会发现社会公约可以简化为如下的词句：我们每个人都以其自身及其全部的力量共同置于公意的最高指导之下，并且我们在共同体中接纳每一个成员作为全体之不可分割的一部分。只是一瞬间，这种结合行为就产生了一个道德的与集体的共同体，用以代替每个订约者的个人；组成共同体的成员的数目就等于大会中所有的票数，而共同体就以这同一个行为获得了它的统一性、它的公共的大我、它的生命及其意志。这一由全体个人的结合所形成的公共人格，以前称为城邦，现在称为共和国或政治体；当它是被动时，它的成员就称之为国家；当它是主动时，就被称为主权者；而以之和它的同类相比较时，乃称它为政权。至于结合者，他们集体地就称为人民；个别地，作为主权权威的参与者，就叫做公民，作为国家法律的服从者，就叫做臣民。但是这些名词经常互相混淆，彼此通用；只要我们在以其彻底的精确性使用它们时，知道加以区别就够了。

《忏悔录》

〔法〕卢梭 著

关于作者

见《漫步遐想录》之“关于作者”。

荐读理由

世界上总有一部分人，他们永远也不相信，还有另一部分人，会以与他们完全不同的方式活着。正是这种“不同”，导致了误解和迫害。于是卢梭一生向往自由的宁谧，却不得不一辈子过着从西躲到东、从东躲到西的颠沛流离的生活。

《忏悔录》是卢梭的自传，是卢梭悲惨晚年的产物，是他饱含辛酸，在四面受敌的情况下为自己的存在的辩护，充满一种逼人的悲愤。卢梭的这部自传，不论在社会政治思想，还是在文学内容、风格和情调上都开辟了一个新的时代。这部自传推动和启发了 19 世纪的法国文学，以其思想、艺术和风格上的重要意义而奠定了撰写者的文学地位，长久地受人景仰。

卢梭当时面对种种遣责和污蔑、恶语中伤和曲解，自信他比那些迫害和攻击他的大人先生、正人君子们来得高尚纯洁、诚实自然。在开篇，卢梭就向自己的时代社会提出挑战：“不管末日审判的号角什么时候吹响，我都敢拿着这本书走到至高无上的审判者面前，果敢地大声说：‘请看！这就是我所做过的，这就是我所想过的，我当时就是那样的人……请你把那无数的众生叫到我跟前来！让他们听听我的忏悔……然后，让他们每一个人在您的宝座前面，同样真诚地披露自己的心灵，看有谁敢于对您说：我比这个人好。’”

《忏悔录》呈现了一个激进的平民知识分子在封建专制压迫面前维护自己不仅是作为一个人，更重要的是作为一个普通人的人权和尊严，是对统治阶级迫害和污蔑的反击。其中充满了平民的自信、自重和骄傲，塑造了一个淳朴自然、丰富多彩、朝气蓬勃的平民形象。正因为这个平民本身是一个代表人物，所以他的思想历程反映了18世纪思想文化领域里一个重大的社会现象。《忏悔录》无疑是18世纪历史中极为重要的思想材料。它使后人看到了一个思想家的成长、发展和内心世界，看到一个站在正面指导时代潮流的历史人物所具有的强劲的力量和他精神上、道德上所发出的诗意的光辉。这种力量和光辉最终当然来自这个形象所代表的下层人民和他所体现的历史前进的方向，决定了它们在思想发展史上、文学史上的重要价值。

先睹为快

我想谁都知道，一个儿童，甚至一个成年人，其有所信仰，无非是生在哪个宗教里就信仰哪个宗教，这是显然的。这种信仰有时会减弱，但很少有所增强；信仰教义是教育的结果。除了这种一般的道理使我热衷于我先辈的宗教之外，我对天主教深感厌恶，这种厌恶的心情是我的故乡城市的人们所特有的。人们常对我们说，天主教是极端的偶像崇拜，并且把天主教的教士们描绘成非常阴险可怕的人物。这种感情在我身上是非常强烈的。起初，我一瞧见教堂的内部，一遇到穿小白衣的神父，一听到迎神时的钟声，就立刻惊慌恐怖得浑身发抖，后来不久，在城里时我没有这种情绪了，但是到了乡村教堂里还常有这种感觉，因为这些教堂和我最初体会到这种感觉的教堂太相似了。不过，想起日内瓦附近的神父们那样乐于爱抚城市的孩子，这就确实形成了奇异的对照。送临终圣体的钟声，固然使我恐惧，教堂里做弥撒和做晚祷的钟声则又使我想到午餐和午后点心、鲜奶油、水果和奶酪。彭维尔先生的盛宴又曾对我发生巨大的影响。这些都使我很容易地麻醉了自己。我原先只从娱乐与美食方面来认识罗马旧教，觉得可以逐渐习惯于这里的生活，至于正式加入这个教会的念头在我脑筋里只是一闪即过，认为这是遥远的将来的事。现在没有办法变卦了：我抱着极大的厌恶心看待我自己的这种诺言及其不可避免的后果。我周围的未来的新入教者又不能以他们的榜样来支持我的勇气，因此我无法装模作样，实际上我的神圣功业只是一种歹徒的勾当。虽然我还年轻，我已感觉到不管哪个宗教是真正的宗教，我也要出卖自己的宗教了；即使我的选择是正确的，我也会在心灵的深处欺骗圣灵，并因而受到人们的鄙视。我越想这些，就越对自己愤恨，并且抱怨命运使我落得这种下场，好像这种下场不是我自作自受。这些想法有时非常强烈，如果转瞬之间我发觉大门是开着的，我一定会逃走，然而，我没有遇到这样的机会，所以我的决心也未能长时间保持下去。

有过多的秘密欲望在进行搏斗，以战胜我的心。除此之外，坚持不返回日内瓦的既定计划，没脸见人。登山越岭的艰苦，以及远离故乡、一贫如洗、举目无亲的困窘，这一切都令我感到我的良心上的谴责是为时已晚的悔恨。我为了给以后要做的事情寻找卸责的借口，便假装着谴责以前所做的事情。我夸大从前的罪过，以便把将来的罪过视为必然的后果。我不向自己说：“你还没有犯下什么重大的罪过，只要你愿意，还可以成为无罪的。”却向自己说：“哀叹你自己犯过的和你不得不继续要犯的罪过吧。”

实际上，像我这样年龄的人，要推翻自己的诺言或人们对我的期望，以便打破自己加在自己身上的锁链，并以极大的勇气不顾一切后果公开声明我决不放弃我祖先的信仰，这需要多么坚强的意志啊！这种勇气不是我这种年龄的人所能有的，侥幸成功的可能性也是很小的。事情已经发展到无法挽回的地步，我反抗越厉害，人们就竭力想办法来制服我的反抗。

大多数人都是在运用力量已经太晚的时候，才埋怨缺乏力量。这虽似诡辩，但是我的失败也就在这里。勇气只有我们犯错误的时候才是可贵的，假使我们始终谨慎从事，我们就很少需要勇气了。但是，种种容易克服的倾向对我们具有无可抗拒的吸引力，只是我们轻视诱惑的危险，才会向轻微的诱惑屈服。我们都是不知不觉地陷入本来毫不费力就可以避免的险境。可是，等到陷入这种险境之后，没有惊人的英勇毅力便不能从那里挣脱出来。我们终于落入深渊了，这时便向上帝哀祷：“为什么你把我造得这样软弱？”上帝却不管我们怎样辩解，只是对我们的良心回答说：“我是把你造得太软弱了，以致你自己爬不出深渊，因为我原先把你造得够坚强的，你本来就不会掉进深渊。”

《资本论》

〔德〕马克思　著

关于作者

马克思（1818—1883），全世界无产阶级的伟大导师、科学共产主义的创始人，伟大的政治家、哲学家、经济学家、革命理论家，主要著作有《资本论》《共产党宣言》等。他是无产阶级的精神领袖，是近代共产主义运动的弄潮儿，支持他理论的人被视为马克思主义者。马克思最广为人知的哲学理论是他对于人类历史进程中阶级斗争的分析。他认为这几千年来，人类发展史上最大的矛盾与问题就在于不同阶级的利益掠夺与斗争。依据历史唯物论，马克思大胆地假设，资本主义终将被共产主义取代。

马克思主义在20世纪初到20世纪中叶，借由列宁及其革命同志建立的苏联的大力传播达到了巅峰。在这期间，马克思主义在当代的解释似乎受到许多学者的疑问与争议。随着苏联的解体，马克思主义在政治上的影响力也逐渐衰退。而马克思主义作为近代最著名也是影响最深远的哲学理论之一，其学说仍然活跃在学术界的各领域，学说的精神也不时地被运用在各政府的施政方向上。而在21世纪的今天，世界上仍有许多国家以马克思主义为其国家或政党的基本主义与基本方针，如中华人民共和国、越南、老挝、朝鲜民主主义人民共和国、古巴、尼泊尔共产党等等。

荐读理由

《资本论》是马克思用毕生心血写成的一部光辉灿烂的科学巨著，这部巨著第一次深刻地分析了资本主义的全部发展过程，以数学般的准确性证明这一发展的方向必然引导社会主义革命和无产阶级专政的确立。《资本论》武装了无产阶级，成为无产阶级进行革命斗争的强有力的理论武器，是马克思“整个一生科学研究的成果”，它凝聚着马克思的全部心血和智慧，是他献给全世界无产阶级的一部最重要的科学文献。它在世界各国广泛流传，成为工人阶级反对资产阶级的强大思想武器。

《资本论》对资本主义进行了彻底的批判，资本主义却从《资本论》中汲取营养，客观上促进了资本主义在自身范围内的进一步发展。马克思认识到了经济过程的动态性，并预见到了经济周期的存在，而且发展了关于经济活动的封闭理论。同时他还是第一个将经济和历史联系在一起的经济学家，而《资本论》就是他这种创举的体现。

《资本论》没有简单地把精神生活、政治生活和社会生活的一般过程归结为它们的共同基础——物质生产过程，而是从物质生活的生产和再生产中引出了全部社会生活和精神生活的内容和形式。

《资本论》在方法论上的最大特色，就是把逻辑、辩证法和认识论有机地结合起来，使它们融为一体。正如列宁所说：“在《资本论》中，唯物主义的逻辑、辩证法和认识论〔不必要三个词：它们是同一个东西〕都应用于一门科学。”马克思使用从抽象上升到具体的方法、逻辑与历史一致的方法，对资本主义社会矛盾运动的辩证分析，丰富和发展了马克思主义辩证法。马克思在《资本论》第一卷中，系统全面地阐述了资本主义基本矛盾的产生、发展和克服的过程，从而透彻详尽地阐明了唯物辩证法关于对立面的统一和斗争的学说，阐明了唯物辩证法的实质。《资本论》是对唯物辩证法的丰富和发展，正如恩格斯指出的，《资本论》的方法不亚于历史唯物主义基本观点的发现。

正如达尔文的《进化论》曾发现有机自然界的进化规律一样，马克思的《资本论》也发现了人类社会的进化规律。《资本论》是马克思的伟大的科学巨著，是人类历史上经验和智慧的结晶，是对国际工人运动斗争经验的总结。它的出版，宣判了资本主义制度的末日，为无产阶级革命指明了正确的方向，因此具有划时代的重要意义。

先睹为快

资本主义生产方式占统治地位的社会的财富，表现为“庞大的商品堆积”，单个的商品表现为这种财富的元素形式。因此，我们的研究就从分析商品开始。

商品首先是一个外界的对象，一个靠自己的属性来满足人的某种需要的物。这种需要的性质如何，例如是由胃产生还是由幻想产生，是与问题无关的。这里的问题也不在于物怎样来满足人的需要，是作为生活资料即消费品来直接满足，还是作为生产资料来间接满足。

每一种有用物，如铁、纸等等，都可以从质和量两个角度来考察。每一种这样的物都是许多属性的总和，因此可以在不同的方面有用。发现这些不同的方面，从而发现物的多种使用方式，是历史的事情。为有用物的量找到社会尺度，也是这样。商品尺度之所以不同，部分是由于被计量的物的性质不同，部分是由于约定俗成。

物的有用性使物成为使用价值。但这种有用性不是悬在空中的。它决定于商品体的属性，离开了商品体就不存在。因此，商品体本身，例如铁、小麦、金刚石等等，就是使用价值，或财物。商品体的这种性质，同人取得它的使用属性所耗费的劳动的多少没有关系。在考察使用价值时，总是以它们有一定的量为前提，如几打表、几码布、几吨铁等等。商品的使用价值为商品学这门学科提供材料。使用价值只是在使用或消费中得到实现。不论财富的社会形式如何，使用价值总是构成财富的物质内容。在我们所要考察的社会形式中，使用价值同时又是交换价值的物质承担者。

交换价值首先表现为一种使用价值同另一种使用价值相交换的量的关系或比例，这个比例随着时间和地点的不同而不断改变。因此，交换价值好像是一种偶然的、纯粹相对的东西，也就是说，商品固有的、内在的交换价值似乎是一个形容语的矛盾。现在我们进一步考察这个问题。

某种一定量的商品，例如一夸特小麦，同 x 量鞋油或 y 量绸缎或 z 量金等等交换，总之，按各种极不相同的比例同别的商品交换。因此，小麦有许多种交换价值，而不是只有一种。既然 x 量鞋油、y 量绸缎、z 量金等等都是一夸特小麦的交换价值，那末，x 量鞋油、y 量绸缎、z 量金等等就必定是能够互相代替的或同样大的交换价值。由此可见，第一，同一种商品的各种有效的交换价值表示一个等同的东西。第二，交换价值只能是可以与它相区别的某种内容的表现方式。

我们再拿两种商品例如小麦和铁来说。不管二者的交换比例怎样，总是可以用一个等式来表示：一定量的小麦等于若干量的铁，如 1 夸特小麦 = a 吨铁。这个等式说明什么呢？它说明在两种不同的物里面，即在 1 夸特小麦和 a 吨铁里面，有一种等量的共同的东西。因而这二者都等于第三种东西，后者本身既不是第一种物，也不是第二种物。这样，二者中的每一个只要是交换价值，就必定能化为这第三种东西。

用一个简单的几何学例子就可以说明这一点。为了确定和比较各种直线形的面积，就把它们分成三角形，再把三角形化成与它的外形完全不同的表现——底乘高的一半。各种商品的交换价值也同样要化成一种共同东西，各自代表这种共同东西的多量或少量。

延展阅读

《共产党宣言》

《共产党宣言》运用辩证唯物主义和历史唯物主义分析生产力与生产关系、经济基础与上层建筑的矛盾，分析阶级和阶级斗争，特别是资本主义社会阶级斗争的产生、发展过程，论证资本主义必然灭亡和社会主义必然胜利的客观规律，作为资本主义掘墓人的无产阶级肩负的世界历史使命。《共产党宣言》公开宣布必须用革命的暴力推翻资产阶级的统治，建立无产阶级的“政治统治”，表述了以无产阶级专政代替资产阶级专政的思想。《共产党宣言》批判当时各种反动的社会主义思潮，对空想社会主义作了科学的分析和评价。《共产党宣言》阐述作为无产阶级先进队伍的共产党的性质、特点和斗争策略，指出为党的最近目的而奋斗与争取实现共产主义终极目的之间的联系。《宣言》最后庄严宣告：“无产者在这个革命中失去的只是锁链。他们获得的将是整个世界。”并发出国际主义的战斗号召：“全世界无产者，联合起来!”

《新教伦理与资本主义精神》

〔德〕马克斯·韦伯 著

关于作者

马克斯·韦伯（1864—1920），德国著名社会学家，也是现代一位极具影响力的思想家。他与卡尔·马克思、爱米尔·杜尔凯姆并称为社会学三大奠基人。马克斯·韦伯的父亲是一位法学家，柏林市议会议员。母亲是位很有文化修养、热衷于宗教和社会问题的妇女，她对马克斯·韦伯的影响很深，使他对宗教具有炽热的感情。马克斯·韦伯先后在柏林大学、维也纳大学、慕尼黑大学执教。他对德国政界的影响也极大，曾代表德国前往凡尔赛会议参与谈判，还参与了魏玛共和国宪法的起草工作。

虽然马克斯·韦伯是作为现代社会学创始人和奠基学者为人所知的，但他的成就不仅限于社会学，最值得注意的是经济学。马克斯·韦伯自视为一个历史学家和经济学家，社会学仅是他研究的第二领域。他的早期著作与工业社会学有关，但他最知名的贡献集中于宗教社会学和政治社会学中。

马克斯·韦伯的《新教伦理与资本主义精神》是他对宗教社会学

最初的研究，他认为造成东西方文化发展差距的主要原因是宗教，并强调新教伦理在资本主义、官僚制度和法律权威的发展上扮演的重要角色。他主张，受到这种教义扶助的资本主义逐渐发展壮大，与原先的宗教产生矛盾，最终宗教会无可避免地被抛弃。马克斯·韦伯将国家定义为一个“拥有合法使用暴力的垄断地位”的实体，这个定义对于西方现代政治学的发展影响极大。他在学术上的贡献通常被通称为“韦伯命题”。

哈佛大学教授休斯曾经指出，韦伯的脑袋是一个能够容纳多种矛盾思想的神经系统。总的看来，韦伯是一个激进的民族主义者，在学术上又是一个民主主义者；是不受传统宗教观念束缚的自由学者，又是对宗教传统抱有浓厚兴趣的社会学家；是批判社会主义的理论家，又是十分敬重马克思及其学说的思想家。

荐读理由

马克斯·韦伯的《新教伦理与资本主义精神》，最初以论文形式发表后收入《宗教社会学论文集》第一卷。1930 年经 T. 帕森斯翻译出版后才广泛流传。

全书从资本主义的起源和本质写起，内容涉及宗教信仰和日常经济问题，并最终得出资本主义精神的产生与新教伦理密不可分的结论。新教加尔文教派所信奉的“预定论”认为，上帝所要救赎的不是所有人，而只是其中的“选民”。谁将成为“选民”得到救赎，谁将被弃绝，都是上帝预先确定了的，个人完全无能为力。在马克斯·韦伯看来，“预定论”在新教徒的内心深处造成了强烈的紧张和焦虑，他们只能通过世俗职业的成就来明确上帝对自己的恩宠，证明上帝的存在。因此，世俗经济行为的成功成为一种神圣的天职，不是为了享受和挥霍，而是为了证明上帝的恩宠。因此，“预定论”造就了节俭、勤奋而非奢侈、糜烂，视创造财富为严肃事业的“资本主义”精神。

同时，“资本主义”不仅是一个经济学的范畴，而且还是一个社会学范畴。马克斯·韦伯认为“资本主义”是一种整体性的文明，是现代西方文明的本质体现。在这样一种文明中，依靠个人的勤勉和刻苦，通过健全的会计制度，通过资本的生产和流通获取利润，所有这一切构成了一种经济合理性的观念。它还表现在社会的其他领域，成为近代欧洲带有普遍性的社会精神气质或社会心态。

可见，近代资本主义的产生与新教伦理有着内在的亲和关系。这一思想不仅奠定了马克斯·韦伯宗教社会学理论的基本构架，也成为理解其整个社会学思想体系的主线。这种以精神、思想来解释历史进程的方法，视角新颖，很富有启发性。

本书的独到之处，还在于方法论。马克斯·韦伯通过对资本主义兴起过程中非经济因素的重要意义的探究，分析了大量经验材料，以此论述了新教伦理与资本主义发展之间的生成关系。在此基础上，还对东西方宗教文化传统进行了深入的比较研究。这些方法都给当代社会科学赋予了启迪意义。

先睹为快

确实，一种职业是否有用，也就是能否博得上帝的青睐，主要的衡量尺度是道德标准，换句话说，必须根据它为社会所提供的财富的多寡来衡量。不过，另一条而且是最重要的标准乃是私人获利的程度。在清教徒的心目中，一切生活现象皆是由上帝设定的，而如果他赐予某个选民获利的机缘，那末他必定抱有某种目的，所以虔信的基督徒理应服膺上帝的召唤，要尽可能地利用这天赐良机。要是上帝为你指明了一条路，沿循它你可以合法地谋取更多的利益（而不会损害你自己的灵魂或者他人），而你却拒绝它并选择不那么容易获利的途径，那末你会背离从事职业的目的之一，也就是拒绝成为上帝的仆人，拒绝接受他的馈赠并遵照他的训令为他而使用它们。他的圣训是：你须为上帝而辛劳致富，但不可为肉体、罪孽而如此。

仅当财富诱使人无所事事，沉溺于罪恶的人生享乐之时，它在道德上是邪恶的；仅当人为了日后的穷奢极欲、高枕无忧的生活而追逐财富时，它才是不正当的。但是，倘若财富意味着人履行其职业责任，则它不仅在道德上是正当的，而且是应该的、必须的。关于有位仆人因拒绝发展上帝赐予他的才能而被革出教门的寓言直接挑明了这一点。清教徒时常争辩说，期待自己一贫如洗不啻是希望自己病入膏肓；它名为宏扬善行，实为贬损上帝的荣耀。特别不可容忍的是有能力工作却靠乞讨为生的行径，这不仅犯下了懒惰罪，而且亵渎了使徒们所言的博爱义务。

强调固定职业的禁欲意义为近代的专业化劳动分工提供了道德依据；同样，以神意来解释追逐利润也为实业家们的行为提供了正当理由。对禁欲主义来说，贵族的穷奢极欲与新贵的大肆挥霍同样令人厌恶。在另一方面，它对中产阶级类型的节制有度、自我奋斗却给予了极高的道德评价。对于遵循上帝的旨意而成就斐然的好人，它习用的赞誉之辞是："天主赐福其工程。"《旧约》中的上帝因其子民在尘世对他的拳拳服膺而恩赐他们，他的全部威权也必然对清教徒施予着同样的影响，因为他们听从巴克斯特的劝告，拿自己蒙承的恩宠与《圣经》里的英雄们所领受的殊荣相类比，且把《圣经》的话语都解释成神圣法典的条规。

延展阅读

《中国的宗教：儒教与道教》

马克斯·韦伯在本书中提出了一个问题：为什么资本主义没有在

中国发展起来？韦伯专注于中国的春秋战国时期，对这个时期主要的学派——儒教和道教展开研究。韦伯认为，儒教和新教都鼓励节制，但儒教的目标是取得并保存其“文化地位”，强调教育、自我完善和家庭伦理。相反，新教则旨在创造一个“上帝的工具”，创造一个能够服侍上帝的人。如此差异便导致了资本主义在西方文明发展繁荣，却迟迟没有在中国出现。

《正义论》

〔美〕约翰·罗尔斯　著

关于作者

约翰·罗尔斯（1921—2002），1921 年生于美国马里兰州的巴尔的摩，1943 年毕业于普林斯顿大学，1950 年又在该校获哲学博士学位，之后相继在普林斯顿大学、康奈尔大学、麻省理工学院和哈佛大学任教。作为一名从大学氛围中产生的学者，他的整个思想体系充满了学究气。有的评论家把罗尔斯与柏拉图、阿奎那和黑格尔这些思想泰斗相提并论，但罗尔斯与他们有所不同。那些思想大师均著作甚丰，涉猎颇广，而罗尔斯的主要著作只有《正义论》一本。

《正义论》一书洋洋洒洒四十余万字，实际上是一本论文集。罗尔斯在前言中表示："在提出关于正义的理论时，我试图把过去十几年中我所撰写的论文中的思想集中起来，使它们成为一种条理分明的观点。"他的前言展示了他的思想脉络。罗尔斯最早于 1951 年发表了初鸣之作《适用于伦理学的一种决定程序纲要》，基本观念的确立是《正义即公平》，其后陆续写出《宪法自由权与正义概念》《正义感》《非暴力抵抗》《分配的正义》等。1969 年至 1978 年，罗尔斯在斯坦福的高级研究中心完成了对全书的整理和加工。在这20年中，罗尔斯不断遇到来自各方面的批评和挑战，这促使他写出一篇又一篇的论文来完善自己的理论，反驳对方的观点。这样一个过程也使得《正义论》一书显得非常晦涩难懂，概念成群。为了说明一个问题，罗尔斯往往不得不一而再、再而三地发掘论据。

罗尔斯最引以为傲的正义学说，是以洛克、卢梭和康德的社会契约论为基础，论证西方民主社会的道德价值，反对传统的功利主义，认为正义是社会制度的主要美德，就像真理对思想体系一样；非正义的法律和制度，不论如何有效，也应加以改造和清除。他还认为正义与社会合作密切联系，并指出应当区别对制度来说的正义原则和对个人来说的正义原则。

罗尔斯是20世纪70年代西方新自然法学派的主要代表之一，也是20世纪最伟大的哲学家之一。他培养的许多学生现今都成了道德和政治哲学领域的重要人物，如纳格尔和科恩等。

荐读理由

罗尔斯的《正义论》一书成于1971年。这些年间，正是美国社会风云变幻的年代。资本主义社会固有的矛盾和冲突接踵而至，此起彼伏。经济危机、通货膨胀、种族歧视、民权运动、女权运动、贫困问题、抵制越战的浪潮、学生运动……接连发生，这无疑会引起人们对社会正义问题的反思。罗尔斯置身于这样一个时代，认真思考和观察这些现象，并把走出困境的希望寄托于正义观念的澄清。这自然是一个过分学究气的想法，但他作了可观的努力。但罗尔斯仅仅是一个改良主义者，他的目的是在资本主义的现有范围内进行改良，而不是去改变它。

罗尔斯的主要目的在于通过用“正义即公平”的观念来取代功利

主义的正义观念，从而推动社会变化。他的注意力集中在民权和贫困两大问题上。这两大问题在美国社会长期以来没有得到解决，这是由资本主义社会的基本结构所决定的。他提出的自由权优先、考虑最少受惠者的利益、平等自由等观念，也都是为这些难题寻找出路。正像罗尔斯所表示的那样，政治生活中依然存在着我行我素的权势集团，经济生活中依然存在着巨大的分配鸿沟，徘徊于街头车站的无家可归的人依然构成对制度的最大挑战，黑人的社会地位依然令人担忧……这些问题的存在也构成了《正义论》一书走红的社会条件。只要这些问题存在，解决这些问题的讨论就不会结束。

罗尔斯贬低功利主义正义观，主张“正义即公平”的理论，还有以下背景。20 世纪 60 年代之后，美国以及西方社会爆发了一场争论——新保守主义与自由主义的论战。平等与自由的观念在现代社会中被视为两个并不那么协调的价值。新保守主义者坚持自由是西方社会的核心价值，认为过分强调平等会妨碍自由的实现，自由主义者过分强调平等，不仅给社会造成种种危机，而且侵害了人的自由。而自由主义者则认为只有突出平等才能保证人们的自由。否则，政治和经济资源的不平等分配，必然会侵害一部分人的自由。这场争论旷日持久，代表着社会的不同势力。可以看出，罗尔斯力图协调平等与自由。他的第一个原则突出了自由，他的第二个原则突出了平等。不过，他的总体倾向是突出平等的。因为这种争论有制度上的根源，罗尔斯的调和努力是难以成功的。若深入地观察，不难发现两个正义原则之间的不协调，甚至在某种程度上的相互排斥。这也使罗尔斯的理论实际上无法产生他所希望的社会效果。

批评罗尔斯的人提出了种种观点，如：没有理由认为正义原则高于一切功利主义的考虑，无知之幕全然是人为的，政治权利绝对高于社会经济权利并不合理，第二个原则是绝对不合理的，等等。恐怕在美国现有的社会基本结构下，正义即公平的理论难以被接受，至少难以被全部接受，因而也难以达到改良主义的目的。

先睹为快

正义是社会制度的首要价值，正像真理是思想体系的首要价值一样。一种理论，无论它多么精致和简洁，只要它不真实，就必须加以拒绝或修正；同样，某些法律和制度，不管它们如何有效率和有条理，只要它们不正义，就必须加以改造或废除。每个人都拥有一种基于正义的不可侵犯性，这种不可侵犯性即使以社会整体利益之名也不能逾越。因此，正义否认为了一些人分享更大利益而剥夺另一些人的自由是正当的，不承认许多人享受的较大利益能绰绰有余地补偿强加于少数人的牺牲。所以，在一个正义的社会里，平等的公民自由是确定不移的，由正义所保障的权利决不受制于政治的交易或社会利益的权衡。允许我们默认一种有错误的理论的唯一前提是尚无一种较好的理论，同样，使我们忍受一种不正义只能是在需要用它来避免另一种更大的不正义的情况下才有可能。作为人类活动的首要价值，真理和正义是决不妥协的。

上面这些命题看来表达了我们对正义的首要性的一种直觉的确信。它们在语气上无疑是表现得过于强烈了一点。但不管怎样，我希望探讨这些论点（或别的类似观点）是否正确，它们是否能够被如此说明。为此就有必要建立一种正义论，借助于它，就可以解释和评价这些论断。我将从考虑正义原则的作用开始。为使观念确定起见，让我们假定一个这样的社会，这个社会是由一些个人组成的多少自足的联合体，这些人在他们的相互关系中都承认某些行为规范具有约束力，并且使自己的大部分行为都遵循它们。我们再进一步假定这些规范标志着一个旨在推进所有参加者的利益的合作体系。而且，虽然一个社会是一种对于相互利益的合作的冒险形式，它却不仅具有一种利益一致的典型特征，而且也具有一种利益冲突的典型特征。由于社会合作，存在着一种利益的一致，它使所有人有可能过一种比他们仅靠自己的努力独自生存所过的生活更好的生活；另一方面，由于这些人对由他们协力产生的较大利益怎样分配并不是无动于衷的（因为为了追求他们的目的，他们每个人都更喜欢较大的份额而非较小的份额），这样就产生了一种利益的冲突，就需要一系列原则来指导在各种不同的决定利益分配的社会安排之间进行选择，达到一种有关恰当的分配份额的契约。这些所需要的原则就是社会正义的原则，它们提供了一种在社会的基本制度中分配权利和义务的办法，确定了社会合作的利益和负担的适当分配。

现在让我们说：一个社会，当它不仅被设计得旨在推进它的成员的利益，而且也有效地受着一种公开的正义观管理时，它就是组织良好的社会。亦即，它是一个这样的社会，在那里：(1) 每个人都接受、也知道别人接受同样的正义原则；(2) 基本的社会制度普遍地满足、也普遍为人所知地满足这些原则。在这种情况下，当人们可能相互提出过分的要求时，他们总还承认一种共同的观点，他们的要求可以按这种观点来裁定。如果说人们对自己利益的爱好使他们必然相互提防，那么他们共同的正义感又使他们牢固的合作成为可能。在目标互异的个人中间，一种共有的正义观建立起公民友谊的纽带，对正义的普遍欲望限制着对其他目标的追逐。我们可以设想一种公开的正义观，正是它构成了一个组织良好的人类联合体的基本条件。

延展阅读

《政治自由主义》

本书是罗尔斯的又一力作。罗尔斯被哈贝马斯誉为“当代实践哲学史上‘轴心式转折点’”。在此书中，罗尔斯继续并修正了在《正义论》中发展出的公正观念，但对其哲学基础进行了根本的修正。秩序良好不再归依于某种基础性的道德信念，而是归依于共同认可的一种政治的正义观念：“这种正义观念既是各种主流性的宗教、哲学与道德学说间的重叠共识的焦点，也是西方300年来整个思想运动——以宗教宽容为标志的宗教改革是其开端，而基本自由权优先性得到宪法的确立是其完成——的最后结果。”

《历史》

〔古希腊〕希罗多德 著

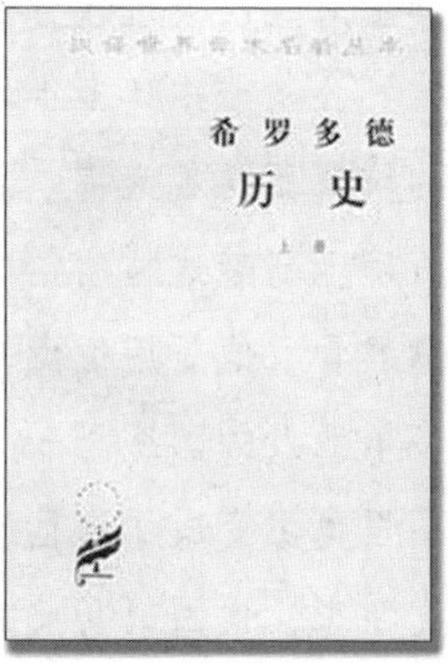

关于作者

希罗多德（约前484—前425），诞生在小亚细亚海滨的一座古老的城市。大约在30岁时，希罗多德开始了一次大范围的游历，每到一地，希罗多德就到历史名胜古迹处游览凭吊，考察地理环境，了解风土人情，他还喜爱听当地人讲述民间传说和历史故事，他把这一切都记下来，并一直随身带着。

希罗多德崇拜雅典的民主政治，对于希腊在希腊—波斯的战争中打败奴隶制大国波斯的侵略十分钦佩，他不停地向有关的人打听战争的各方面情况，收集了很多历史资料。公元前443年开始，希罗多德将主要精力用来写作《历史》。可惜的是《历史》并没有最终完稿，希罗多德就于公元前425年离开了人世。

希罗多德善于刻画人物，他笔下的国王、大臣、政治家、学者、士兵等等，大多性格鲜明，形象生动。虽然希罗多德的《历史》许多地方带有天命论和宿命论色彩，并且其中也夹杂了许多不足为据的无稽之谈，但他首创了历史著作的体裁，并为后世保存了大量珍贵史料，其中有些已被近代考古学、人类学和历史学的研究成果所证实。

公元前400多年，意大利南部的塔林敦海湾岸边高地上，一座新的坟墓面向着大海。经过的人，都会在坟前默默地站立致敬。墓前的石碑上刻着这样的铭文："这座坟墓里埋葬着吕克瑟司的儿子希罗多德的骸骨。他是用伊奥尼亚方言写作的历史学家之中最优秀者，他是在多里亚人的国度里长大的，可是为了逃避无法忍受的流言蜚语，他使图里奥伊变成了自己的故乡。"这位客死异乡的人，是伟大的古希腊历史学家，他因《历史》一书得到了后人无比的崇敬。

荐读理由

《历史》一书是希罗多德撰述的记述公元前6世纪至公元前5世纪波斯帝国和希腊诸城邦之间战争的一部历史名著。此书在西方被认为是最早的一部历史著作，因此罗马著名政治活动家西塞罗称希罗多德为"历史之父"。

《历史》共九卷。第1卷至第5卷第28章，叙述西亚、北非及希腊诸地区之历史、地理及民族习俗、风土人情。从第5卷第29章起，主要叙述波斯人和希腊人在公元前478年以前数十年间的战争。书名和分卷方法均出自希腊化时代的学者之手，故《历史》亦名《希腊波斯战争史》。后有人把全书分成九卷，根据当时的惯例，用古希腊神话中掌管文学和艺术的九位缪斯女神的名字，给各卷命名，所以这部书有时又被称作《缪斯书》。

《历史》内容丰富，非常生动地叙述了西亚、北非以及希腊等地区的地理环境、民族分布、经济生活、政治制度、历史往事、风土人情、宗教信仰、名胜古迹等，为我们展示了古代近20个国家和地区的民族生活图景，宛如古代社会一部小型"百科全书"。希罗多德从史诗、官府档案文献、石刻碑铭和当时多种著作中，获取了很多资料，更多的是利用他亲身游历和实地调查采访所获得的大量资料。希罗多德创造了叙述历史的新方法，把记载史实和加以阐释有机地结合起来。对于历史事件，希罗多德没有首尾一贯地解释发生的原因，时而诉诸神的意志和命运，时而认为取决于个别人物的才能，也有时借助于对历史或地理情况的分析。《历史》是西方史学上的第一座丰碑，为西方历史编纂学开辟了一个新时代。

此书不仅是一部史学著作，还是一部文学作品，书中众多人物性格鲜明，语言生动，通常被认为是西方第一部著名的散文著作。

先睹为快

在这里发表出来的，乃是哈利卡尔那索斯人希罗多德的研究成果，他所以要把这些研究成果发表出来，是为了保存人类的功业，使之不致由于年深日久而被人们遗忘，为了使希腊人和异邦人的那些值得赞叹的丰功伟绩不致失去它们的光彩，特别是为了把他们发生纷争的原因给记载下来。

根据有学识的波斯人的说法，最初引起了争端的是腓尼基人。他们说，以前住在红海沿岸的这些人，在迁移到我们的海这边来并在这些人现在还居住着的地方定居下来以后，立刻便开始走上远途的航程；他们载运着埃及和亚述的货物，曾在许许多多地方，其中也在阿尔哥斯这样一个地方登陆。阿尔哥斯在今天通称为希腊的地区中，是在任何方面都优于其他国家的。他们来到阿尔哥斯这里，便陈设出他们的货物来进行交易。到第五、六天，等几乎所有的货物都卖完的时候，又有许多妇女来到海岸这里；其中有国王的一个女儿。他们说她的名字和希腊人的名字一样，叫做伊奥，她的父亲就是国王伊那柯斯。妇女们站在船尾的地方挑选她们最称心的物品，但这时腓尼基人却相互激励着向她们扑过去。大部分的妇女跑开了，伊奥和其他一些妇女却给腓尼基人捉住，放到船上并给带到埃及去了。

和希腊人的说法不同，根据波斯人的说法，伊奥就是这样地来到了埃及，而从这件事开始，也就惹下了祸端。他们说，在后来，又有某些希腊人（他们说不出这些希腊人的名字）在腓尼基的推罗登陆并把国王的女儿欧罗巴劫了去。在我看来，这些人多半是克里地人。这样一来，他们就报复了先前所受的损害。可是后来，他们说，希腊人又犯下了第二次的不义之行。原来他们（指希腊人——译者）乘着一只长船到科尔启斯的埃阿城和帕希斯河那里去；在他们把到那里去应办的事情办完以后，却从那里劫走了当地国王的女儿美地亚。科尔启斯的国王派了一名使者到希腊去，要求赔偿损失并送回公主，但是希腊人回答说，既然阿尔哥斯的伊奥被劫后，他们都不曾从对方得到赔偿，故而这次他们也不准备给科尔启斯人任何赔偿了。

他们还说，后来，临到下面的一代，普利亚莫斯的儿子亚力山大这个人知道了这件事之后，就想从希腊给自己强夺一个妻子，因为他深信，希腊人过去既不曾赔偿，他自己当然同样是不会赔偿的了。因此他便劫走了海伦。希腊人起先决定把使者派出去，要求送回海伦并赔偿因掠夺而引起的损失。但是在希腊人提出了这个要求时，对方却提到了美地亚被劫的事情作为口实；他们提醒希腊人说，希腊人只是要求别人赔偿，而自己却不赔偿别人，又不在别人要求时把自己劫走的人送还。

直到现在为止，问题只不过是在于双方相互进行掠夺而已。但是到后来，波斯人认为希腊人应受到的指责可就大了，因为在他们侵略欧罗巴之先，希腊人就率领着一支军队入寇亚细亚了。他们说，劫夺妇女，那是一件坏人干的勾当，可是事情很明显，如果不是妇女她们自己愿意的话，她们是决不会硬给劫走的，因此在被劫以后，想处心积虑地进行报复，那却未免愚蠢了，明白事理的人是丝毫不会对这样的妇女介意的。波斯人说，在希腊人把妇女拐跑时，他们亚细亚人根本就不把这当做一回事，可是希腊人却仅仅为了拉凯戴孟的一个妇女而纠合了一支大军，侵入亚细亚并打垮了普利亚莫斯的政权。自此以后，他们就把希腊人看成是自己的仇敌了。原来在波斯人眼里看来，亚细亚和在这个地方居住的所有异邦民族都是隶属于自己的，但他们认为欧罗巴和希腊民族跟他们却是两回事。

以上就是波斯人对这一事件的经过的叙述。他们认为希腊人攻略伊里翁（即特洛伊——译者），是他们敌视希腊人的开端。然而在谈到伊奥的事件的时候，腓尼基人的说法和波斯人的说法不同。他们否认在带她到埃及去的时候曾使用任何强暴的手段；他们说，伊奥本人在阿尔哥斯便和停泊在那里的一只船的船主有了来往，而在她发现自己已经怀孕的时候，羞于把这事告诉自己的父母并害怕给他们发觉，便在腓尼基人离开的时候心甘情愿地随着他们一同乘船走了。以上便是波斯人和腓尼基人的说法。这两种说法中哪一种说法合乎事实，我不想去论述，下面我却想指出据我本人所知是最初开始向希腊人闹事的那个人，然后再把我所要叙述的事情继续下去，不管人间的城邦是大是小，我是要同样地加以叙述的。因为先前强大的城邦，现在它们有许多都已变得默默无闻了；而在我的时代雄强的城邦，在往昔却又是弱小的。这二者我所以都要加以论述，是因为我相信，人间的幸福是决不会长久停留在一个地方的。

延展阅读

《伯罗奔尼撒战争史》

该书为古希腊历史学家修昔底德的传世之作，是与希罗多德《历史》并称为双子星的古希腊历史学著作。《伯罗奔尼撒战争史》分8卷。第1卷追述希腊远古的历史；第2至4卷记述战争第1年至第9年的事情，每卷记述3年；第5卷记述第10年至第16年的事情，有著名的米洛斯事件等；第6、7卷记述第16年至第19年的历史，主要是对西西里的远征；最后一卷记述第19年至第21年的历史。修昔底德的叙述中，凡是后世研究者能用史料检验的部分，都被证明是可信的。因此，这部著作被认为是有关伯罗奔尼撒战争的最早的，也是最翔实可靠的材料。

《宽容》

〔美〕房龙 著

关于作者

房龙（1882—1944），荷裔美国人，著名学者。1882 年出生在荷兰，是出色的通俗作家，在历史、文化、文明、科学等方面都有著作，而且读者众多，是伟大的文化普及者。

许多青少年就是在房龙著作的陪伴下成长起来的。房龙著作文笔优美，知识广博，其中不乏真知灼见。枯燥无味的科学常识，经他的手笔，都变得生动有趣。无论大人小孩，凡是读他的书的人，都觉得娓娓忘倦。他的文章能使人们在茶余饭后，得到一点科学常识。他为世人留下了 30 多部作品，而且每部书都由他自己画了插图，这些房龙风格的插图也是宝贵的文化遗产，并影响着后来的科普作家。例如著名的科学家和科普作家、美国的盖莫夫，也是学着房龙，为自己的作品画插图。

房龙的著作包括《宽容》《人类的故事》《文明的开端》《奇迹与人》《圣经的故事》《发明的故事》《人类的家园》《伦勃朗的人生苦旅》等，贯穿其中的是理性、宽容、进步。他的目标是向人类的无知和偏执挑战。他采取的方式是普及知识与真理，使它们成为人所尽知的常识。

读房龙的书，对他亲手绘制的插图断不可视而不见。相反，它们是房龙作品的一个组成部分，是文字难以替代的内容。房龙的作品不仅是用青少年都能看懂的语言讲述了成年人也同样感兴趣的内容，更重要的是他把人类文明的进步与科学技术的发展相结合来讲述。他实际上是文化思想普及的先驱者，他也是用文艺手法宣传科学的大师。正如郁达夫先生所说："房龙的笔，有这样一种魔力，但这也不是他的特创，这不过是将文学家的手法，拿来讲述科学而已。"可见房龙对科普宣传和创作有着深刻的影响。

房龙为写作历史耗费了毕生的精力与健康，用他平易近人、生动流畅的文笔把高深、晦涩的历史知识和理解、宽容、进步的思想普及到广大普通读者中，向无知与偏执不懈地挑战，其精神与功绩都值得后世赞扬。

关于房龙叙述历史的立足点，他始终站在全人类的高度在写作。虽然作为一个过了20岁才移居美国的荷兰人，他不可避免地更多写到他熟悉的西方，也更钟情于他的故国，但他决不是西方中心论者。他一直在努力用人类的眼光来观察和叙述，超越地区的、宗教的、党派的和种族的偏见。他反对任何形式的狭隘，包括那种为了给本民族增光而歪曲事实的超爱国主义。

荐读理由

宽容就像自由一样。没有人能光靠祈求，就能得到它，如果不永远小心、警惕，没人能保有它。

——房龙

《宽容》又名《人类的解放》，是一部描写人类思想发展史，畅销近百年的通俗历史读本。房龙从人文主义的立场出发，从不同宗教派别的冲突中寻找背后的深层根源，揭示了一幕幕因为固执己见所带来的悲剧，勾勒了一幅波澜壮阔的人类思想解放史。

宗教史上的对立与融合、迫害与反迫害，历来是个复杂而敏感的问题。房龙以他犀利的眼光，从不同宗教派别的冲突中去寻找背后的深层根源。最终他看到：历史上的宗教改革家假以“宗教改革”的名义，对一切不利于自己发展的思想创新进行残酷迫害，这种精神上的不宽容导致的恰是他们的“敌人”犯下的那些错误。借助于房龙的“宽容”之眼，我们不难对宗教史乃至一切精神文化现象的发展有一个清晰的了解。本书是他一以贯之的主题，也是他最杰出的贡献。

20 世纪二三十年代，房龙的部分著作即被译成中文出版，影响了当时整整一代年轻人。房龙的著作，其选题基本上围绕人类生存发展的最本质的问题，其目的是向人类的无知与偏执挑战，普及知识与真理，使之成为人所共知的常识，其智慧的妙语和真知灼见让人获益匪浅，因而具有历久不衰的魅力。

先睹为快

基督教迅速征服了西方世界，人们有时以这件事为佐证，来强调基督教思想来源于天国。我并不想加入这个辩论，只是想指出，大多数罗马人水深火热的生活与最早期传教士的成功有着很大关系，就像窘苦生活导致神学的成功一样。

至此我已向读者勾画出了罗马的一个方面——士兵、政客和企业富翁的世界，这些幸运儿住在拉特山山坡上、坎帕尼亚山峰峡谷里和那不勒斯海湾，享受着幸福文明的生活。

但他们只代表一个方面。

在城郊多如牛毛的贫民窟里，那种能使诗人欢呼太平盛世、能激发演说家把奥克塔维安比作丘比特的繁荣盛况，却是很少见的。

在一排排长无尽头、凄凉惨淡的租赁住宅里，人头攒簇，臭气熏天，劳苦众生的生活不过是无休无止的饥饿、流放和痛苦。在这些男女的眼里，只有一个朴实的木匠讲的故事才是真实可信的，他住在大海彼岸的小村庄里，用自己辛勤的双手换来了每日衣食；他热爱贫苦受辱之辈，因此被嗜血成性、贪得无厌的敌人杀害了。的确，贫苦的罗马人全都久闻米思拉斯、爱西斯和艾斯塔蒂的大名，但是这些神都死了，千百年前就已经远离人世，人们知道他们也只是根据千百年前就死了的人留下的传闻。

可是，约书亚，基督，也就是希腊传教士称之为救世主的，不久前还活在世上。当时的很多活着的人都知道他，在台比留皇帝当政时期，谁要是偶尔去过叙利亚南部，也许还听到过他的演说。

还有其他事例。街角的面包匠和邻街的水果贩在阿皮恩大道旁边的黑暗小花园里，曾经与一个叫彼得的人谈过话；到过戈尔格塔山附近的渔夫也许看到过先知被罗马政府的士兵钉在十字架上。

我们要理解人们突然热衷于新信仰的原因，就必须记住这些。

正是亲身的接触，也就是亲密直接的私人感情，使基督教获得了远远高于其他教义的优越性。基督教的爱表达了各国深受压迫、丧失权利的人们的呼声，因而传遍了四面八方。基督的话是否与后人所用的词汇一致倒是无关紧要，奴隶们有耳有心，能够理解。他们在光辉前言的崇高诺言面前战栗，有生以来第一次看到了希望的光芒。

他们终于盼到了使他们获得自由的话。

在世界的权势面前，他们再也不显得卑贱可恶了。

相反，他们成了受慈父宠爱的孩子。

他们要继承世界的一切。

他们也要分享一直被住在萨姆尼别墅的深宅高院里趾高气扬的

人独霸的欢乐。

新信仰的力量由此而产生。基督教是使普通人得到均等机会的第一个实实在在的宗教。

当然，我并不想把基督教说成是灵魂的感受——一种生活和思考的方式——我是想说明，在腐朽的奴隶制世界里，这种好消息必然会一传千里，燃起感情上的熊熊烈火。但是历史除了个别情况外，是不记述普通人的精神历险的，不管是自由人的还是奴隶的。如果这些谦卑的人被分为民族、行会、教会、军队、兄弟会和同盟，开始服从一个统一的指挥，积累起足够的财富来缴税，被强制入伍为征服其他民族而战，只有在这些时候，他们才会受到编年史家的注意和重视。因此，我们尽管对早期基督教会了解甚多，却对它的真正创始人知道得很少。这的确是憾事，因为基督教早期的发展在任何史籍里都不失为最有趣的史实。

《人类的故事》

〔美〕房龙　著

关于作者

见《宽容》之“关于作者”。

荐读理由

历史其实就是一座非凡的经验之塔，是时间在流逝的岁月当中建造起来的。要登上这古老的塔，并从一览无余中获取有益的知识和经验，绝不是一件容易的事，那儿没有电梯，也没有捷径，只有意志力坚强且虚心好学的年轻人才可以攀爬到塔顶。

——房龙

《人类的故事》是房龙的成名作，荣获首届纽伯瑞文学奖。在中国掀起了不小的“房龙热”。我们是谁？我们从哪里来？我们要去向哪里？上下五千年，纵横数万里。房龙娓娓讲述人类数千年的文明发展史，精彩的历史场景重现、扼要的历史人物点评，房龙给了我们一双观看波澜壮阔的历史长河的眼睛——理性、睿智而宽容。

从人类的起源到每一个历史时期都有精辟凝练的论述，房龙以深厚的人文关照和俏皮睿智的文笔，展示了人类历史的浩荡长卷，其中有节奏明快的“大历史”叙述，也有对真正影响人类文明进程的事件和细节的描写。正如房龙他自己说的：“我写此书只有一条原则，哪个国家或个人产生了一种新思想，或完成了一项创新，没有了这些，整个人类的历史就会不同？这不是个人嗜好的问题，这是一个冷静得近似数学的判断问题。”无论是对历史一无所知的人或是通读过浩繁巨著的专家，都可以在这本经典的通俗人类史中，获得启发和阅读快感。

先睹为快

我们是谁？

我们从哪儿来？

我们要去向哪里？

凭着坚持不懈的勇气与毅力，人类慢慢将这个问题推向越来越远的边界，朝着我们希望找到答案的天际步步逼近。

可迄今为止，我们还没能走出多远。我们知道的依然少得可怜。但我们至少能以相当精确的程度，推测出许多事情来。

在这一章，我要告诉你们，人类历史的舞台是如何被搭建起来的。如果我们以一定长度的直线来代表动物生命可能存在于地球上的时间，那么在它下面那条最短的线则表示人类（或多少类似人的生命）生活在这块土地上的时间。

人类是最后出现在地球上，却最先学会用脑力征服大自然的。这就是我们打算研究人，而非研究猫、狗、马或其他动物的原因。要知道，在这些动物身后，同样也留下了许多就其自身来说非常有趣的历史。

最初，我们居住的这颗行星（就目前所知），是燃烧着的一个巨大球体。可相对于浩瀚无边的宇宙，它只不过是一块微小的烟云。几百万年过去了，它的表面渐渐地燃烧殆尽，并覆上了一层薄薄的岩石。在这片生机全无的岩石之上，暴雨无休无止地下着，雨水将坚硬的花岗岩慢慢地侵蚀掉，并把冲刷下来的泥土带到了雾气笼罩的高峰之间的峡谷。最后雨过天霁，太阳破云而出。遍布这颗星球上的众多小水洼逐渐扩展成了东西半球的巨大海洋。

随后的某一天，最美妙的奇迹发生了：这个死气沉沉的世界终于出现了生命。第一个活着的细胞漂流在大海之上。

它毫无目标地随波漂荡了几百万年。在此过程中，它慢慢发展着自己的某些习性。这些习性使它在环境恶劣的地球上能更容易地生存下去。这些细胞中的部分成员觉得呆在黑沉沉的湖泊和池塘的底部最舒适不过，于是它们在从山顶冲刷到水底的淤泥间扎下根来，变成了植物。另一些细胞则情愿四处游荡，它们长出了奇形怪状的有节的腿，像蝎子一样，在海底植物和状似水母的淡绿色物体间爬行。还有一些身上覆着鳞片的细胞，它们凭借游泳似的动作四处来去，寻找食物。慢慢地，它们变成了海洋里繁若晨星的鱼类。

与此同时，植物的数量也在不断滋长，海底的空间已经不够容纳它们了。为了生存，它们不得不开辟新的栖息地，很不情愿地在沼泽和山脚下的泥岸上安了新家。每天早晚的潮汐淹没了它们，让它们品尝到故乡的咸味。除此之外的时间里，它们不得不学习如何适应不舒适的环境，争取在覆盖地球表面的稀薄空气里生存下来。经过长时间的训练，它们终于学会了如何自在地生活于空气里，就像以前在水中一样。它们的体形逐渐增大，变成了灌木和树林。最后，它们还学会如何开出美丽的花朵，让繁忙的大黄蜂和鸟儿将自己的种子带到远方，使整个陆地都布满碧绿的原野和大树的浓荫。

此时一些鱼类也开始迁离海洋。它们学会既用鳃，也用肺呼吸。我们叫它们两栖动物，意思是，它们在水里和陆上都能活得同样悠游自在。你在路边看见的第一只青蛙就能告诉你身为两栖动物穿梭于水陆之间的乐趣。

《历史研究》

〔英〕汤因比　著

关于作者

汤因比（1889—1975），英国历史学家，毕业于温切斯特学院和牛津大学贝利奥尔学院。他传奇的一生既和历史、考古结缘，又和政治密不可分。

汤因比曾在雅典考古学院攻读研究生，并前往希腊进行考古工作。1912 年回国后，专门研究和教授希腊和罗马的古代史。汤因比的政治才干在第一次世界大战期间就初露头角，一战期间他供职于英国外交部政治情报厅，1919 年，他以英国代表团成员身份参加巴黎和会。同时，汤因比还担任伦敦大学教授、皇家国际问题研究所所长、伦敦大学国际关系史教授。第二次世界大战期间，他再次为英国外交部工作，并参与了战后和谈。

1914 年，汤因比在牛津大学讲授古希腊历史时，为公元前 5 世纪的希腊史学家修昔底德所震撼——为这世界的分崩离析、为各国间的血腥战争而震撼。如同希罗多德写下记录希波战争的《历史》一样，汤因比义无反顾地投身于《历史研究》的写作中。

《历史研究》共12卷，自1934年出版第1卷开始，这部汤因比最重要的历史巨著共耗时27年，共计引用上百种文献资料，涉及多种语言。从没有哪位历史学家像汤因比这样“不务正业”，也从没有哪部历史学著作像《历史研究》这样广受追捧又备受争议。在所有人都只关心着自己国家历史的时候，汤因比毅然放弃了国家本位主义。正如书名所示，汤因比试图将人类历史作为一个整体来考察。这意味着，从时间的维度上，考察始自人类史的开端，终至自己生活的时代，同时关注人类的未来；从空间的维度上，考察着眼于全球范围内人类文明的兴衰。

正如《泰晤士报文学副刊》评论的那样：“汤因比博士是一位伟大的智者，他的目的不是以知识为愉悦，而是解释历史和预见未来。”

荐读理由

《历史研究》这部著作被誉为“对当代生活所做的最引人注目的分析之一”。它不是一本普通的历史著作，而是出自一个具有杰出的智慧、不倦的探求热情和深厚的人道主义精神的学者的手笔。汤因比创造出了前无古人的体系，堪称是一个历史学家不小心做了哲学家的工作后得出的伟大成果。

汤因比视野极其开阔，可谓胸怀天下、眼观四海，拥有真正意义上的全球视野。他摒弃了西方史学的传统分期，超越了国家和时代的界限。汤因比清楚地意识到人类有史可载的历史在整个人类发展过程中极其短暂，农业、制陶业和纺织业仅有一万年左右的历史，而文明存在的时间充其量也不过5000年。历史学家必须采用全面、公允、平衡的全球观点，必须抛弃以前那种错误的中心优越观点。汤因比不仅从时间的纵向层次考察了人类历史，还在各个文明地理分布的横向层面保持了“一种公允的、平衡的全球观点”。世界历史是一个整体，

“我们必须抛弃自己的幻觉，即某个特定的国家、文明和宗教，因恰好属于我们自身，便把它当成中心并以为它比其他文明要优越”。这种看待历史和各个文明的宽广视野，自然不同于那些将整个人类历史仅仅看做西方历史的狭隘偏见。

汤因比的这种“大历史”的宏观叙述手法，是对20世纪伴随着工业化进程而发展的史学界分工日益细化的回应。汤因比敦促人们考察过去，以求获得对当今世界更敏锐的洞察力，表现了这位伟大的历史学家深刻的社会批判意识和对现实生活的积极介入。

在《历史研究》中，汤因比以“文明”作为思考人类历史和未来命运的基本单位，并作为研究对象和社会形态的总称，纵览了世界各大文明的兴衰，考察各种文明在时间和空间中的碰撞、接触和融合。汤因比根据每一种文明的起源、成长、衰落、解体过程，思考了文明的共性规律，把这个世界上先后存在过的所有人类文明归结为30余种文明形态，并根据这些文明的共同特征归纳了三个主要模式。分别是文化统一、政治分裂的希腊模式，统一为主、夹杂分裂的大一统的中国模式和有可辨识的统一文化却没有政治实体的离散型的犹太模式。汤因比断言，多数文明的早期比较符合希腊模式，晚期则比较符合中国模式，犹太模式则是一种比较特殊的文明模式。

由于汤因比创立了独特的历史哲学思想，西方学者称他为“我们时代最杰出的智者”，与爱因斯坦、罗素等人并列。亨利·格鲁尔德在《二十世纪代表性人物》中评价：“不论世人对汤因比的理论反应如何，我们必须承认，他的思想照亮了庞大的历史。而且以若干理论、事实以及同代伟大诗人的直觉，支撑了整个历史。”这不是一本简单地讲历史的书，这是一本借助全人类现有历史作题材思考人类命运的书，是一本思考人类未来的书。

先睹为快

迄今为止，我们是用现代自然科学里的古典学派的方法来探讨文明起源的积极因素。我们一直是运用抽象的概念去思想，而且使用无生物来进行实验——种族和环境。现在这种办法既然是毫无结果，我们就该停下来思考一下，我们的失败是否是由于方法上的错误。也许是由于一种属于即将消逝的时代精神的不易觉察的影响，我们变成了一种所谓“无感情的误置”的牺牲品。罗斯金警告过他的读者，要他们警惕在想象中把无生物当做有生物来看待的“感情误置”；但是我们也当同样地警惕，不要在研究活生生的人类的历史思想时，采用专门研究无生物的自然界的科学方法。在我们最后一次努力解决这个哑谜的时候，且让我们另走一条道路，遵循柏拉图的方向。且让我们暂时闭起眼睛不看科学的公式，以便能让我们听得见神话的言语。

可以清楚地看得出来的是，如果文明的起源不是生物因素或地理环境单独发生作用的结果，那么一定是它们两者之间某种交互作用的结果。换一句话说，我们企图发现的因素不是简单的事物而是复杂的事物，不是个统一体而是一种关系。我们可以自由选择，把这种关系或是想象成为两种非属于人类力量之间的交互作用，或是想象成为两种超人人格的遭遇。请让我们的思想接受第二个想法。也许它会引导我们走向光明。

两种超人的人格之间的遭遇乃是人类想象所孕育过的几部最伟大的戏剧作品的主题。耶和华和蛇的相遇乃是《创世纪》里的关于人的堕落故事的主题；这两个对立人物第二次相遇，被叙利亚民族的进步智慧改变了一些模样，变成了《新约全书》里面赎罪故事的主题；上帝和撒旦的一次相遇是《约伯记》的主题；上帝和靡非斯特的一次相遇是歌德的《浮士德》的主题；上帝和魔鬼的一次相遇是斯堪的纳维亚人的《瓦拉之预言》的主题；阿尔忒弥斯和阿佛洛狄忒的一次相遇是欧里庇得斯的《希波吕托斯》的主题。

延展阅读

作者还有下列精品：

《人类与大地母亲》

这是汤因比的最后一部著作，作于1973年。作者以抒情式的文笔，用广阔的视野对世界历史进行全景式的综合考察，以“区域文明”作为历史考察的对象，并以比较研究的方法，将人类历史置于自然界中进行考察。本书既是一部通俗的叙事体史学著作，又是凝聚了作者一生学术精华、具有很高学术价值的著作。

《展望二十一世纪》

本书是汤因比与日本社会活动家池田大作的对话，分为《人生与社会》《政治与世界》《哲学与宗教》三部分。全书纵贯古今，横跨全球；追溯过去，着眼当代，展望未来；从天体、宗教、道德、科学、医疗、环境，到经济、福利、政治、和平，直到世界大同，几乎探讨了人类社会、当代世界所有最迫切的问题，并对未来作了预测和展望，还谈到中国在未来世界中的作用。

《知识考古学》

〔法〕米歇尔·福柯　著

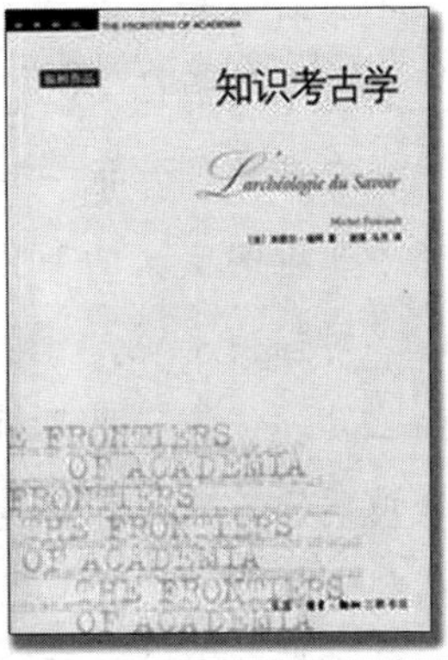

关于作者

米歇尔·福柯（1926—1984），法国哲学家和“思想系统的历史学家”，其学术对文学评论和文学理论、哲学、批评理论、历史学、科学史、批评教育学和知识社会学都有很大的影响。福柯被认为是后现代主义者和后结构主义者；他本人则认为后现代主义这个词本身就非常含糊，自己是继承了现代主义的传统。

福柯最主要的研究题目是权力和它与知识的关系，即知识的社会学，以及这个关系在不同的历史环境中的表现。他将历史分化为一系列“认识”，福柯将这个认识定义为一种文化内一定形式的权力分布。对福柯来说，权力不只是物质上的或军事上的威力，权力不是一种固定不变的、可以掌握的位置，而是贯穿整个社会的一种“能量流”。福柯认为，能够表现出来有知识是权力的一种来源，拥有这样的权力能让人权威地说出别人是什么样的，以及他们为什么是这样的。福柯不将权力看做一种形式，而将它看做使用社会机构来表现一种真理，从而将自己的目的施加于社会的方式。福柯在研究监狱的历史的时候，他不只研究看守的物理权力是怎样的，他还研究他们是怎样从社会上得到这个权力的——监狱是怎样设计的，来使囚犯认识到他们到底是谁，来让他们铭记一定的行动规范。他还研究了“罪犯”的发展，研究了罪犯的定义的变化，由此推导出权力的变换。

对福柯来说，“真理”是运用权力的结果，而人只不过是使用权力的工具。依靠一个真理系统建立的权力可以通过讨论、知识、历史等来被质疑，通过强调身体，贬低思考，或通过艺术创造也可以对这样的权力挑战。

福柯的书往往写得非常紧凑，充满了历史典故、小故事，以此来加强他的理论的论证。福柯的批评者说他往往在引用历史典故时不够小心，他常常错误地引用一个典故，或者甚至自己创造典故。

福柯的逝世使法国上下震惊。法国总理和教育部长称：“福柯之死夺走了当代最伟大的哲学家……凡是想理解20世纪后期现代性的人，都需要考虑福柯。”年鉴学派大师费尔南·布罗代尔称：“法国失去了一位当代最光彩夺目的思想家，一位最慷慨大度的知识分子。”福柯的学生、哲学家吉尔·德勒兹宣读的悼文，选自福柯最后的著作《快感的享用》，足以概括福柯终身追求和奋斗的历程：

“至于说是什么激发着我，这个问题很简单。我希望在某些人看来这一简单答案本身就足够了。这个答案就是好奇心，这是指任何情况下都值得我们带一点固执地听从其驱使的好奇心：它不是那种竭力吸收供人认识的东西的好奇心，而是那种能使我们超越自我的好奇心。说穿了，对知识的热情，如果仅仅导致某种程度的学识的增长，而不是以这样或那样的方式尽可能使求知者偏离自我的话，那这种热情还有什么价值可言？在人生中，如果人们进一步观察和思考，有些时候就绝对需要提出这样的问题：了解人能否采取与自己原有的思维方式不同的方式思考，能否采取与自己原有的观察方式不同的方式感知。……今天的哲学——我是指哲学活动——如果不是思想对自己的批判工作，那又是什么呢？如果它不是致力于认识如何及在多大程度上能够以不同的方式思维，而是证明已经知道的东西，那么它有什么意义呢？”

荐读理由

《知识考古学》出版于1969年，福柯写作这部著作的初衷是回答他的《词与物》出版后引起的批评和误解。福柯以考古学的方法梳理人类知识的历史，似乎是在追寻落在时间之外、今天又归于沉寂的印迹。这实际上就是对话语进行描述，但不是描述书籍，也不是描述理论，而是研究通过时间表现为医学、政治经济学、生物学的日常而神秘的总体。本书旨在展示历史知识领域中某个正在本领域中完成的转换原则和结果。书中描述的系统、确定的界限、建立起来的对比和对应关系不以古老的历史哲学为依据，它们的目的是重新提出目的论和整体论的问题。

《知识考古学》从话语与陈述的维度提出对传统思想史概念和新型历史观的重构，从而确定了一种新型的历史观的雏形。旧的历史观念总认为历史有其开端、发展和目的，沿着一定的运动轨迹发展，一切的现象都被置于历史运动之中。福柯认为这种历史观是在时间之外对历史所作的考察，在思想方法上是历史决定论和历史目的论。“就其传统形式而言，历史从事于‘记录’过去的重大遗迹，把它们转变为文献，并使这些印迹说话，而这些印迹本身常常是吐露不出任何东西的，或者它们无声地讲述着与它们所讲的是风马牛不相及的事情。”通过对话语进行考古学分析的方法奠定了福柯历史观的雏形。“知识考古学”是话语分析的一种方法。在后期系谱学的考察中，福柯引入“权力”概念，引入社会机制概念，在非话语实践中，继续将传统历史观加以解构。

福柯的《知识考古学》目的不是教给我们复现历史的方法，因为历史的真实是无法企及的。在福柯的心目中，对现实权力状况的思考激励他从知识档案中去追踪。福柯重视话语，显示了20世纪哲学、历史、文学等人文学科“语言学的转向”的特点。读完《知识考古学》，人们将会发现思想意识中许多根深蒂固的观念发生了动摇，比如主体与客体的二元对立思想，即人类中心主义的思想。人，除了使用话语权力（有没有话语权力还在其次）构建历史之外，根本没有能力胜任推敲出所谓“真实的历史”这个使命。福柯之后，没有人再敢说自己发现了历史的真实。

先睹为快

我认为，人们现在已经接受了这种风险；并且十分愿意为了确定话语的广阔表层而对这些比较陌生、比较遥远的形态给予假定，我把这些形态称作话语的形成；我认为人们已经把书籍和作品之类的传统单位束之高阁，尽管不是永久的，而只是暂时地出于方法上的考虑；我认为人们已不再把话语的建构规律（而是形式结构），或者说话主体的处境（标志这一处境的是语境和心理核）看做是一致性的原则；已不再把话语归结于某种经验的原始土壤，或者某种认识的先天的知识的审定；而是在话语的本身探寻它的形成的规律。我认为人们同意对诸如对象出现的、陈述方式出现和分配的、观念就位和扩散的、策略选择的展开的系统进行长期的研究。我想人们宁愿建构一些具有如此抽象、如此有争议的单位，也不愿意接受如果不是为了不可怀疑的自明性，至少也是为了一个几乎可以感知的熟稔而确定的单位。

然而，至此，我究竟讲了些什么？什么是我调查的对象？它存在于我描述什么样的意图中？“陈述”——既存在于这种不连续性中，这种不连续性把它们从所有的形式中释放出来，因为在这种形式中，我们轻而易举地承认它们是被这些形式采用的；又存在于话语无限的、表面上无形的普遍范围中。不过，为陈述下这样一个初步定义，我是十分谨慎的。我没有试图随着我的进展去建立一个陈述定义以证明我幼稚的出发点。更有甚者——无疑这将是漫不经心的必然后果——我不知道我有没有途中改变方向；有没有用另一种研究替代最初的视野；在分析“对象”或者“概念”，尤其是分析“策略”时，我说的是否还是陈述；我借以标志话语的形成的那四个规律的整体是否能够准确地限定陈述群。总之，我相信我没有逐渐把握“话语”一词如此模糊的意义，而是扩展它的意义：时而是所有陈述的整体范围，时而是可个体化的陈述群，时而又是阐述一些陈述的被调节的实践，而且话语这个本该成为陈述的界限和外表的词随着我的分析或者分析应用点的转变，随着陈述本身从我的视野中消失，我不曾使之发生变化吗?

延展阅读

《规训与惩罚》

这是福柯的另一部代表作，于1975年问世，福柯称之为“我的第一部著作”，由此可见作者对这部著作的重视。在书中，福柯考察了现代灵魂与新的审判权力之间相互关系的历史，分析现行的“科学—法律”综合体，并提出惩罚权力在其中扩大了自己的效应。书中冷峻的描写、细致的分析与透辟的理论反省，以及充满张力的论述，在福柯的著作中堪称完美。

《全球通史》

〔美〕斯塔夫里阿诺斯　著

关于作者

斯塔夫里阿诺斯（1913—2004），美国当代著名历史学家，曾任美国加利福尼亚大学的历史教授、西北大学的荣誉教授和行为科学高级研究中心的研究员，因其杰出的学术成就而荣获古根海姆奖、福特天赋奖和洛克菲勒基金奖。

《全球通史》是斯塔夫里阿诺斯的代表作，分《1500年以前的世界》和《1500年以来的世界》两册，共有7个版本，因作者于2004年过世，第7版成为最后的版本。作者将世界看做一个不可分割的整体，用全新的史学观点和方法书写历史，立足于全球而不是某一国家或某一地区，用广博的视角来考察世界各地区人类文明的产生和发展。本书一经问世，立即被译成多种文字，流传甚广，影响很大。

全书原文厚达一千余页，上自人类的起源，下迄20世纪70年代多极世界相持时期，上下数十万年，一气呵成。因为作者不断再版，时时添加新材料，全书所用资料保持更新，范围较广，涉及政治、经济、人口、种族、军事、文化、教育、道德、宗教等方面。此外，作者充分吸收近20年来历史学研究诸领域的新成就，以较大篇幅叙述了第二次世界大战以来的世界历史，故全书读来颇觉新颖爽朗，有强烈的现实感。从文字内容来看，作者对庞杂的史料取舍恰当，对各种历史事件着笔简要，边叙边议，文字生动；从编写技巧来看，每章前冠以简明提要，承上启下，便于掌握线索，每章末附有选读书目，便于进一步跟进和研究。

荐读理由

《全球通史》作为美国许多大学基础课程的教材，广受好评。这部通史被认为是第一部由历史学家运用全球观点囊括全球文明而编写的世界历史。在今天这个时代，世界合为一体，历史也可以说成为一个有机整体。为了对历史的全貌有一个实际认识，只有将各历史事件间千丝万缕的联系一起揭示出来，指出其相似点和不同点，才有可能认识历史的全貌。

《全球通史》从史前人类写到当代，纵横数十万年，将人类的过去如一幅由远及近的画卷，一幕幕展现出来。对人类起源、文明嬗变、帝国更迭、宗教扩散都做了全面而客观的阐述，既有对欧亚大陆文明不同命运的宏观思考，又有对具体事件的详细介绍。有对人性善恶本质的哲学分析，对文明是“诅咒”还是“福音”的辩证评价；也有对世界愈加两极分化的人道关怀，对人类历史上诸多灾难的渊源，即社会变革总是滞后于技术变革的忧虑与警示。

《全球通史》享誉世界几十年，与汤因比的《历史研究》齐名，但比《历史研究》通俗易懂，堪称“经典中的经典”。毋庸讳言，阅读历史，特别是通史类的教科书，不是一件轻松的事。但斯塔夫里阿诺斯的《全球通史》一书却可以让读者轻松地读下来。它不同于那种把自己的观点强加给读者的历史学作品，这本书平心静气，娓娓道来，没有教育人的口吻，却把读者引入到一种求索的境界，让人不由自主地手不释卷。这本书自问世30多年来一直畅销不衰，不断再版，不仅为英语国家读者所喜欢，而且还被翻译成多种文字，成为全世界拥有最多读者的通史著作。有人把斯塔夫里阿诺斯的《全球通史》评为20世纪影响世界的十本书之一，可见其在读者心目中的地位。

作为历史教科书，能够享受到这样的“殊荣”，是非常难能可贵的。斯塔夫里阿诺斯的《全球通史》何以有如此强的吸引力和影响力？首先在于《全球通史》虽是史书，但却具有强烈的现代意识。它时时提醒读者认清所生活的现实世界与历史的内在联系，使读者的思想能够跨越时空的限制，在历史与现实的两个时空里驰骋，甚至引导读者由此产生出自己对历史事件的联想与对比，产生出自己思想的火花和创作的冲动。由此，阅读历史成了一种乐趣，成了一个对历史和现实两个世界的疑问同时不断探询和解答的过程。

此外，斯塔夫里阿诺斯的《全球通史》具有强烈而深刻的现实感，它可以作为用来救治我们现在所面临的由于陶醉于技术进步而产生的深重的精神危机的一种思想武器；它有助于人们理解未来——包含各种可能性和选择的未来。《全球通史》是“全球史观”的代表作，是迄今为止全球史观最有影响力的作品。正如英国历史学家巴勒克拉夫指出的那样：“近年来在用全球观点或包含全球内容重新进行世界史写作的尝试中，最有推动作用的那些著作恰恰是由历史学家个人单独完成的，其中恐怕要以斯塔夫里阿诺斯和W. H. 麦克尼尔的著作最为著名。”

先睹为快

现在的问题是为什么首先要走向文明，尤其是考虑到实行平等主义的新石器时代的社会有许多方面是很吸引人的。现代马达加斯加岛的塔纳拉人的经历对这一问题作出了回答。塔纳拉人只是最近才过渡到文明阶段，所以人类学者拉尔夫·林顿能把他们的经历全都记载下来。塔纳拉人在过渡到文明之前，是用“刀耕火种”的方法种植旱稻。第一年他们可以得到丰收，但从第二年起产量逐渐下降。因此，每当田地的肥力耗尽时，他们就得迁移，重建村庄。经常的迁移使他们不可能实行土地私有制，土地的所有权归村社掌握。村里的长者尽可能公平地把土地分配给每个同堂家庭。每个同堂家庭都由若干家庭组成，这些家庭一起劳动，然后按需分配产品。这是个典型的实行平等主义的部落社会，无论在经济、政治，还是社会地位方面，都没有任何重大差别。

当有些家庭仿效东面的邻居改种水稻时，这一切全都改变了。天然水田的面积很有限，无须投入整个同堂家庭的劳动力，因而，这种新型的农业就由某些家庭单独经营。他们一年到头在水稻田里劳动，不再把田归还村庄，重新分配。由于适合种水稻的田地很少，从前无阶级的塔纳拉社会现在分裂了：少数人成为土地所有者阶级，而绝大多数人则没有希望得到这种更能生产粮食的土地。

当种植旱稻的农夫被迫定期地向新的地方迁移，而种植水稻的农夫仍留在原来的小块土地上时，这一阶级分裂更为明显了。战争也由于这种新型的经济而受到影响，那些长期定居的村民现在不惜花费时间，努力建造结构复杂的城堡，来阻挡传统的抢劫集团的侵扰；并致力于俘虏那些流民，把他们变成奴隶，因为奴隶正显示出一种新的重要性。早先用“刀耕火种”的方法经营农业时，奴隶派不上什么用处，但是现在，可以把奴隶派到田里，让他们一年到头地劳动。早先的民主也由新发展起来的社会取代了；在这新社会的顶端是专制国王，国王的下面是贵族，他们拥有国王分给他们的土地，然后是占人口大多数的平民，社会的最底层是奴隶，由战俘和他们的后代组成。最后，随着财产成为提高自我的唯一手段，逐渐形成一系列新的社会准则。人类学者拉尔夫·林顿最后写道，“从塔纳拉村落到塔纳拉王国，中间有一段很长的距离。在经常迁移、自给自足的塔纳拉村落，没有阶级，只有牢固的同堂家庭；而到了中央集权、臣民定居的塔纳拉王国，社会由于经济差别而分裂为阶级，门第有如礼仪，被看做是极为重要的……当一步一步地追溯塔纳拉人的整个转变的来龙去脉时，我们可以发现，转变的每一步都是由种植水稻引起的”。

塔纳拉人的转变过程，只是公元前四千纪时瓦解中东的新石器时代的社会，最终导致城市革命和文明出现的那个转变过程的一个小小的缩影。

延展阅读

《全球分裂：第三世界的历史进程》

这是斯塔夫里阿诺斯的又一部富于现实感的世界史著作。它讲述了欧洲怎样将工业革命的力量转化为统治世界各国的力量，欧洲的工业化怎样造成印度、中国、土耳其的非工业化，进而形成当今世界经济的“中心—外围”结构。从全球的视角看中国一个多世纪以来的兴衰荣辱的过程，可谓视野开阔，功力深厚。从第三世界的失败与成功中，可以看到中国的过去、现在和未来。

图书在版编目（CIP）数据

一生读书计划. 西学书架 / 主编潞潞 ; 编著潞潞,
仝十一妹. -- 太原 : 山西教育出版社, 2016.7
ISBN 978-7-5440-8277-8

Ⅰ. ①一… Ⅱ. ①潞… ②朱… Ⅲ. ①推荐书目—西方
国家 Ⅳ. ①Z835

中国版本图书馆CIP数据核字(2016)第010438号

yishengdushujihua xixueshujia
一生读书计划 · 西学书架

主　编　潞　潞　朱晋平
编　著　潞　潞　仝十一妹

出 版 人　雷俊林
选题策划　孙　轶
出版统筹　魏雪萍
责任编辑　霍　艳
排版统筹　许艳秋
装帧设计　后声 HOPESOUND Pankouyugu@163.com 小海馬·书装

出版发行　山西出版传媒集团 · 山西教育出版社
（太原市水西门街馒头巷7号　邮编　030002）
印　　装　山东临沂新华印刷物流集团有限责任公司
开　　本　787 × 960　1/16
印　　张　27.5
字　　数　310千字
版　　次　2016年7月第2版　2016年7月第1次印刷
书　　号　ISBN 978-7-5440-8277-8
定　　价　43.90元
